基督教文化研究丛书

主编 何光沪 高师宁

二编 第 **2** 册

趋向至善
——托马斯·阿奎那的伦理思想初探

刘光顺 著

花木兰文化出版社

国家图书馆出版品预行编目资料

趋向至善——托马斯·阿奎那的伦理思想初探／刘光顺 著
-- 初版 -- 新北市：花木兰文化出版社，2016〔民105〕
目 4+254 面；19×26 公分
（基督教文化研究丛书 二编 第 2 册）
ISBN 978-986-404-511-2（精装）
1. 托马斯（Thomas, Aquinas, Saint, 1225-1274） 2. 学术思想
3. 伦理学
240.8   105001923

ISBN-978-986-404-511-2

9 789864 045112

基督教文化研究丛书
二编 第二册

ISBN：978-986-404-511-2

趋向至善
——托马斯·阿奎那的伦理思想初探

作　　者 刘光顺
主　　编 何光沪 高师宁
执行主编 张　欣
企　　划 北京师范大学基督教文艺研究中心
总 编 辑 杜洁祥
副总编辑 杨嘉乐
编　　辑 许郁翎
出　　版 花木兰文化出版社
社　　长 高小娟
联络地址 台湾 235 新北市中和区中安街七二号十三楼
　　　　　电话：02-2923-1455 ／传真：02-2923-1452
网　　址 http://www.huamulan.tw 信箱 hml810518@gmail.com
印　　刷 普罗文化出版广告事业
初　　版 2016 年 3 月
全书字数 236351 字

定　　价 二编 11 册（精装）台币 20,000 元

趨向至善
——托馬斯·阿奎那的倫理思想初探

刘光顺 著

作者简介

刘光顺，1974 年 12 月生，湖北襄阳人。硕士毕业于武汉大学，博士毕业于复旦大学，师从黄颂杰教授主修外国哲学专业，读博期间曾以联合培养博士生的身份赴意大利留学一年。现任教于南通大学，为政治学院副教授，主要从事伦理学和中西哲学比较研究，在《世界宗教研究》、《宗教学研究》、《基督教学术》、《北方论丛》等刊物发表论文二十余篇，主持或参与省部级、市厅级、校级等研究课题十多项，获南通市哲学社会科学成果奖三项。

提　要

托马斯·阿奎那伦理思想因被教会长期宣传和信徒信奉，而对西方个体思维方式及社会的引领塑造产生深远影响。

他继承古希腊哲学传统特别是借鉴亚里斯多德的观点，将其和基督教基本教义相结合，改变了自奥古斯丁以来基督教发展的径向。论证了至善、存在、至福与上帝类似或等同。上帝是最完美的形式，是存在本身，吸引着其他事物向他趋近。人有追求至善的愿望、可能，上帝也会对人加以引领。通过内在德性引领，外在律法等约束，人可追求至善趋向至善。

从形式高于质料，推导出人在幸福、政府、尘世追求等方面的应有向度：人应追求精神的事物、得享上帝，将尘世的生活看作是向天国的过渡。人有自由意志，但其开展却需要诸多的条件，因而尘世的生活从历史角度就是逐渐摆脱各种限制而愈益获得意志自由的过程。上帝虽然对一些事物进行了预定，但人具体的行为还是由自己所决定。预定只是提供决策的背景和构建各种因果的关联。

通过与朱熹在宇宙生成论和认识论的比较，更凸显了超越的上帝在宇宙创造中的作用，超越的天国因与人世的差距而带给人的社会自治和人与人的平等。通过与佛教有关人生意义是否为空无的比较，突出了基督教对人生意义的基调，世俗事物虽然意义有限，但可以中介的态度对待它。

他的思想在后期的发展中呈现出开放性、包容性特征，对学术研究及社会实践都产生了重要影响。

目　次

引　言

一、国内阿奎那伦理思想研究现状

在西方哲学史上托马斯·阿奎那占有极其重要的地位，这一方面不仅因为他作为经院哲学的集大成者创建了一个庞大、系统的完整的哲学体系，使基督教神学更加哲学化，有利于基督教教义的传播，并为巩固罗马天主教会的统治提供了重要理论依据。另一方面，阿奎那的哲学由于其对俗世和天国的调和性，指出了人们追求的双维向度，在赋予俗世生活以地位的同时，又强调了人们应有的更高的人生目标：运用上帝所给予的内在先天德性和社会所提供的外在习俗境遇去认识上帝、趋向上帝，获得至善，这种思想为历来的信徒所信奉和遵循，对个人的伦理倾向、行为选择起着极其重要的规范和督导作用。阿奎那的学说是适应当时基督教会面临的复杂形势，迎接挑战，大胆革新而发展起来的，呈现出包容的理论精神和变革实践品质，因而具有极强的适应性和顽强的生命力，在历史发展的长河里他的学说展现了多个分支形态。直到今天，新托马斯主义仍然在世界有着很大的影响，阿奎那的学说仍在众多的大学被讲授。

阿奎那的研究在国外有着悠久的历史。自从他去世以后，围绕他的理论许多学者进行了多方面的探讨和分析，不同的时期对他的评价有着多样的看法。到了近代对他的研究又趋于活跃，呈现规模性、系统性和微观性的特征，特别是 1879 年教宗利奥十三世发布《永恒之父》通谕，公开号召学习阿奎那的理论之后，各种对他的学说研究的机构、刊物、论著不断涌现，有人统计，截止到 1969 年有关阿奎那研究著述的文章已超过 15000 篇。我国对包括阿奎那在内的经院哲学的介绍最早可上溯到明末清初，由外国传教士翻译传播过来，国内的李之藻和徐光启等也做了大量的介绍，后来由于政治运动等多方面的影响，经院哲学在国内几乎无人问津，直到20世纪下半叶情况才有所改变。一些学者如大陆的车铭州、张尚仁、傅乐安、赵敦华、唐逸，台湾的罗光、邬昆如、黎建球、沈清松、高凌霞、张振东、潘小慧等，香港的谢扶雅等在推介和复兴研究经院哲学研究方面作出了重要的贡献[1]。以托马斯·阿奎那为研究对象的有分量的成果也屡屡出现，像江作舟、靳凤山的《经院哲学的集大成者》，傅乐安的《托马斯·阿奎那传》，周丽萍、靳汉喜的《基督教箴言隽语录》，赵敦华的《基督教哲学 1500 年》等和一些学者的文章，但总体上与西方这方面的研究相比还有待进一步提高：没有特定的专门的研究机构，只有散见的几个挂靠的研究中心；没有专门的研究性的且有一定影响获得较大认可的学术期刊；没有持续的常规的学术团体或协会；没有相对较为频繁的学术切磋交流活动；对之的研究始终处于一种波澜不惊的状态，难以形成学术探究的热度；国内的一些相关书籍对他的研究仍待进一步细化和深入。近年来在武汉大学以段德智老师为首的一批学者和山东大学的相关学者的指导和带领下，也撰写了一些有关的硕博士论文，分别集中于对阿奎那理性、自然法和美学等的探讨。近来也翻译出版了《神学大全》，为国内学者进行阿奎那思想研究提供了巨大便利。在复旦大学由我的导师黄颂杰老师以及张庆熊老师指导的多位学生将对阿奎那研究的视角拉进到现当代，观涉新托马斯主义及在阿奎那学说基础上发展而来的一些流派，撰写了一批相关论文出版一系列专著，也取得了一定的成果。不同的学生分布各地，促进了研究阿奎那的火种向更大范围的散播。在其他大学和科研院所如四川大学、华中科技大学、湖北大学等也有一些学者致力于托马斯·阿奎那学说的研究，也推出了一些有益的学术成果，当然更多的有研究深度的有一定学术价值的文章的大量涌现才可以迅速地使我国的阿奎那的研究再上一个新台阶。在我国台湾被称为士林哲学即中世纪经院哲学的研究有着深入、精微、多层次的特点，最近更是经过多人的不懈努力，直接由拉丁文翻译成汉语出版了全套的《神学大全》，尽管两岸的相互引荐、交流很有必要，但由于多种的因素所限，直接的相互切磋学习仍有一定的难度。

1　白虹. 阿奎那仁学思想研究[M]. 北京：人民出版社，2010年版. 段德智，总序，第 10 页.

根据个人的不完全了解，国内直接针对阿奎那伦理学说的研究尚不多见，最近有刘素民撰写的《托马斯·阿奎那伦理思想研究》于 2014 年出版，而以至善来统领全篇的少之又少。本人对托马斯·阿奎那的学说有着浓厚的兴趣，在多番研读其有关著作之后，想尝试着谈些个人的理解，因而不避浅陋，细心研磨，希望能涉足这一研究领域，在学习中得到锻炼提高和升华。

本人希望通过对托马斯·阿奎那的伦理思想的起点、内容、意义等的梳理分析，能加深学术界对中世纪哲学特别是托马斯·阿奎那的了解，纠正有些刻板的、固化的印象，毕竟认识是理解的前提，当然也希望随着资料的丰富、眼界的拓展、研究的深入，能有新的发现并提出自己独特的见解。

二、研究的写作思路

托马斯·阿奎那伦理思想实际上是在基督教的基础上改造了亚里士多德的伦理学，使之和奥古斯丁的神学结合在一起。

阿奎那使用亚里士多德的哲学，从形而上学、知识论与心理学甚至到宇宙论以及伦理学见解的角度进行思考，大体上都遵循着亚里士多德的模式，但是在对精神上更基本的根源的探索方面，阿奎那所遵照的是基督教哲学的原则，或者更准确的说是用基督信仰的正统神学来加深与拓展亚里士多德思想，使其哲学原理可以帮助清楚解说中世纪神学与信仰的问题[2]。托马斯·阿奎那从神性出发，认为人的本质是形式和质料的结合，因而具有肉体和精神的统一，人除了具有理性认识能力以外，还有自我保存、生长欲求和意志活动的能力。而人的行为、活动具有趋善避恶的自然倾向。人的一切德性都是人本性的表现，人的德性有理智神性、道德神性和神学德性的区分，前两者的结合，能使人达到本性的完善，获得审慎、节制、勇敢和公正的美德，但要达到至善，还必须要有神学的德性。人可借助于理性认识来追求俗世的幸福，但这种幸福是短暂的、低层次的，只有依靠上帝的恩典，对上帝的信仰才能最终达到直观上帝，获得至善。阿奎那从灵魂不死的观点出发，认可、提倡来世的幸福，认为尘世生活的幸福并非最高幸福、至善，其实至善是对上帝的静观，获得至善可以使人的灵魂得救。阿奎那认为伦理实际上是人们为通向达到上帝而采取的途径、方式，从而也就赋予伦理道德以工具性的特征。

2　刘锦昌. 阿奎那的神学伦理学[DB／CD]. 神学文献网. http://www.godoor.net/text/shenxue.htm.

　　本书重点论述的是：历史上有关善和至善的论述，分析前人如何为托马斯·阿奎那的学说做了铺垫和准备，以及阿奎那的学说是如何劝说人们相信这种学说，以及阿奎那所揭示的理论上的至善上帝是否是人们应当追求、可以追求以及如何来加以追求的，以及这种学说的独特思想特质及理论价值和实践影响。

　　本书的标题是趋向至善，因为在阿奎那的语境中至善和上帝等同，人们逐渐趋向至善的过程也就是逐渐趋近上帝的过程，由于上帝并非一个有形的自然物，那么如何理解什么是"趋向上帝"呢，本文认为：实际上就是使个人的思想行为更像似上帝。像上帝那样，像上帝那样充满着善、仁慈、公正、博爱，愿意为使自己行为更接近上帝而严格约束自己，逐步剔除心中的不良邪念，净化自己的灵魂，提高自己的道德修养培养良好的德性。德性的外溢就表现为良好的行为。外在上，按照完人的标准来要求自己，首先有一个好的品行习惯力求为其他人做表率，其次如果有能力就应服务他人造福社会。社会是一个共同体，每个人都应为创造一个更和谐的社会而愿意作为明灯为能光照他人做出自己的贡献。这首先要求各司其职各守本分，其次，这个社会应以爱来连接，个人不仅要自爱而且要爱邻居关怀他人的生存状况，追求社会的公正公平。倡导那些认为是正义的事情，谴责不义、不公、不法的事情。

　　个人通过自己的努力促进个人德性能力的提高，为实践上帝的要求，接受一定的使命，或使自己成为一个能感召他人的优秀的人做准备和促进社会的进步。在另一方面，个人越被社会所认可，就说明越被上帝所接受，与上帝靠得越近。如果个人认识到了自己被感召，在祈祷时得到了暗示，在梦中得到了异兆，所希望的变成现实时，那么这种互动就是好的。也就是说趋向上帝的过程实际就在日常生活之中，只要人们怀有对上帝的信念，按照上帝的要求做事就可以逐步通达接近上帝，因为上帝是一灵性的善，对上帝理解得越深入信仰就会越虔诚，上帝和人结合得就越紧密，而德性的外在自然的流溢就体现为良好的行为。

　　本书拟从历史的角度考察希腊罗马哲学家对善和至善的论述，寻察出人们对于它们的理解由从感性具体到理性抽象，从肤浅单一到内涵丰富，从一般的普通概念到被置于首要地位，从本体论上不被重视到逐渐重视，从理论的预设到成为信仰核心的发展演变过程；再从历史的角度考察阿奎那及历史上对至善存在的种种证明，对最高的存在者的特性是如何评价、定性的；然后结合历史上众多哲学家的观点分析，至善作为最后的追求所应具备的特征。再分析上帝以至善的角度出现所满足的理论特征，最后分析既然上帝与至善合一，世界上的恶该如何解释。

　　进而在第二章主要分析上帝为什么会成为人追求的对象，人是否有意愿、有可能来追求上帝。首先从具体善的有限性及上帝的无限超越性来证明人总是希望更加完满，而只有精神的上帝才可以吸引人去不断地超越，因为基督的榜样鼓舞着无数的人。再从人总是寻求内心的平静，调整在人生路途所遇的坎坷而来的失落，得出的结论：只有超越于尘世的上帝才能抚慰内心的失落和困惑。随后分析作为上帝的创造物的人为什么会追求上帝，包括人认识上帝是否可能，是否是出自于个人的自觉自愿，以及当人受恶劣社会等因素集体出现问题时是否没有转好的可能，认为上帝会通过对历史的参与、引导而让人走出迷雾，或自愿或被迫地按照上帝的预定去努力。

　　然后在第三章主要分析在至善的要求下，人如何才能以自己的言行去追求至善趋近至善。首先区分无意识的行为和自主的行为，提出应该通过培养良好行为习惯，固化为德性来引导人们日常的具体行为。然后具体分析三类德性的内容、作用，探讨罪获得的原因，从而使人认识到个人要想自我完善所应自我努力的方向。

　　第四章首先分析阿奎那对于人的社会性认定，考察个人实现理想的外部良好条件获得的社会因素，主张人应积极地参与社会生活；再接着讨论了阿奎那对于人在处理婚姻、财产、信仰等问题时应有的态度，其目的是塑造一个良好社会；如何对人进行外在的引导和约束，分析了法律在塑造社会整体环境中的重要作用，以及对个人、群体在社会中的基本要求。

　　第五章通过中国传统儒家代表人物朱熹在宇宙生成论上与阿奎那上帝创世思想的比较，阐明阿奎那学说中超越的人格神的上帝具有重要的地位；以此为基础通过两人认识论上的差异，明确阿奎那为形式层面的天国、教会高于物质层面的世俗、社会提供了合法性论证，从而为社会的自治和人与人之间的平等创造了条件；后通过比较佛教和基督教在世间人生意义，事物的价值等级上的有关观点，指明阿奎那虽认为尘世中的事物意义有限，但为顺利地向天国过渡，可以以中介手段的途径来对待他们，在一定阶段甚至要作为目的来加以追求。

　　最后在第六章，主要探讨阿奎那学说如何获得认可并被推崇以及在当前的发展趋势。首先详细勾勒了阿奎那学说在不同历史时期所受的待遇，揭示其顽强、开放的生命力，其次结合对文艺复兴、新托马斯主义，后世哲学的发展谈其理论影响，再结合对信徒信仰观念的指导以及解放神学等论述其对社会生活实践具有的重要影响。

托马斯·阿奎那也谈到了一些对具体问题的看法，对于指导基督教徒的日常行为，塑造良好社会风气具有积极的作用。当然他的一些观点在今天看来，确实存在着许多问题，应该加以批判和抛弃。实际上，我们不应苛求古人，我们应采取一种批判吸收的态度来面对正视虽已陈旧但仍对我们敞开的任何理论，才可找到理论所蕴藏的深层价值。

三、与至善相关的几个关系

要想深入地了解阿奎那的伦理思想，必须从整体上把握他思想的精髓底蕴内涵，寻找考证出他之所以如此认为如此设计的背后的原因所在，因而需要仔细品味他思想的根本要义。而阿奎那在分析世界为什么会存在如此种类繁多等差有别的事物时给予的解释有助于对他整体思想的理解。

在阿奎那看来，上帝创造世界是为了显示其美善。他认为上帝创造数量众多且有多种差别的事物是"为了将自己的美善分施于受造物，并藉着他们彰显自己的美善，于是产生万物，使它们存在。由于藉着一种受造物不能充分彰显上帝的美善，就产生了形形色色的受造物，使一种受造物在彰显上帝的美善上所短缺的，由另一种受造物来弥补，因为上帝的美善是单纯的和一致的，受造物所有的美善则是复杂的和分割的。因此，宇宙整体比其他任何一种受造物更完美分享上帝的美善，以及彰显上帝的美善"[3]。

阿奎那的这段话已经清楚地包涵了以下的意思：1，万物是都是善的，只不过是有缺陷的善。万物的缺陷在于它们的"美善则是复杂的和分割的"，也就是有形体的受造物由形式和质料构成，形式由于混入了质料，就受质料的限制，存在着潜能，本身不够美善。2，上帝由于他的"美善是单纯的和一致的"，因而就是最完美最和谐的，按照上帝理智所设计出来的世界也应当是最好的。3，体现上帝至善的方式不可能集中于某一个或某一类事物，"因为一种受造物不能充分彰显上帝的美善"，因而设想在人间有超级完美的个人、社

3　转引自（意）多玛斯·阿奎那. 神学大全（第 2 册）[M]. 陈家华，周克勤译. 高雄：中华道明会，台南：碧岳学社联合发行，2008：46. 另外本书在引用及翻译时，为方便起见，将天主或 God 都统一转化为上帝.

会是不现实的，人应当从一开始就放弃那种自大的心理。4，众多的有等差的自然物的个别善的理念相互补充才能构成世界的和谐。"因为使一种受造物在彰显上帝的美善上所短缺的，由另一种受造物来弥补。"现实生活中不同的人之间存在差异是正常的正当的，彼此的相互配合补充有利于弥补个体的不足，推动社会整体的向前发展。5，整体比个体更明显展现上帝的和谐和美善。因而人也就要根据整体来思考个人和他人、社会，某种职业和其他职业的的关系。

如果仔细梳理阿奎那的思想，要想深入思考他的伦理观点的来源还必须注意以下几种关系：

（一）受造物和上帝的关系

就阿奎那个人的看法，世界是由上帝所创造的且是从无中创造出来的，这样就赋予人不是自满自足的、自主存在的，而对上帝存在着一种依附、从属的关系的地位，决定了人只能和上帝发生着关联也即是一刻不停地分有着上帝的善才能存在，只有以上帝为最终的追求对象才能实现自己终极的目的需求，只有使自己的行为趋向符合于上帝创造世界的理念，才能使质料符合于形式才能实现自身的逐步完善。因而研究和认识上帝并在此基础上确立自己行为目的的内容、方式及最终的判断标准就具有伦理学的意义。按照阿奎那的看法，上帝创造了万物目的在于分享其美善，因而万物保存上帝所赋予的那种美善并通过自身实现善的充分展开，也就是和上帝越来越紧密的过程。

对于人和神的关系自然也可从这样的角度来进行评价，但人因分有"上帝的形象"自然又有独特的一面，阿奎那对世界、人和上帝的关系展开了深刻地论述，那就是"一种亲密但又紧张的关系。人虽有限，却根于无限，并达向无限，但人并不消失在无限之中，却有其自由与独立的地位；神超越于一切，但又内在于万物，并不因其超越，就贬低万物；也不因其内在，就致令万物丧失其个性，反而以其无限的爱提升万物，曲成万物"4。

（二）个体与其他事物的关系（个体与他人）

按照阿奎那的看法，世界上存在的所有事物都因分有上帝的善而存在，因而都是善的，都有着一定的完善性。但由于这种分有只是不完全分有，因

4 吉尔松. 中世纪哲学精神[M]. 沈清松译. 台北：台湾商务印书馆，2001 年版. 译序，第 8 页.

而每一种具体的事物都是有缺陷的，但是一种事物所显现出来的缺陷可以通过另一个事物具有的善而得到补足。也就是说除了上帝而外没有一种事物具有绝对的完满性，也没有一种事物是绝对的恶，只要一个事物存在着，它就必定含有一定程度的善。因而在伦理设计的过程中，在承认人与人之间存在差异的前提下，更应强调人和人之间的相互协调相互配合，用爱的态度来欣赏看待周围的事物，用包容的心态观察不同于自己的其他事物。因而阿奎那强调要用爱来弥和人与人之间的差异，强调要用超越于世俗的神学德性去看待他人尊重他人，尽可能保持他人的自由和独立，不将自己的观点强加给他人，因为别人也有别人的优势和长处。

（三）个体与整体的关系（个体与社会和政府）

按照阿奎那的看法，世界上存在着有等差的多类事物，他们之间的和谐构成了宇宙的和谐，因而虽然有独特的个人的存在，但个别的事物的完善并不是创造世界的目的，多个个体构成的整体的完善程度高于个体的完善。因而阿奎那认为个人只有在社会中才能作为人存在和发展，社会、国家公共的利益和公共的善高于个人的利益和个体的善，为防止个别人在追求个体的善的过程中危害公共的善，有一定程度的强迫也是必要的，因而制定法律并赋予一定的强制力来约束和引导人们的行为就也成为使人通向至善的一个途径。

当然还应防止统治者滥用自己的优势地位来制定恶法，因而就需要使法律的制定有着严格的限定。阿奎那还认为法律的目的在于谋求公共的善，法律的适用对象是所有的人，法律的订立应符合一定的程序，还要防止因人类自身的失误，而导致的因严格执法而危害到立法的初衷以及执行恶法所导致的恶果等问题出现。

（四）形式和质料的关系

按照阿奎那的看法，尽管宇宙整体的善高于个别事物的善，但世界整体自身也不是上帝的最终创世的目的，正如工匠制造船舶，被造的船舶本身不是目的，而用于航行却是制造船舶的目的，因而世界的被创造以及和谐存在不是上帝创造世界目的，上帝的创世的目的在于让万物分享他的善进而追求善趋向善，引导万物最终归向他才是上帝的真正目的。

世界的万物也可作是上帝实现一定目的的质料，万物的发展被形式所规定，因而可以说世界的发展服从于上帝最初所设定的目标。人作为同时具有肉体和灵魂的事物，兼有着自然事物和神性事物的双重特征，因而人一方面受质料的肉体所限，注定会灭亡且有着各样的本能欲求，另一方面人因为有着形式的精神就使人自身可以超越于自然的具体事物去思想去推理去直观上帝。人的形式规定了人在生理上必有相应的配备，但在理性上却可以通过理性的作用而达到思维的无限。阿奎那认为每一个人除了具备作为人之为人的类的形式而外，还具有成为独特个体的单独形式，这实际上就赋予每一个人都是单独受造的地位，从而肯定了人天然具备的尊严。

（五）自由与预定的关系

在人是否有意志自由的问题上，阿奎那认为人有着不同于自然物的理性意欲就决定了人并不必然地服从于本性的规定，人可以按照自己的判断并经由自己的意志来进行服从或拒绝。那么当人们又讲上帝是全能全知的，既然在阿奎那看来人的每一步都在上帝的预料之中，事情的发展又有着某种确定性，那么这是否与人可自由选择自己的行为并须对个人行为负责相矛盾呢？

对于这个问题，阿奎那的看法是，万物都分有上帝的至善，事物之所以存在就在于有上帝的内在支撑，因而上帝是万物能够运动的最终动力因。在论述神学德性可以不经人同意在人毫无意识的情况下起作用时，它指出，"那由我们所做的，是上帝在我们内产生的，但并不经由我们的行动，因为在每个意志即天性中，上帝皆有作用"[5]，但上帝却不是具体事物行为的直接因。而人确实有着自身的自由可以自己决定着自己行为，个人根据具体的情形通过理性认可、意志许可而作出具体行为，因而个人的自由意志是个人行为的直接动力，是自己行为的直接原因。就好比政府赋予工作人员权力去办事，但工作人员自己却利用职权干了坏事。人们会发现政府的权力是能办坏事的终极因，但并不必然导致人去干坏事，是个人的意志的选择和发动使得自由裁量权被滥用，导致能办坏事的可能变成了现实，因而个人的意志才是行为的直接因。坏事出现的根源在于个人而不在政府。对于政府来说要预见和防止权力被滥用是十分困难的事情，但对于全知全能的上帝来说，按照阿奎那

5　（意）多玛斯·阿奎那. 神学大全（第5册）[M]. 刘俊余译. 高雄：中华道明会，台南：碧岳学社联合发行，2008：63.

的观点，上帝明白人行为选择的各种可能，人后来的每一个选择及其效果都在上帝的预料之中。由于上帝独立于时间之外，不存在世间所谓的过去、现在和将来，对上帝而言一切都是现在，人的一切都在上帝的面前呈现，从这个意义上讲，尽管对人而言还有待实现的事物，但在上帝那里早就根据人可能的选择预定了行为的结果，或奖励或惩罚。因而阿奎那认为上帝的预定并不否定人的自由选择，由于上帝并不命定人的人生轨迹，这就为人利用自己的理性意志去自由选择欲求实现自己的愿望留下了大量的空间，因而人应该利用自己的意志去不断超越自我。

人拥有自由是人寻求自己定位的关键因素，决定着人在最后审判时的上帝所给的待遇和个人所怀有的期冀，阿奎那的看法也得到了其他学者如索洛维约夫的认可，如索洛维约夫认为"'上帝创造的是自由人'的说法，并不是一句漂亮空话，它包含确定的内容，实际上为解决整个世界观最棘手问题提供了一把钥匙。只有自由人才是道德的善和其他绝对价值的体现者。只有自愿走上同上帝这个活的完美理想形象相联合的道路的自由人，才配称上帝之子。只有自由人才能独立地参与上帝的活动，或者和上帝友爱而和睦相处"[6]。

（六）本性与和谐的关系

在阿奎那看来，世界之所以能和谐有序，它有一个前提就在于上帝给万事万物都规定了适宜各种事物存在的形式也即本性或内在规定性，才有各种不同的善，不同善之间的相互配合构成了和谐有序的世界图象，因而顺应事物内在的形式本性也就是世界得以和谐的基础。

因而人们对外界事物的利用就应服从于事物是为人所准备的天性规定，人应积极地利用理性去研究各种规律，认识上帝创造物的效果，让外在事物为人类自身的生活服务，也为创造适宜的物质或精神环境和为人过有德性的世俗生活，最终通过默想直观上帝打下坚定的基础。

（七）尘世和天国的关系

依据阿奎那的观点，人在尘世生活是不可以达到至善获得永恒的幸福的，真正的幸福只能存在于天国之中。如此说来人的尘世生活岂不没有了意义，人们默头向往上帝而选择逃避、隐修遁世、专心祈祷岂不成了主要的选择？不过在阿奎那看来虽然质料是为形式所规定，但如果质料变得破败不堪也会

6　（俄）洛斯基. 意志自由[M]. 董友翻译. 北京：三联书店. 1992：109.

影响到形式的实现。在质料的肉体对形式的精神的影响中，他就赞同奥古斯丁的观点："倘若身体难以照顾，像肉那样腐化且加重灵魂的负担，则妨碍心灵在天上的神视"[7]。所以在阿奎那看来人的尘世生活也有着十分积极的意义，毕竟是为天国生活准备的质料，只是人不可过分地追求俗世之物，应以如果舍弃它们即会妨碍人的基本生存为限。

在另一个方面，就人的行为由自己选择且选择的倾向决定着行为的结果而论，个人在尘世中的行为态度直接决定着上帝的或惩或奖以及个人在末世审判时或下到地狱或升入天堂，因而尘世中如何生活就具有在个人死亡之后得到上帝如何评判的问题，个人也必须小心谨慎以对自己的未来负责。上帝并没有说只有那些在修道院里隐修的人，或积极投身于圣事的人，或作出重大事功的人才可获得他的恩典奖赏，上帝还需要人为了更快更好地引导人去认识上帝、领悟上帝、真心皈依上帝而努力，因此在这一过程当中不仅需要讲道的人，还需要通过听道的人，通过听道的人的努力来证明在听道之后所发生的变化，不论是心态的改变、德性的提高、追求的转变或是意志的增强、精力的丰沛乃至运程的改变等都向人昭示：信靠耶稣基督并按照他的要求进行善行的人是有福的。

7　转引自（意）多玛斯·阿奎那. 神学大全（第 4 册）[M]. 刘俊余译. 高雄：中华道明会，台南：碧岳学社联合发行，2008：56.

第一章　至善的观念的演变

在《神学大全》中阿奎那对全文的撰写"存在着一个发展次序，从第一部分对上帝和人类本性必须的首先假设，经由道德探究序列的第二部分的一、二部分，到第三部分窥见关于天国开显的真理"[1]，也就是由《神学大全》第一部分的上帝创造世界的论证开始，讨论上帝存在特性以及与世界万物的关系，第二部分则主要涉及人的伦理行为，第三部分涉及人如何回归上帝，简而言之就是上帝如何创造人类如何引导人类并最终促其回归的过程。如下图[2]：

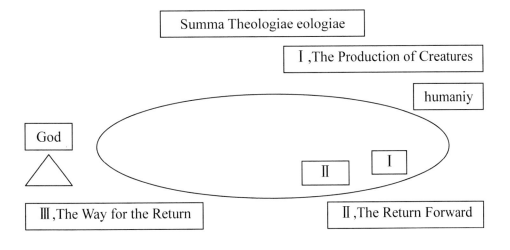

1　（美）A·麦金太尔. 三种对立的道德探究观[M]. 万俊人，唐文明，彭海燕等译，万俊人校. 北京：中国社会科学文献出版社，1999：144.

2　Thomas Franklin O'Meara，O P，*Thomas Aquinas theologian*，Notre Dame and London：University of Notre Dame Press，1997，p. 57.

由于人和上帝之间的巨大差距，上帝对人的引导也不会通过上帝的直接安排而达到，那样人就不是自觉自愿地去追求上帝。上帝会创造一定的方式使人逐步地去认识他理解他，这一过程是一个渐进的过程。对至善的认识也就是对上帝的认识，因而也有一个逐渐展开越来越完善的过程。从把感性具体的事物作为善的，到认识到要超越个体寻找事物背后不变的本质，从仅仅属于理论的预设到作为信仰核心的上帝，人们对上帝的认识也越来越完善，经由阿奎那继承和发展而达到一个新的高度。

第一节　前亚里士多德时期

当人们考察西方哲学某一派思想的源流，不可避免地会追溯到古希腊文明。古希腊以其悠久的历史、众多的学派、深邃的的反思、云集的大师、学渊的初发而在哲学思想发展史上占有重要的位置。我们欲要从西方哲学史的角度考察善观念的演变路径，非常自然地可从古希腊时期开始。

一、善恶观念的萌芽和初发

荷马时代是善恶观念的萌芽时期 [3]。在原始社会初期，生产力水平极其低下，人们时常为生存而困扰。一个东西是否能满足个人的生存需要就成为它是否对个人有用的标准，就可以称它为善或恶的。在抗击野兽袭击，在血亲复仇中是否能够维护个人、部落的生存，能否获取和维护一些既得的利益就成为人们心中潜意识的判定标准。在《荷马史诗》中，荷马对英雄行为进行了讴歌，称赞他们的勇敢、刚强，同时鞭挞了一些人的怯懦、软弱。这些印象的获得和人们对其他人在战场上的表现有很大的关系，特别与一些人的体质特征如强壮（刚强、敦实），行动特征如有力（威猛、勇敢）等有直接的联系，可以说这一阶段人对善的看法还是比较初浅的，和人凭借感官获得的感性特征密切相关。自然的善和道德的善还没有区分开，凡是能带来食物维护、个人及整体生存的都可以称为是好的善的，因而这类善只是人们对感性具体的生活归纳，还不是抽象的原则。当然这一时期由于还没有抽象的观念的提炼，自然也就没有善恶这样具体的名称出现。

3　参见倪愫襄. 善恶论[M]. 武汉：武汉大学出版社，2001：8.

从抽象的观点出发来研究善恶问题在毕达哥拉斯以后有了很大地发展。毕达哥拉斯认为万物皆数，数不仅是构成事物的质料，还是事物的本原和原型，万物都是摹仿数的，是数之摹本[4]。毕达哥拉斯从将不同的音调按一定的比例混合会带来悦耳的和谐声音体验中，总结出世界就是由不同的事物按一定比例构成的，如果比率协调，世界就是平衡的、和谐的。数有奇数与偶数的对立和谐，状态静止与运动的对立和谐，心理也有善良和邪恶的对立和谐，在毕达哥拉斯看来和谐是绝对的无所不在的，构成了他所谓的"宇宙秩序"[5]。毕达哥拉斯撇开具体的物质世界而从中抽取出抽象的数，并把它作为世界的本原，有着积极的意义，但在数如何演化为变动不居的世界方面却没有给以详细的说明。

在赫拉克利特看来，世界上没有绝对静止的事物，世界上的事物都是不断发展变化的，甚至一个人不可能"两次踏进同一条河里……踏进同一条河里的人，不断遇到新的水流"[6]，在赫拉克利特看来第二次的河水已经不是第一次的河水。尽管一切皆变，但变化本身是不变的，变化也是有规律的，他认为世界"是一团永恒的活火，在一定的分寸上燃烧，在一定的分寸上熄灭"[7]，"一切都遵循着道"[8]。赫拉克利特认为事物都是对立面的统一体，自然界中"用对立的东西制造出和谐，而不是用相同的东西"来达到和谐[9]，对立面是相互对立、斗争和转化的，其中善与恶也相互对立、斗争和转化，最后达到一种动态的平衡状态。斗争是普遍的，是引起事物运动的根源。赫拉克利特还提出了至善的概念，认为在人们追求各种善的后面，还有一个更值得追求的东西——至善。

从智者学派开始古希腊哲学对世界起源的理解加入了更多思辩的成分。普罗泰戈拉提出："人是万物的尺度，是存在者存在的尺度，也是不存在者不

---

4 全增嘏. 西方哲学史[M]. 上海：上海人民出版社，1985：57.

5 全增嘏. 西方哲学史[M]. 上海：上海人民出版社，1985：63.

6 西方哲学原著选读（上卷）[M]. 北京大学哲学系外国哲学史教研室编译. 北京：北京商务印书馆，1981：23.

7 西方哲学原著选读（上卷）[M]. 北京大学哲学系外国哲学史教研室编译. 北京：北京商务印书馆，1981：21.

8 西方哲学原著选读（上卷）[M]. 北京大学哲学系外国哲学史教研室编译. 北京：北京商务印书馆，1981：22.

9 西方哲学原著选读（上卷）[M]. 北京大学哲学系外国哲学史教研室编译. 北京：北京商务印书馆，1981：23.

存在的尺度"[10]。实际上就把事物对个人的"显现"和个人具体"感觉"等同起来，使个人感性经验成为对外界事物判断的标准，否定了外界事物的确定性。普罗泰戈拉的这一个命题是针对"神意"来说的，意在抬高人的地位，贬低神的作用[11]。芝诺更是通过追龟辩、飞矢辩等逻辑推理的矛盾来试图说明当时人们对知识的理解自身是谬误百出的，进而否定一切知识的可能性。在他看来，诸如善恶、公正等观念都是人主观构造出来的，具有个体性、随意性、可变性等特征，没有相对客观统一的标准。这样人就由善恶概念的被规范者变成了它的制定者和阐释者。

二、寻找变动之后的不变者

苏格拉底把人对世界探讨的视线从天上拉回到地面。"他不像大多数其他的哲学家那样争论事物的本性是什么，猜测智者们称之为世界的那个东西是怎样产生的，天上的每一件事物是由什么必然的规律造成的，而是努力指出，选择这种思考对象的人是愚蠢的"，苏格拉底认为其他人"完全不管人事，而对天上的事情加以猜测，是不是认为自己在做本分的工作"[12]。苏格拉底认为个人首先要关心改善自己的灵魂，形成良好的德性，他认为"金钱并不能带来美德，美德却可以给人带来金钱，以及个人和国家的其他一切好事"[13]。而要做到这一点，就要进行深刻反思，抛弃原有的已被自己、公众认可的观念的束缚，苏格拉底提出了"认识你自己"的著名警戒，告诫人们要重新思考自己已有的观念体系，本着谦卑反省的心态去反观自身，发现自己所处的环境。苏格拉底以德尔斐的神庙的神谕试图说明"只有神才是智慧的，那个神谕的用意是说，人的智慧没有多少价值，或者根本没有价值"[14]，那些通常由个别具体的外在现象获得的观点，由于没有经过抽象形成概念，不具有普遍性和永恒性，并不能算作真正的知识，其实不过是一些不成熟、不真实的意

---

10 西方哲学原著选读（上卷）[M]. 北京大学哲学系外国哲学史教研室编译. 北京：北京商务印书馆，1981：54.

11 全增嘏. 西方哲学史[M]. 上海：上海人民出版社，1985：113.

12 西方哲学原著选读（上卷）[M]. 北京大学哲学系外国哲学史教研室编译. 北京：北京商务印书馆，1981：60.

13 西方哲学原著选读（上卷）[M]. 北京大学哲学系外国哲学史教研室编译. 北京：北京商务印书馆，1981：69.

14 西方哲学原著选读（上卷）[M]. 北京大学哲学系外国哲学史教研室编译. 北京：北京商务印书馆，1981：68.

见。因而人要抛弃那种自大心理，从纷繁复杂、萦绕变换的现象背后通过理性找出不变者，这样才可以找到真正的知识，发现真的自我。

苏格拉底认为人们的行为是善的或是恶的，主要与人是否具备善恶的知识有关，一个人只有具备了什么是善及什么是恶的知识才能趋善避恶。同时在生活中人们对一个事情会有多种理解，哪一种理解更为恰当一些，就在于人们对它的了解是否全面深刻，因而提高个人对善恶的判断能力、技巧，对一个人趋善或行恶非常重要，从而他提出了"德性即知识"以及不道德便是无知的结论。苏格拉底甚至提出：一个拥有良好德性知识的人是不会去作恶的。

由于认为德性即知识，那么学习和掌握较多的善的知识就可以完善自己的德性，因而苏格拉底认为美德是可教可传的，那么要想培养人的德性就可以从传授知识启迪智慧入手，后天的知识教育对德性的养成具有着重要的作用。而阿奎那在承认人有天赋的良知良习的基础上也认为诸如理智德性和道德德性的形成需要通过后天的培养锻炼才能形成。他的学说提出要在可见世界的背后寻找不变的实在，确有着积极的意义，但把德性归结为一种可传可教的知识，就把抽象的德性具体化了，更忽略了德性需要在实践中孕育、熏陶、养成和内化。

苏格拉底认为，对人有益的诸如健康、财富、荣誉以及灵魂的一些品质如节制、勇敢等都可以认为是善的，德性和知识作为抽象的概念本身就存在于人的心灵之中，它最终来自于神，因而人去接受教育不过是将自己先天具有潜在的东西诱发出来[15]，这为柏拉图的知识不过是回忆做了铺垫。苏格拉底认为人心中固存着与生俱来的一些品质观念，这与阿奎那认为人天生被赋予良知良习有着相似之处。苏格拉底认为在这诸多善的后面还有一个至善，认为至善是人的本性、人生的最高目的，是理性秩序的统一体，是人内心理性的升华。"善是一切行动的目的，一切行动皆以此目的而行事，而非善以其他一切事物为目的"[16]，苏格拉底最后毅然赴死，表明他希望以自己的决心，自身行动来实践自己的人生思考：知道真知识善的人是不会作恶的，因为逃避法律的惩罚意味着背叛，即使是这种法律是有缺陷的，苏格拉底遵循着内心中信仰的召唤，为了理想而宁愿牺牲自己。

---

15 全增嘏. 西方哲学史[M]. 上海：上海人民出版社，1985：128.
16 柏拉图. 柏拉图全集（第一卷）[M]. 王晓朝译. 北京：人民出版社，2003：392.

苏格拉底提出可感事物是变动不定的，不可能提供真实的知识，惟有借助于抽象的归纳概括形成概念才可以获得真正的认识，苏格拉底这种思想为他的弟子柏拉图所继承。柏拉图也认为外在的事物虽然绚烂往复，其实不过是深藏于其后另一个理念世界的幻影，犹如人所看到的木偶戏中的景象，虽然场景变换多样情节生动逼真，但其实际不过是在其后的木偶的影子罢了。柏拉图对世界的看法就综合了前人的观点，致力于解决世界是如何形成的，世界变化的根源在哪里，动力何在，由此他提出了理念论。在柏拉图看来，存在着两个世界即真实的理念世界和虚幻的可感世界的分别，理念是事物的范形，事物通过摹仿、分有理念而获得存在。但世界事物包括人都是不完善的和都有待完善，不完善的原因在于事物都是对自己类的理念的不完全分有、摹仿。柏拉图的这一观点显然承接了巴门尼德的看法，在真实的存在背后除了真实的存在而外，人所见到的都不过是摹本，都不具有真实性，只是真实的事物在柏拉图看来是众多的理念，在巴门尼德则为唯一的存在罢了。

在柏拉图看来，现实世界是虚幻的不真实的，是因摹仿、分有理念的世界而存在，这种分有不可能是完全地分有，必然是有缺陷的，因而事物就希望不断完善自身，追求着自身的善，向自身的理念过渡，使自身与对应的理念更加接近。另一方面理念中也有等级的不同，较低的等级向往较高的等级，这样就形成一个不断趋向完善的运动链条，最后达到最高的善——至善即善本身。对柏拉图来说，这个至善是居于感性世界之外的一种理性推导出来的客观存在的理念。他曾用太阳来比喻至善，正如万物因靠太阳而得以看见，事物因靠太阳而得以生长一样，人借着分有的善才可以认识世界和存在于世界。"太阳跟视觉和可见事物的关系，正好象可理知世界里面善本身跟理智和可理知事物的关系一样。"[17]"给认识的对象以真理，给认识者以认识能力的存在，即是善的理念"[18]，这种善的理念并不是神但再向前一步就推到神那里，"哲学的思辨容易向神学复归。特别是哲学最初提出的问题就是万物的最初根源究竟是什么，人们总想追问世界是如何产生的。这个问题正如康德所说是人类的知性永运不能解答的，可是人们偏要问它，便不免陷入神学。柏拉图的善的相便是一个明显的例子。他要探究的是'存在/是'与'思想'的

---

17 （古希腊）柏拉图. 理想国[M]. 郭斌和，张竹明译. 北京：商务印书馆，1986：266.

18 苗力田主编. 古希腊哲学[M]. 北京：中国人民大学出版社，1989：310.

最高和最后的原则，虽然在《国家篇》中他竭力避免将它说成就是神，但他‘理性神’确实只有一步之差。只要将作为目的因的‘善的理念’赋予一点动力的作用，他便是一个创造世界的神”[19]。

柏拉图在《理想国》中提出了一个有名的洞穴比喻[20]。柏拉图讲到假若有一批人自儿时就居住在洞穴式的地下室里，头身都被固定住，只能看对面的洞穴后壁，在这些人的背后有一个东西燃烧发出亮光，在火光和被囚禁者之间，洞外有一条路，当背后有人拿着东西从洞口经过时，事物的影子就映照在洞穴后壁上，久而久之，洞穴里的人们就会认为自己所看到的阴影就是真实可信的事物。当有一个人逃到外面去，他将面临着两次的双重的否定：首先不仅要忍受着因为初次接触阳光而带给眼睛的巨大肉体伤痛，其次还要面临因为所见所感与以往的截然不同的反差，真正真实世界与原有认可世界的截然对立，而不得不对已有的、自然产生的信仰进行反思和批判。如果逃到外面的人愿意做一个高尚的热心求知的人，他不得不努力去排除原有思维方式对自己的影响，试图接受、认可现在的生活。如果他还是一个乐于助人的人愿意其他人也获得解放，那么他就要试图说服自己再回到洞穴，去告诉洞穴里的人：什么是真实的什么是虚假的，这同样要冒很大的风险，因为洞穴中没有阳光的照射，自然而然地回洞穴者试图讲解的道理或建立在外部世界上的论据在洞穴内就无法复制而获得检验证实，就无法使人直观地信任他的观点，回洞穴者的言说就可能被当作歪理邪说，甚而威胁到他个人的性命。

在这个比喻里，柏拉图实际上是用至善的理念即善本身来比作太阳，他的洞穴比喻深刻地揭示了人类思想发展中的固有困境：

1. 感性知识和理性的论证哪一个更优越一些

对于柏拉图的比喻我们可以进行如下分析：洞穴里的人之所以会认为投射在洞穴后壁的阴影就是真实的事物，就在于当他们常年累月的坐于洞穴后壁之前，所能观察的只是对面外界事物所映射进来的阴影，事物的影象不停的变换，对多次类似影象的总结思考，渐渐地，他们会总结出一些剧情上下间隔、衔接等规律性的内容，后来的剧情演绎有时偶然地映证，更加促使他

19 汪子嵩，范明生，陈村富，姚介厚. 希腊哲学史（第二卷）[M]. 北京：人民出版社，1997：791.

20 （古希腊）柏拉图. 理想国[M]. 郭斌和，张竹明译. 北京：商务印书馆，1986：272-283.

们坚信所得的判断是确凿无疑的。"那些敏于辨别而且最能记住过往影象的惯常次序，因而最能预言后面还有什么影象会跟上来"[21]，由总结的合乎规律性个人就得出了所见到的就是真实的的结论。这一点休谟在批评经验主义时将其发挥到极至，休谟认为人们相信有线性因果规律的出现，乃是一种错误的心理幻想。纵然人们可以看到不同事情发生先后之间存在着前后相继的关系，也不能推论出它们之间存在着必然的联系，这种前后的相接的因果关系不过是人基于日常经验作出的联想罢了，"各物象间的'必然联系'的观念所以生起，乃是我们见到在一些相似例证中这些事情会恒常合在一块……在相似的例证屡见不鲜以后，人心就接受了习惯的影响，在看到一件事情出现以后，就来期待它的恒常地伴随，并且相信那种伴随将要存在……当我们说一个物象和另一个物象相联系时，我们的意思只是说，它们在我们的思想中得到一种联系。"[22]休谟的结论是：人们的感官是靠不住的。

2. 认识的条件和理论发展的问题

洞穴里的人之所以会认可眼前的事物为真实的，因为他们自身的看问题的条件被限制在一个特定的区域，没有接触真正真实事物的可能，了解外面的世界途径几乎断绝（几乎没有人进来讲述外界的实际情况，来纠正人们头脑中不正确的想法），同时当通过一定方式出去的人试图劝说他们改变信仰，给以正确的知识时，却又因不能创造反驳人们习以为常的认可的事物的情景来佐证自己的说法，而陷入不被认可甚至于被误以为异端学说的境地。这一类似的困境，无论是在新旧理论体系的更替，还是特异思想的宣介，抑或自然和超自然的互相辩难等都明显的大量的存在。对巴门尼德所谓的"存在"，柏拉图所讲的"理念世界"，亚里士多德所谓的不具有质料的"形式"，宗教观念中的"上帝""涅槃""报应"，康德学说里的"物自体"等，由于都不可能在现实感性经验生活中加以检验，有的虽与人们的生活有一定的关联，人可以通过一定形式来感知、呼应已经人格化的上帝，有的甚至在理论体系中已经界定它和人之间有一绝对的鸿沟，人是不能加以认识的，如柏拉图的理念，康德的物自体。这些事物在立论者看来都是超越于人的理性范围的。在洞穴比喻中，对着洞穴后壁的人虽然有着健康的理智，能够对所经历的事情

---

21 （古希腊）柏拉图. 理想国[M]. 郭斌和，张竹明译. 北京：商务印书馆，1986：275.

22 （英）休谟. 人类理解研究[M]. 关文运译. 北京：商务印书馆，1957：69.

作出准确的分析判断，但由于心中赖以判断的基础有限（只是所见的影象），可供推理的逻辑单一（没有外在的启迪如光和人的进入，来打破习以为常并已经认可为真的反应模式），使他们的心智中的好奇、探索、反思被逐渐磨平，慢慢就接受、认可了这样一个事实：存在的就是合理的，而不论这种存在产生于谬误或偏见。

柏拉图的结论是：由于理念世界和感性世界存在着质的不同，后者只是前者的影子或摹本，因而人只有认识了真实的理念世界才算获得了真正的知识，"就能辨别各种不同的影子，并且知道影子所反应的东西的，因为你已经看见过美者，正义者和善者的真实。"[23]从这个意义上讲，任何学科的发展特别是一些新的事实、论证的出现，它都对哲学思想的发展起着促进作用，推动着新视角的转换，丰富着理论的内涵，为新异观点的产生提供新的阶梯。在柏拉图看来，正像囚徒如果不转变方向去寻求光明就不可能认识到自己的错误所在，同样在对外部世界的理解上，人的"作为整体的灵魂必须转离变化世界，直至它的"眼睛"得以正面观看实在，观看所有实在中最明亮者，即我们所说的善者"[24]。

实际上在宗教信仰者看来，虽然上帝与人类的生活处所是截然有别的，上帝的真正本质不可知，人也不可能直接接触上帝，但人其实不仅可以看到上帝的造物效果（世间万物）来确证上帝的存在（当然正如看到洞穴后壁的影象需要推知背后的成因一样，需要思考人类万物存在的动因来源），而且还可通过接触上帝的恩典来沐浴上帝的圣光，而不至于因囚在尘世，困于历史而像囚徒那样懵懂无知固步自封。人凭借着上帝的圣灵从而有了类似于囚徒虽在洞穴（地球），但因神圣之光的照亮而对真实的最真的上帝有了超越当下处境（或可以看作受制于自己生活的各种条件的限制）普遍看法的体悟。因而上帝的恩典就是连接可见尘世和未知天国的桥梁，是受困于尘世之人的超理性之光。这样一种考虑后来就由身为基督徒的学者奥古斯丁、阿奎那等加以继承、发挥。

柏拉图对四种德性进行了较明晰的界定。

23 （古希腊）柏拉图. 理想国[M]. 郭斌和，张竹明译. 北京：商务印书馆，1986：280.

24 （古希腊）柏拉图. 理想国[M]. 郭斌和，张竹明译. 北京：商务印书馆，1986：277.

如果说在苏格拉底看来有德性的人是有知识的人的话，那么对于柏拉图来讲就显得复杂一些，只有那些具有智慧、勇敢、节制和正义的基本德性的人才可以算作有德性的人[25]。

柏拉图由于认为物质的事物是幻灭不定的，因而人"真正的幸福并不在物质欲望的满足，并不是常人所谓的快乐，真正的幸福必定是善的，有道德的"[26]，德性必须超越具体感官的可见世界，以真实的永恒理念世界为其思考对象，因而有德性的生活只能是有知识的生活，是在对理念的思考中达到至善。

柏拉图把德性分为智慧、勇敢、节制等多个类别，认为它们分别对应于灵魂的理性、意志和情感，三种德性的综合就构成正义。智慧以理性行为基础，是有关统治者统筹全局治理国家的知识；勇敢以意志为基础，是指坚持理性的命令而不动摇；节制以情感为基础，是理性对情感欲望的控制，当意志和情欲服从于理性的支配，三者各司其责时就产生了公正的美德。

在《理想国》中，柏拉图思考了一个国家要想达到一种稳定和谐的状态时公民个人所应具备的基本条件。柏拉图指出最好的统治者应当是有着智慧的哲学家，哲学家可以结合哲学的思考提出具体治理国家的方针政策，然后由武士阶层来具体施行；对武士而言他们应当勇于承担职责，不论是在对外维护国家的生存或是对内贯彻统治者的意志；而对于其他的第三阶层，他们最大的德性应该是节制约束自己的欲望，服从统治者的管理而不能有什么非分之想。在柏拉图看来，如果社会中每个阶层的人各司其责各守其分就是公正的体现。柏拉图认为国家生活的目的就在于追求至善的生活，他为此进行了多种天才的设计。从柏拉图的论述可以发现过一种奴隶贵族认可的生活从而实现一种稳定和谐秩序，在他看来就是至善。

第二节　亚里士多德的创新和突破

亚里士多德是柏拉图的学生，但在追寻真理的道路上却勇于探索和独立思考。针对老师在理念论所中所暴露出来的问题，亚里士多德进行了深入的思考，提出了形式与质料学说，开创了新的理论径向，为此多被柏拉图其他学生所指责，认为他背离老师柏拉图的学说，但亚里士多德说，"不过作为一

---

25 全增嘏. 西方哲学史[M]. 上海：上海人民出版社，1985：156.

26 全增嘏. 西方哲学史[M]. 上海：上海人民出版社，1985：155.

个哲学家，好的选择应该是维护真理而牺牲个人的友情。两者都是我们所珍爱的，但人的责任却要我们更尊敬真理"，这种我爱我师，但更爱真理的精神确实难能可贵，更是一种求善的追求。

一、形式和质料学说

在亚里士多德看来，并不存在与可见世界相分离的理念世界，并不存在与具体事物相分离的与现实事物相对应的善的理念本身。他认为"不仅有善的、而且有任何其他东西的理念存在的断言，只不过是一种空洞的说法……其次，即使承认其他理念和善的理念是最好的，对于善的生活和对于行为也没有任何用处"[27]。按照柏拉图关于理念的理解，每一种理念都具有概念的明晰性指向，在柏拉图看来世间任何可见的事物都对应着一个理念（尽管他对于毛发等事物是否也应具有相应理念感到为难），但在亚里士多德看来，善的理念到底是什么却很难加以界定。"因为善有多层含义，与'存在'的含义一样多……也没有单独的一门存在的知识或善的知识……善自身几乎是不可能由单独的一门知识研究的。"[28]针对柏拉图认为可见事物是不完全分有或摹仿对应的理念而存在，理念比可见事物更真一些的观点，亚里士多德认为"白了许多天的东西并不比只白了一天的东西更白"。柏拉图所说的善自身也不可能是单一的、普遍性的善，在亚里士多德看来，"断言一切存在物都向往某个单一的善是不真实的。因为每物都追求的是它特有的善……普遍的善不是善自身（因为它或许属于小的善），也不是可以实践的"[29]。

不同于柏拉图认为世界上有些事物虽然可见但却并不真实并不存在，真正存在的只是另一个的理念世界，亚里士多德认为不仅抽象的理念（在亚里士多德看来是形式）是真实的，而且人所看到的可见事物也都是真实的存在的。柏拉图认为事物是分有理念而存在，而亚里士多德认为任何可见事物都是由形式和质料构成，其中形式是质料的规定，质料是形式的物质承担者，质料是没有规定的基质，它可和任何形式结合构成一定物质。形式不同，构

---

27 （古希腊）亚里士多德. 亚里士多德全集（第八卷）[M]. 苗力田主编. 北京：中国人民大学出版社，1992：351.

28 （古希腊）亚里士多德. 亚里士多德全集（第八卷）[M]. 苗力田主编. 北京：中国人民大学出版社，1992：352.

29 （古希腊）亚里士多德. 亚里士多德全集（第八卷）[M]. 苗力田主编. 北京：中国人民大学出版社，1992：353.

成的物质就不同。在构成的事物中，所含有的形式越少等级就越高，第一等级是不含任何质料的纯形式，它是万物的最后因。第二等级是形式和质料结合的各种事物，第三等级是不含任何形式的纯粹质料。纯形式是纯粹的现实性，在它以内不存在由潜能到实现的任何变化过程，它是绝对完满的，纯形式以它的完满性引导其他事物的运动，有时亚里士多德称它为神。事物就在提升自己等级的过程中，追求更趋近于纯形式即至善。

就形式是其规定之下的事物的目的而言，较低级的形式所限定的目的必须服从于较高形式所规定的目的。亚里士多德说，"一切技术，一切规划以及一切实践和抉择，都以某种善为目标……但目的的表现却各不相同，有时候它就是活动本身，有时候它是活动之外的结果，在目的是活动之外的结果时，其结果自然比活动更有价值"[30]。人们参加娱乐活动，娱乐活动本身就可以是行动本身的目的。但有些活动的目的却在活动之外，制作马勒的目的是为了更好的骑马，这种它的目的不在自身而在自身之外的活动技术等就只具有工具性的特征，成为达到其他目的的手段。"那占主导地位的技术的目的，对全部从属的技术的目的来说是首要的。因为从属的技术以主导技术的目的为自己的目的。"[31]是否有不作为其他事物手段的事物呢，在亚里士多德看来，我们不能就一个事物的目的无限地后溯，那样就找不出事物的目的，因此必定有一种事物是其他事物的目的同时也是自身的目的。亚里士多德论述说，"如若在实践中确有某种为其自身而期求的目的，而一切其他事物都要为着它，而且并非全部抉择都是因他物而作出的（这样就要陷于无穷后退，一切欲求就变成无益的空忙），那么，不言而喻，这一为自身的目的也就是善自身，是最高的善"[32]，是人类行为的目的。

二、潜能和现实的学说

亚里士多德赞成"可欲为之善"。"一切知识和能力都有某种目的，而且，这目的是善，因为没有一种知识和能力是为了恶而存在。如果一切能力的目

---

30 （古希腊）亚里士多德. 亚里士多德全集（第八卷）[M]. 苗力田主编. 北京：中国人民大学出版社，1992：3.

31 （古希腊）亚里士多德. 亚里士多德全集（第八卷）[M]. 苗力田主编. 北京：中国人民大学出版社，1992：3.

32 （古希腊）亚里士多德. 亚里士多德全集（第八卷）[M]. 苗力田主编. 北京：中国人民大学出版社，1992：4.

的都是善，那么显然，最好能力的目的就会是最高善"[33]。在另一方面，现实中人们所追求的事物是多种多样的，有些明显带有邪恶的目的，不可能如苏格拉底所说"没有人自愿作恶"，如果像苏格拉底所说的那样，就无法解释现实中出现的诸多恶事，就无法找到应对恶事负责的人，因为如果个人作恶也是不自愿地，个人为何要负责呢？既然人们的追求在自己看来都是善的，为了解决苏格拉底的难题，亚里士多德认为必然有一个相对超越独立于具体追求的善的存在，亚里士多德把它称为至善。

　　亚里士多德还从其他角度论证了至善的存在。在亚里士多德看来，事物是由形式和质料两方面构成，形式寓于质料之中，是对质料将要成为何种事物的规定。没有离开具体事物单独的形式存在，两者必须紧密结合。一个事物之所以会成为某一事物就在于质料蕴涵着成为其他事物的潜能，质料在动力因、目的因、形式因的推动下就会由潜能向现实转化，从而原有的潜能淤合，变成某物的现实也即形式的完成或展开。但如果将它和其他事物或更高层级事物联系起来，该事物又变成实现其他目的的质料，这样就会有质料转化为形式，形式又变成质料，然后又如此类推，导致无限上推，最后必须假定有一个事物即纯粹的、没有质料的形式，这种纯形式具有最大的完满性，在它里面没有任何潜能而言，它自身是存在和本质的统一体。如果说有潜能的事物就注定会变化会消失的，因而是有缺陷的，那么永恒静止不变的事物就是无限完满的就是善的。这最后的没有任何潜能的实现就是神。不过这个神更多的是正如按照运动必有推动者，最后推导出来的第一推动者一样，它只是理性的推导物，是一种冷冰冰的理论的预设。

三、对于洞穴之喻的回应

　　柏拉图由于认为人所生活的可见世界不过是虚幻短暂的，因而人与真实永恒的理念世界就存在着巨大的鸿沟，洞穴里的人只有走到外面的世界才会有对真实世界的认识，那么一个生活在现实世界的人，是否只有在去世以后摆脱了肉体的限制才可以认识另一个真实的世界呢？柏拉图并不这样认为，原因就在于人的灵魂是不朽的，在人降生为人之前，灵魂曾经在理念世界生活过，因而存有对理念世界的真实认识，所以人对外界知识的获取"并不象某些人在自己的职业中宣称的那样……他们能把灵魂里原来没有的知识灌输

---

33 转引自龚群编. 善恶十二讲[C]. 天津：天津人民出版社，2008：61.

到灵魂里去，好象他们能把视力放进瞎子的眼睛里去似的……我们现在的论证说明，知识是每一个灵魂里都有的一种能力"[34]。人们通过向内的自我反省就可以获取真的知识。

但在亚里士多德看来，世界上的事物都由形式和质料构成，每种事物虽因所包含的形式的多少，而在等级上存在着高低之别，但不论是纯形式的第一因，或是没有形式的纯粹质料都具有存在的特征。事物的形式规定着一个事物区别于他事物以及将要发展的方向和可能。而人作为形式和质料的结合体自然具有不同于其他事物的特征，人的形式赋予人具有超越于其他事物那样的理性，而人的质料与此相适应则提供了可以对外界进行感知的眼耳等器官，因而人可以通过感官对外界事物的观察来获取具体初步的印象，而后经由人的理性来加以分析综合从而获得普遍抽象的概念知识。也就是说在亚里士多德看来，人们不是通过对自己已经具有的灵魂的回忆和潜能的发掘来寻找真正的知识，而是通过后天的观察体验再加以分析判断而获得的。真正的知识的获取并不来自于先天而是后天，因而人只要在后天掌握了一定的技巧方法就可以获得。

如果说柏拉图在人对真的事物的认识问题上以超越于人的理念世界的存在而在人和真理之间划了一条鸿沟的话，而亚里士多德则以真的知识就在眼前只是人如何去发现它而已从而填平了人与真理之间的巨大鸿沟。亚里士多德使人对知识的探求从向内的回忆冥思转向向外的探索和追求，从而也给后人思索如何获取真理提供了两种截然不同的径向。

四、至善就是幸福

至善到底是什么呢，在亚里士多德看来至善就是幸福。他认为人的追求多种多样，因而具体的为善之物就很多。但为善之物之间还是有所区别，因为有些善是目的，有些不是目的，例如，健康就是为了比运动更好更高的目的。"还有在目的中，完满的总比不完满的更好"，如何来界定什么是完满的或不是完满的呢？亚里士多德认为，对某一种欲追求的善，"如果它的获得不需我们添加任何东西，就是完满的目的；如果它的获得需要我们添加某种东西，就是不完满的的目的"，例如，在人们获得像公正勇敢时，还需要添加许多东西，但如果人们获得了幸福，就无需要再添加什么了，由此，亚里士多

---

34 （古希腊）柏拉图. 理想国[M]. 郭斌和，张竹明译. 北京：商务印书馆，1986：277.

德推论说，"幸福是我们追求的最好的东西，也是完满的目的。完满的目的是善，也是一切善物的目的"[35]，他认为在现实生活中就可以获得幸福。

幸福是什么呢，亚里士多德认为虽然"关于幸福是什么是一个有争议的问题"[36]，但人们还是可以通过分析找出它涵义的真谛。亚里士多德不认为追求快乐、财富、荣誉和地位等就是幸福。在亚里士多德看来，"主要的生活有三种选择，第一种就是……享乐的生活，另一种是政治生活，第三种则是思辩的、静观的生活。"[37]在他看来享乐的生活实际上是寄生的奴性的生活。热衷于名誉的生活实际上是政治的生活，人们是凭借品德换得名誉，而不是相反。财富本身不过是达到幸福的手段，而不应成为幸福的目的。在亚里士多德看来，有多种可以称为善的东西如智慧、快乐、荣誉、财富等，但它们自身并不是人们所追求的最后目的，而是作为手段而存在。只有为了它自身而被追求，并非为了其他目的而被追求的事物才是人们追求的最高的善，人们选择它是为了它自身而不是为了其他的目的。"只有那由自身而被选取，而永不为他物的目的才是最后的。看起来，只有这个东西才有资格作为幸福，我们为了它本身而选取它，而永运不是因为其他别的什么。"[38]亚里士多德否认个人的幸福应该建立在对善的理念即至善的理解上，在至善的规定下去实施自己的行为。他认为不存在善的理念，而且任何试图用至善来说明具体的日常生活的想法都是毫无用处的。亚里士多德认为永恒不变的善自身和具体可变的善在本质和定义上是一样的，都是善，正如永恒的白和瞬间的白并没有什么不同，前者并不比后者白一些。

亚里士多德认为至善就是幸福，也认为"幸福就是合乎德性的现实活动"[39]。人在社会中生活中会遇到各种挑战，人就不得不时刻面临着各种选择。如何选择：是遵从自己的欲望还是自己的理性？如果人们遵从理性，严格约束

---

35 转引自善恶十二讲[C]. 龚群编. 天津：天津人民出版社，2008：65.

36 （古希腊）亚里士多德. 亚里士多德全集（第八卷）[M]. 苗力田主编. 北京：中国人民大学出版社，1992：6.

37 （古希腊）亚里士多德. 亚里士多德全集（第八卷）[M]. 苗力田主编. 北京：中国人民大学出版社，1992：7.

38 （古希腊）亚里士多德. 亚里士多德全集（第八卷）[M]. 苗力田主编. 北京：中国人民大学出版社，1992：12.

39 （古希腊）亚里士多德. 亚里士多德全集（第八卷）[M]. 苗力田主编. 北京：中国人民大学出版社，1992：16.

自己并使自己的行为固定下来，内化为具有稳定性的心理特征，这就形成了德性。"幸福就是生活优裕、行为美好的观点和快乐，这一原理的完全符合，因为我们已经把它规定为某种好的生活和好的行为。"[40]如果人们按照良好的德性生活就会生活得好一些，他们也会获得自己的快乐，马使爱马的人快乐，合乎德性的行为使爱德性的人快乐，"只有那些对爱美好事物的人来说的快乐，才是在本性上快乐……合乎德性的行为，就是自身的快乐。"[41]不过亚里士多德更强调使用好品德比仅仅拥有良好品德要好一些，他认为拥有而不使用好品德就像人处于睡眠状态，有能力却不可能产生好的结果，幸福的生活必须在实践中去实现。亚里士多德认为幸福并不排斥快乐及物质的追求。因为人是由肉体和灵魂构成，肉体是灵魂获取外部信息的桥梁，感性认识是理性认识的来源和基础，因而物质追求、肉体的快乐都是必要的。

在亚里士多德看来，尽管有着各种可追求的善，但最高的还是灵魂上的快乐。个人的生活会有变换转承，命运会有跌宕起伏，因而就需要人采取一种现实公允的态度去面对。人们不可能完全驱使所有事情都按照自己的心意行事，因为个人的能力素质、现实的机遇、社会的环境等都制约着人的具体愿望的实现。亚里士多德曾举特洛伊城国王普里阿谟（Priam）的事例来说明命运的变幻不定。既然外界的事物、条件是自己所不能决定的，个人惟有以理智的态度坦然处之，以良好的德性要求自己，从已有条件出发，尽可能争取更大的幸福。幸福在亚里士多德看来在人间就可以实现，"幸福就是一种合乎德性的灵魂的现实活动"[42]，具体包括三个方面的要素：健康的身体，一定的财富和良好德性。三个方面必须同时具备，缺乏理智指导下的合乎德性的生活就没有幸福可言，因为幸福就是德性的实现。同时外在的善也是必要的，因为"有许多事情都需要使用手段，通过朋友财富以及政治权势才做得成功"[43]，如果具备必要的财富、容貌和权力等更有助于个人实现自己的幸福目标，

---

40 （古希腊）亚里士多德. 亚里士多德全集（第八卷）. 苗力田主编. 北京：中国人民大学出版社，1992：16.

41 （古希腊）亚里士多德. 亚里士多德全集（第八卷）[M]. 苗力田主编. 北京：中国人民大学出版社，1992：17.

42 （古希腊）亚里士多德. 亚里士多德全集（第八卷）[M]. 苗力田主编. 北京：中国人民大学出版社，1992：19.

43 （古希腊）亚里士多德. 亚里士多德全集（第八卷）[M]. 苗力田主编. 北京：中国人民大学出版社，1992：17.

它们可以作为幸福的外在补充，因而有人就把幸运和幸福等同。亚里士多德认为如果一个人通过追求同时具有了适当的财富、健康的身体、具有约束自己向好处发展的品行等三个条件，就可以说他已经获得了幸福，达到了至善。在他看来"'生活得好和行为得好'不是别的，恰是幸福"[44]。

第三节　阿奎那对前人的继承和发展

托马斯·阿奎那出生于富有家庭，自幼就受到良好的教育，曾在多所有名的大学求学，本人又虔诚好学，因而对多种书籍都有所涉猎，他大胆吸收由阿拉伯人保存和翻译的亚里士多德的学说，并给以符合基督教教义的神学解释。"据统计，托马斯的《神学大全》有3500处转引亚里士多德的东西，而该大全分量最重的部分就是论述关于人和人的行为的第二卷；其中托马斯赋予亚里士多德学说以丰富的基督教内涵。"[45]奥古斯丁等基督教学者的学说也给了阿奎那不少启迪。阿奎那在善恶观上既继承前人观点，又大胆进行创新。

一、善与存在同一

阿奎那吸收亚里士多德的观点，也认为善是人所欲求的东西，"善的本质从某种意义上讲就在于它是值得欲求的"[46]。在阿奎那看来，既然事物是被欲求的，它必定有着某种完善性，也就是说事物是善的实际上它一定是成为现实的东西。因而如果一个事物被欲求，就是因为它有一定的完善性，它就是存在的。因而可以看出完善和存在实际上是同一事物，只是善表示欲求而存在不表示[47]。善与存在可以互相替换，"一物有多少实在，便有多少善"

44　（古希腊）亚里士多德. 亚里士多德全集（第八卷）[M]. 苗力田主编. 北京：中国人民大学出版社，1992：250.

45　黄颂杰，徐卫翔，朱晓红. 马利坦的新托马斯主义和现当代天主教哲学[R]. 2008年6月（国家社科基金项目）. 第39页.

46　Thomas Aquinas, *Summa Theologica by Thomas Aquinas*, Fathers of the English Dominican Province, Benziger Bros. edition, 1947, 1：5, P. 29. 本书为核对方便，标明引文来源于《神学大全》此书的第几部分，第几问题，在书中第几页，如2-Ⅱ：10, P. 1617. 表明此文在所引书的第二部分的后半部分，在第10问题讨论中，在书中1617页出现。

47　G Deegan, On The Goodness of Being --According To St Thomas, 2005, 12, 12.

48。具体事物都有着相对于自身的多种完满的存在，如果每一种存在都具备，就具有完满的善，如上帝赐给人肉体和灵魂，各种器官都有其应有的功能，一个人有好多的应有的必备就有好多的善，但如果一个人天生是瞎子，瞎就因缺乏应备的视力之善而成为恶。对此人而言，其他的善并没有被剥夺，就其有生命仍然能生活、存在而言，仍是善的。

阿奎那认为善和存在不会在同等程度上被谈论，因为存在有实质性的存在和偶然性的存在两种区分。就如通常的孩子出生时手脚是健全的，但也有可能少量孩子出生有问题。善的本质揭示着事物的完善，也就是事物借以完善自己的方式。人们通常通过偶然的善如通过体育的锻炼等达到本质的善——健康。存在作为现实的事物被其他事物所追求，一定有着更高等级的完善性，因而可以说越能与更高等级的善相结合，它也就越完善。从这个意义上讲存在或已经具有的完善仍处于不断变化的过程之中。

二、所有事物都是善的

阿奎那同样也认同奥古斯丁的观点，即"上帝所造的每一创造物都是善的"。他们这样思考都有一个共同的原因，就是要解决世界是否存在着不同于上帝的恶的根源，但是他们为何要涉足这一问题的解决原因是不同的。奥古斯丁对善恶的思考与他人生特定时期的经历有着密切的关系。年轻时奥古斯丁曾迷恋摩尼教，认为摩尼教义中有两个世界的源头，分别是光明之神和黑暗之神，分别代表着善和恶，两神相互斗争相互渗透，可以很好地解释说明世间存在的诸多善恶问题。而阿奎那对善的思考更多的来源于个人所受的教育及自身的理解，更重要的是为了对基督教教义进行系统论证，维护基本教义的权威，因为《圣经》上说上帝看所有事物都是好的。

阿奎那和奥古斯丁的论证方式也是有所差异的。奥古斯丁更多的是采用柏拉图事物是因对理念的分有而存在的分有说而展开论证的。在奥古斯丁看来，万物都为上帝所造，一切有形之物的存在都是从万物的最高形式而来，都因分有上帝的善而是善的。奥古斯丁认为完美的上帝不仅创造了完美的世界，而且上帝还包容并充塞所有创造物。奥古斯丁直接用《圣经·创世记》中上帝创世并看一切都是好的例证来说明："一切事物都是由那具有至上、同

---

48 （意）多玛斯·阿奎那. 神学大全（第4册）[M]. 刘俊余译. 高雄：中华道明会，台南：碧岳学社联合发行，2008：185.

等、永不改变之善的三位一体的神所造成的；这一切事物虽没有至上、同等、永不改变的善，但他们也是善的"[49]。就本体论而言，一个事物之所以存在就在于它具有一定的理念或形式，事物自身不能赋予自身以规定，他们的形式只能来自于上帝。当形式存在时，事物就存在，形式消失或败坏了，事物也就不存在了。奥古斯丁还认为具体事物和上帝相比不是至善，就分有善的多少、程度的差异来考虑善可以有多种区分，诸如大善和小善等，但只要一个事物存在，就说明它所分有的善还没有被完全败坏，不论是大善或小善都是善的[50]。

  而阿奎那则更多的是采用亚里士多德的形式与质料的关系的学说来加以论证。在阿奎那看来每一个创造物都是善的，原因在于"所有存在的事物，作为已经存在的事物，必然具有某种现实性处于某种完善之中，既然每一种现实都意味着某种类型的完善，而完善又意味着可欲求和成为善的"[51]。按照阿奎那的逻辑，事物只要存在，它就具备某种程度的完善性，没有事物是绝对低贱以至于到了没有一点完善性的地步，具有一定的完善性就会被比它更低级完善的事物所欲求，而事物如被欲求，那么事物就是善的。每一事物都拥有自身被值得追求的内容和价值，而这些同样来自于上帝的恩典。

  在阿奎那看来，每一类事物都有其内在的规定性，符合其自身规定性的事物就可说具备了应有的善，在每一类事物都被其内在的形式所规定，"每一种存在都取决于它的形式，因此每一种事物的存在都有随其形式而来的模式、物种和秩序，因此，人有其模式、物种和秩序，当说他是白色的，有德性有学问的以及其他的方面而言都是如此"[52]。善也就与具体的事物密切相关，人的善不同于动物的善，要考察就只能结合人的形式内在包含的模式、物种和秩序来考察。而形式的内容可能包含着诸多的方面，单独的某一个因素的缺失有时并不足以恶化到摧毁整个形式的程度，整体的形式仍保持不变，事物仍然存在，仍然是善的。"恶剥夺了事物的某些存在，例如眼瞎就剥夺了我们视力的

49 西方哲学原著选读（上卷）[M]. 北京大学哲学系外国哲学史教研室编译. 北京：北京商务印书馆，1981：219.

50 参见张传有. 幸福就要珍惜生命——奥古斯丁论宗教与人生[M]. 武汉：湖北人民出版社，2001：39.

51 Thomas Aquinas，*Summa Theologica by Thomas Aquinas*，Fathers of the English Dominican Province，Benziger Bros. edition，1947，1：5，P. 31.

52 Thomas Aquinas，*Summa Theologica by Thomas Aquinas*，Fathers of the English Dominican Province，Benziger Bros. edition，1947，1：5，P. 34.

存在；不过它不可能破坏人的每一种存在，而仅仅剥夺随视觉而来的模式、物种和秩序罢了"[53]，人并不会仅仅因为视力的丧失而消解掉人已有的形式。

既然善和存在不过是同一内容的不同表述，那么一个事物要想成为善的，实际上不过是追求自身的存在，实现其现实性。而阿奎那同样采用亚里士多德的四因说来解释事物完善的原因。在阿奎那看来，任何事物都拒绝腐败，企图保存自身，但这是不现实的，因而事物就转而希望通过类延续自身。而类、种等就是形式，形式是对事物的规定，它包含着事物所要趋向的目的因。

在阿奎那看来，"既然善是事物所愿意追求的，带有目的的特征，很明显含有目的的性质"[54]。"善的理念预先设定好效果因的和形式因的理念"[55]，然后事物就把它作为追逐实现的目标，它作为先在的设定，规定着事物追求的方向和最后的目的，因而它是本质上在先的，在形成过程作为最后目的的实现上是在后的，"在形成过程中，是先有善和目的来推动动作者或形成原因去动作；然后有动作者的动作，（把质料）推向形式。最后才有形式出现"[56]，不过就已经存在的事情的发展来看，情况就与之相反，首先事物必须有形式，凭借着形式事物才可以存在，然后是试图去实现形式的超越或转化，当目的达到时，也就获得了所追求的，展现出善的理念。

三、上帝是至善

奥古斯丁从神学基本教义出发认为，上帝是万物的来源、起点和归宿，是世界的创造者。上帝是全能、全善和全智的，上帝自身具备一切事物的理念和形式，上帝通过对自身的思考而全然了解万物。上帝自身是绝对的完满，是形式的形式，是善本身。

阿奎那认为，可以从多个角度来对人们所追求的善加以区分，如道德的善、工具的善和娱乐的善，还可分为内在的善和外在的善。在论述人们一直

---

53 Thomas Aquinas, *Summa Theologica by Thomas Aquinas*, Fathers of the English Dominican Province, Benziger Bros. edition, 1947, 1：5, P. 34.

54 Thomas Aquinas, *Summa Theologica by Thomas Aquinas*, Fathers of the English Dominican Province, Benziger Bros. edition, 1947, 1：5, P. 32.

55 Thomas Aquinas, *Summa Theologica by Thomas Aquinas*, Fathers of the English Dominican Province, Benziger Bros. edition, 1947, 1：5, P. 32.

56 （意）多玛斯·阿奎那. 神学大全（第 1 册）[M]. 高旭东，陈家华译. 高雄：中华道明会，台南：碧岳学社联合发行，2008：67.

追求的至善、最后目的到底是什么时，阿奎那进行了精彩的否定性论述。首先，至善不应是如财富、健康、德性、荣誉等的事物，因为，这些事物自身不是人们追求的目的，人们追求他们是为了达到其他的目的。其次，至善不应是低于它自身的事物，应该是在现实性上高于其自身的事物，因为最终的目的要比现实引发目的的事物更高。另外，至善不应是需要加以节制的事物。如快乐之类如果不加以节制就会造成负面效果，因而它就需要依赖其他的事物条件，是一种有缺陷的善。另外，至善不应是从属于机遇的事物。"完善应该完全地排除恶劣"，所以具有或善或恶倾向的荣誉、权利、财富等因其可用于恶的目的，就不可能被认为是至善[57]。至善不应是短暂的事物。"人的至善应当是在人的行为中最持久的，因为只有一个无限持续的善才会自然地被人所向往"[58]，因而，如名声、荣誉等不稳固可变的事情就不可能是人最终的追求目标。这些都说明在阿奎那那里至善是自明的、独立的、最终的追求，而非是推理的、依附的、中介的。

其次，阿奎那认为人们所追求的事物是很多的，但有些善是可以同时被多个事物同时分享而自身不会减少或分裂的，这就是他所谓的公共善。如奥古斯丁的思想，在某个人可以理解它的同时，并不剥夺其他人对它的理解，个人对其中部分章节的理解，并不影响其他章节意义的存在，一个人对这种思想理解得越多越深入，这种思想也越与他个人的思想越相融合。类似的对和平的分享也是一样，某个人的分享不会剥夺其他人的分享。每个人都分享和平，它才会持续存在。如果某个人不能分享和平，其他人的和平也会受影响。人也以类似的对上帝进行类似的分享，人对上帝的探讨、考虑、理解、祈祷等，"因为从他身上所欲求的事物就是通过分有而获得与他相似"[59]，上帝由于是无物质的精神，人是可以通过理解而分有他。上帝并不因被万物分享其善而有丝毫减损，人类对他的善分有的越多，人对上帝的理解就越充分。

57　Thomas Aquinas, *Summa contra gentiles*, volume 3：28, translated by Vernon J Bourke, new york：Hanover House, 1955-57. 在引用英文版的《反异教大全》时，由于使用的是网络版的版本，并没有分页，故只标出第几卷，第几问题。如 Summa contra gentiles, volume 1：55, translated by Vernon Bourke, newyork: Hanover House, 1955-57.

58　Thomas Aquinas, *Summa contra gentiles*, volume 3：29, translated by Vernon J Bourke, new york：Hanover House, 1955-57。

59　Thomas Aquinas, *Summa Theologica by Thomas Aquinas*, Fathers of the English Dominican Province. Benziger Bros. edition, 1947, 1：6, P. 36.

具体的有形物就与此相反，如果被某一个人拥有就不再能被其他人拥有[60]。即使所谓的公共财产理论上属于大家共同占有，但也是不充分地占有，每个人只能占有它的一部分而非整体，因为共同只能在这个意义上谈论才有意义：这种善可以充分地提供给个人而非只是其中的个别人。

一种善越具有公共的特性，越是会成为我的、你的和他的的事物。食物被人吃下，它仍是外在物，只有当它被吸收，食物就与个人融合为一，而非外在事物。某种思想如果被人所采用所理解，它就不是外在事物，它虽然被分享，根植于人的心里，但它仍保持自身。如果把共同的善看作是公共的，那么一个善越是被众多的事物分有，就说明它越完善。这样必定有一个绝对的存在物，它自身是善和存在的统一体，其他事物的善和存在都来自于它，通过对它的相似性的分有而获得存在。它就是共善的共善即至善上帝，因为"所有被欲望之完美，均由上帝作为事物第一原因涌出"[61]。

阿奎那为了证明上帝存在给出了五路证明方式，其中第三个证明使用完善性等级的证明方法，证明了必然有一个最完善的存在即上帝。阿奎那的论证如下：在任何一类现实的事物中，都存在着一个等级序列，如在真、善、美等方面都有着程度的差异，如小善或大善。既然有着可供比较的程度差异，就自然有一个最高的等级存在，如最高的善，最后他把这个最完善者称为上帝。实际上正如阿奎那所说的，任何想从理性方面来证明上帝的存在，都是有缺陷的。人们用理性去推理上帝的存在，只不过是为那些不信上帝之人或没有闲暇来思考这一问题的人准备的。实际上这种基于存在的类比是不可能准确的，因为人们不能确知有关上帝的知识，或者上帝不能和人所知道的任何事物相类比。阿奎那也认为上帝与至善同一，上帝是纯粹的现实性，没有任何潜能可言，上帝思考他自身，也可以说上帝是思想的思想。万物的本质都在上帝创世的理智中存在。

"对于这些证明的有效性不仅现代的哲学学者持有疑义，就是在中世纪也有人对此抱有疑问"[62]。在上诉的第三路证明当中，能否由可能推出必然就

---

60 Michael Waldstein, *The Common Good in St。Thomas and John Paul II*, Nova et Vetera, English Edition, Vo l. 3, No. 3 (2005)：569-578.

61 Thomas Aquinas, *Summa Theologica by Thomas Aquinas*，Fathers of the English Dominican Province, Benziger Bros. edition, 1947, 1: 6, P. 37.

62 Julius R Weinberg, *A short history of medieval philosophy*, Princeton, New Jersey：Princeton University Press, 1964, p 192.

令人怀疑，思想中的可能性是否就一定推导出现实的必然性是有疑问的。在这里阿奎那实际上采用了亚里士多德的论证方式，推导出"每一种可能的存在都可以在一定时间内存在，但无疑问题的难点在于如果我们认可亚里士多德的观点即如同必然和永恒是相转换的等价物一样，可能性也是与在有限时间内存在相一致的，而后者的等价明显地与基督教的教义不相和谐，因为某些事情从某个意义上讲是可能的，但上帝却不会创造它"[63]，因而由上帝创造的后果或由可能推导出必然是有问题的，就像人们可以设想上帝可以创造无数的恶魔，理论上是可能的，即使在阿奎那看来上帝也决不会进行这样的创造。同时生活中的常识也使人认识到，即使现实有可能也不等于就是现实。正如我思想自己兜里有十元钱，但可能实际上并没有。

从阿奎那的推理过程我们可以看出他继承了亚里士多德的传统，采用了亚里士多德的论证方式，但却对结论给以宗教的说明。在阿奎那眼里，至善是上帝的特性，是上帝希望为万物分有的东西，也是万物追求的目的、归宿。上帝创造多种事物是为了分有、展现他的善。上帝创世的善首先体现在宇宙的秩序上，每一事物都分享其善。少许的事物不足以展现上帝的善，上帝不可能将善全部赐于某一个事物，因而一个事物未显明的善由其他事物来加以补足。这其实是对上帝为何要创造世界的一种伦理解释。人对至善的追求引导人自我完善，培养良好德性、生活得好、行为得好，再加上上帝的赐福，个人就有可能得见、直观上帝获得永福。但这通常在现实世界是不可能实现的，只有在来世才有可能实现。阿奎那虽然和奥古斯丁一样认为至善和上帝同一，追求至善的生活更应在天国，但在追求天国幸福的方式凭借上不同于奥古斯丁。阿奎那认为虽然由于人类始祖亚当和夏娃犯罪的缘故，人类的后代的人都因此有了原罪，但是人凭借着上帝所赋予的理性，仍然可以通过对世界的认识而获得真正的有关上帝的知识，因而在这种知识的推动下人就可以去追求上帝，而奥古斯丁却认为：处于罪中的人如果没有上帝的特别的恩典就只能在罪中挣扎，实际上否定了理性推理、理性知识的合法性。

从上诉的分析我们可以看出，哲学家们对至善的认识有一个逐渐深化、扬弃的过程，由经验总结的浅层分析到理性推理的深层思考，由单纯推理的理论假设到繁复论证的信仰内核，由事实存在的最后原因的探求发展到价值

---

63 Julius R Weinberg，*A short history of medieval philosophy*，Princeton，New Jersey：Princeton University Press，1964，p 192.

评判的终极标准的湛明，这一个过程随着时代的发展而会逐渐深入。如果按照宗教的观点无异于上帝理念的逐渐开显以及上帝的作为逐渐被人所觉察、了解、认可和推崇，这与基督教的万物最终皈依上帝的目的论是一致的。

四、至善的特征

阿奎那通过推理得出结论认为至善就是上帝，那么这超越的上帝又具有什么样的特征值得人去对他信奉、依赖、诉求呢？我们知道对内心信仰的神的理解和定性直接决定着人应该如何与神接近，如何讨取神的认可与欢心。如美洲印第安人的阿兹特克族人，认为神需要新的血液的补充才会继续给人以保护，因而对神进行人祭就是合理的。中国道教认为人可以通过有形的外丹的帮助来提升自己从而羽化成仙，因而出现一些道士乐此不疲地通过自然物来配制仙丹以求长生不老的现象。印度教的一些人迷信神创世界不平等的教义，而人为地将社会划分为多个阶层并阻止不同阶层人员之间的相互交往，而让寡妇投火自焚以印证个人贞洁更是残忍之极。因而可以说有什么样的对上帝的理解，就会导致什么样的宗教或社会的生活规范和价值取向，并出现在这种理论指导下的行为习惯和风俗，研究上帝到底是什么以及有什么样的特征就显得非常重要。根据阿奎那的观点上帝具有以下特征：

（一）是万物的起点和终点

从上面的分析我们可以看到，不论是柏拉图的善的"理念"，亚里士多德的作为至善的"神"，还是奥古斯丁、阿奎那的"上帝"，善都被赋予第一存在的地位。柏拉图的善的理念是其他理念的根据，是世间万物得以产生的根源。柏拉图指出，善的理念和太阳类似，正如"太阳不仅使看见的对象能被看见，而且还使它们产生，成长和得到营养"[64]一样，"知识的对象不仅从善得到它们的可知性，而且从善得到它们自己的存在和实在。"[65]事物因分有了善的理念而呈现出多彩的影子。亚里士多德虽不把感性世界看作是虚幻的、不真实的，但在理论的构建上仍设定了一个没有任何潜能的纯形式作为事物的最高等级，并认为它是其他事物存在的保证。

---

64 （古希腊）柏拉图. 理想国[M]. 郭斌和，张竹明译. 北京：商务印书馆，1986：267.

65 （古希腊）柏拉图. 理想国[M]. 郭斌和，张竹明译. 北京：商务印书馆，1986：267.

　　而在奥古斯丁、阿奎那看来，上帝自身是一种纯存在，其他事物因分有上帝的存在而获得自身的存在。按照基督教的教义，世界是由上帝在六日之内从无中创造出来的，不可能设想在上帝创世之前还存在着其他的事物，甚至连时空都不可能出现。上帝以其内在的创世理念来创造世界，让万物分享他的善，上帝创造的一切都是好的，上帝也乐意万物都如他所愿的那样，万物分有他的善而显现善，上帝对他所创造呈现的世界也是满意的，"神看着一切所造的都甚好"[66]。上帝为各种生物、人、天体等都规定了各自生活或运行方式、各自的本性本能，从而使之整体呈现出有序和谐。上帝内在地支撑万物，并通过事物追求自身的完善、类的完善，更高等级的完善而最终趋向上帝，以上帝作为最终的归宿。

　　按照阿奎那的说法，上帝作为世界的创造者创造了整个世界，事物是存在着等级差别的。受造物中等级最高的是没有质料的天使，其次是质料和形式的混合物即人，在人之下是动物，动物之下是植物，最低级的是水，火，气，土四种元素。在这一个系列中，上一类等级的最低存在物和下一类等级的最高存在物相类似，可以相互联系。在由质料构成的物体中，每一类的具体个体都会腐败死亡，存在着生灭变化，但它的类却不会消失，因而事物就追求类的不朽，低一等级的事物追求包含其形式的更高的类的事物，如此逐级向上，最后，必然追溯到总摄一切的上帝那里，因为在上帝的理智里包含一切事物之所以可能的基础---存在。按照阿奎那的观点，上帝按照其理智创造世界上一切，世界首先存在于上帝的理智之中，事物之所以存在，就在于上帝的维持，如果上帝放弃这种支持，抽取事物的形式，事物就不存在了。

　　在柏拉图的学说里，事物因自身的不完善而希望完善，就不断地趋向自身的理念即类的理念或更高的理念。在亚里士多德看来，事物根据形式质料的差异而有着多种等级的区分，最高的等级就是没有质料的纯形式，其次是两者的混合物，最低等的是没有形式规定的纯质料，事物在纯形式也就是至善的引导下，不断向上一个等级趋近。对阿奎那而言，上帝就是世界的创造者，也是世界的动力因，上帝安排和引导着世界的运动，他的至善体现在他创造了一个和谐运动的世界，他会对世界的和谐运动负责。

---

66 圣经·创世记[M]. 1：31. 简化字新标点和合本. 2000 年 10 月.

（二）是本质和存在的同一体

本质和存在的关系是事物存在的一个重要的衡量纬度。按照吉尔松的观点，"阿奎那可以算作存在主义的先驱者，他对穆斯林学者阿维森那（Avicena）关于本质和存在进行了转换，认为存在先于本质。"[67]通常而言，存在和本质二者在具体事物中应同时存在，不会有现实的事物存在却没有其本质的规定的情况出现。事实上当我们对进入眼界的事物进行某种界定之时，我们就也对其进行了分门别类分析辨别，如它之所以属于这一类而非另一类，实际上就是对该事物本质进行了判断：它出现了，它存在着，它被加以区分，它有着自身的本质。但在应然领域，本质却可和存在保持一定的距离。人们可以谈论吐火兽、龙、凤凰的类形象以及它们的种种属性，却可不必考虑它们是否真正地存在。阿维森那就抱有类似的观点，"存在只是为了使一个事情存在时借助于外因附加到上面所凭借的附件"[68]，事物的存在可以和其本质相分离。

在阿奎那看来，本质不等同于存在，本质标示着事物发展的所有可能，可以说是事物的潜能，而潜能的现实化才促使事物的出现。"对于复合物来讲，它就既由形式和质料构成又包含着本质和存在。这里本质应包括形式和质料两个方面，本质的存在就是本质最后的现实化，自然包括形式的现实化和质料的现实化"[69]。在阿奎那看来，事物的存在必然含有本质的规定，事物的存在是包括形式和质料两方面共同的由潜能而发的现实化。

在柏拉图那里，至善（善本身）由于是一类完全的理念，它有着绝对的完满性，因为世界在对它的分有摹仿中才得以出现、发展和完善的。至善中包含着世界的原形，它是唯一的存在，或可以说它的本质就在于它的存在。在亚里士多德看来，事物由于存在着由潜能到现实转化的过程，任何事物的运动必须要有一种外力的推动才会使事物由潜能向现实转化，这一动力最后必须归结为一个第一推动者，它是不动的、不变的、永久的存在。在它里面，由于已经没有任何变化的潜能，存在就是其本质的存在，它剥离了任何偶然性和潜在性。在阿奎那看来，上帝是唯一的存在，是世界存在的根源。上帝

67 Julius R Weinberg，*A short history of medieval philosophy*，Princeton，New Jersey：Princeton University Press，1964，p 184.

68 Julius R Weinberg，*A short history of medieval philosophy*，Princeton，New Jersey：Princeton University Press，1964，p 184.

69 Julius R Weinberg，*A short history of medieval philosophy*，Princeton，New Jersey：Princeton University Press，1964，p 186.

从无中创造了世界，世界是以其理智创世的理念为蓝本，由于上帝不包含任何质料和潜能，上帝就是纯粹的存在和本质。

对柏拉图和亚里士多德来讲，最高的善不过是最完善的理念或形式，它们都属于理论的构建物，虽然处于学说中的最高地位，仍免不了处于为理论构建而预设的地位。但是对于基督教的学者奥古斯丁、阿奎那而言，他们提出了一些有创意的学说，虽然也有自说自话自圆其说的因素附着其中，但更主要地因为他们自身有着独特的宗教体验以及强烈的卫教护教使命感，而使他们的学说有着极强的针对性、历史感。对于至善，奥古斯丁、阿奎那无一例外地将它和上帝紧密联系起来，并对上帝在至善方面展现的特征进行了充分论述。

（三）是理性意欲追求的最大目标

依据阿奎那的观点，作为上帝的受造物，人类自然也被赋予自己类的规定性，具有不可割舍的生物性特征，有着与低等生物相类似的生理、本能反应，但人作为上帝的独特创造物，存留有上帝的形象，实际处于可见受造物的最高等级，人因分有上帝的善而具有理性，从而使人可以在顺从自然的本能而外，还可以选择服从自己的意愿，去做自己所欲求的事情。人因有了自由选择，人就可以选择服从或者不服从自己的本能。

在奥古斯丁看来，由于始祖亚当和夏娃的原罪，人内心就被恶所充满，没有上帝的恩典拯救人就只能在罪中徘徊。人没有能力自救，得救的唯一途径就是上帝的恩典。奥古斯丁详细地分析了人在上帝帮助下抛弃原罪、本罪进而回归追求上帝的过程。奥古斯丁认为，通常的人，起初处于对世界什么是真正的善的无知状态，沉迷于蒙昧的肉欲追求，行为不受理性的制约，内心中也并不认识法律法规，处于愚昧无知没有法律约束的阶段。后来，有外在的先知宣讲的戒律或人法的进入，使人凭借着律法的规定知道自己行为的界限，开始依照法律而生活。但这些外在法律的惩戒并不足以使人顽强地与私欲做斗争，又因个人自由的意志而犯下各种罪恶，在原罪之外，又增添本罪，人就处于罪恶的诱惑和束缚之中。但上帝不会任凭人堕落下去，就派耶稣基督道成肉身，以耶稣的言行为世人做表率，以他的无罪之躯担当世人的过犯，并赐予圣灵降到世间，引导人净化人，使人在上帝的恩典下，战胜各种欲望的干扰，实现灵性的升华。以上帝为目标，在追求中达到一种内在神秘体验，直观的得见上帝，获得永福[70]。对奥古斯丁而言，上帝会引导一部分的人去主动地对其进行追求。

阿奎那对人的得救似乎就显得乐观一些。阿奎那认为既然人是上帝的肖像，人就获得了上帝的某些特性，人可以借助于理性来认识世界，通过对自然物的观察分析来了解上帝的作为，上帝不仅可以成为信仰的对象，也可以成为理性分析的对象，两者获得的真理都是真实无误的。人可借着理性而得的知识获得尘世的幸福生活，但世俗的幸福生活只是通向更高层次追求的一个途径，在人深切反省过后，就会发现：只有将自己的目标和上帝紧密结合，才是人真正的幸福。而人对世俗生活的反思、不满也即建立在个人内心审查、理性思考基础之上的。肉体生活最终会作为探求人生意义的途径、中介而把人送向对上帝的切慕追求之中。在阿奎那看来，人的理性自然会发现以上帝为最终追求的价值，而上帝的恩典又提高了实现这种追求的可能性。

（四）是全能、全在、全知的

对于上帝的特性，奥古斯丁、阿奎那的看法似乎差别不大，其中就包括上帝是全能、全知、全在的。

上帝的全能与其说是理论构建的必备成分，倒不如说是基于信仰的前提玄设。尽管历史上众多的哲学家殚思竭虑地来证明不论多么宏大的力量，多么可怕的灾难背后总有一个确定的因素在运作支撑，这一个力量最后都被归结到上帝。但如深入考虑就会发现，这种论证的方式存在着很大的漏洞：且不说是否存在着对世界万象的统一解释，即或有，又如何将它和上帝产生联系呢？唯物主义似乎就撇开了超自然力量的介入而对世界的统一图景进行了断言。我们思虑有极大的力量源泉，却是以类比的方式将之交付上帝，我们根据宗教体验的神秘解读，而把无穷的现象背后的存在归结给上帝，然而这些，确实又是难以证实的，或可说，当我们说上帝全能的时候，如果你不是宗教徒，你就会发现你又听到了一个未经证实的假设。

但对阿奎那而言，上帝的全能却是丝毫也不容质疑的。在阿奎那看来，上帝从无中创造丰富多彩的世界，并保持世界的和谐有序的运转就是证明。

---

70 参见张传有. 幸福就要珍惜生命——奥古斯丁论宗教与人生[M]. 武汉：湖北人民
　　出版社，2001：130-131.

另外在阿奎那看来，能力有被动的和主动的两种，前者是因为自身的欠缺和不完善，所以需要有外在的推动，而上帝是纯形式，绝对的完善，没有任何欠缺，所以上帝具备完全的主动能力。而一种形式越完美，它的主动行动的能力也越大。就如一个物体越热，它使其他物体变热的能力就越大，如果它具有的热是无限的，那么它使其他物体变热的能力就无限大，而上帝是一切形式中最完满的，因而上帝具有的主动能力是无限的。

在阿奎那看来，一个事物之所以能够被认识就在于它已经是实现的，而非潜能，正如眼睛不能看见潜在的白的一样，而只能看到已经显现实现的白，人由于有着肉体质料的限制，自身不是纯粹的实现，所以只能通过肉体的感官去感知认识周围的事物。而天使由于已经脱离了质料的限制，成为纯粹的形式，但由于它属于受造物的范围，所以还不是纯粹的实现，天使的本质由上帝所规定，所以天使可以不借助于物质而思考自身。上帝是纯粹的实现，是存在和本质的统一体，世界的原形在他里面，他可通过对自身的了解而感知万物。

在阿奎那看来上帝是全能的，上帝有能力使自己对任何事物施加影响，所以上帝也可以说是全在的。上帝是创造万物的原形，是世界万物的形式，正如灵魂是肉体的形式，灵魂充满于肉体，并对肉体进行控制一样，上帝自然也可以包容万物并有能力对万物进行控制。

在阿奎那看来，世界的一切都被上帝早已安排，因而无所谓先后出现，现在、过去和将来的区分。对上帝而言只有现在，上帝不在具体的时空之中，超越了建立在其上的因果关联。对于人而言有暂时尚不存在还处于潜能状态的事物，对上帝来说，一切都早已处在他的设计之中。即或是偶然的事件，都可在上帝面前一一呈现。人世间的恩怨就不是上帝所考虑的最重要的目标，只要人改恶从善真心追求上帝，上帝因其全能、全知、全在就会感受到。上帝因其全善就可以给人以特别的恩惠——直接的赐福，这就为上帝一直在寻找等待悔改的人预留了相当的空间，只要这样的人悔改，他们仍可以得到上帝的赐福。

对于上帝的全知，阿奎那的论述也是非常有趣的。阿奎那认为正如我们看见一个物体，尽管它有着多种部分、特性，但我们可以迅速地将其归到某一个类别，原因在于"这些事情尽管有许多部分构成，但却作为一个整体被考虑，被放在一起被理解"[71]，就是"持续的整体不是一部分一部分被理解，

---

71 Thomas Aquinas, *Summa contra gentiles*, volume 1：55, translated by Vernon J Bourke, new York：Hanover House，1955-57.

而是一瞬间同时被理解"[72]，实际上就是直观地理解事物。阿奎那的观点是，就如同我们看到一个人，不是随着先看到脸就分析脸部是否与猿有所区别，接着看到四肢然后接着分析四肢是否和鸟有所不同，而是作为一个人整体看到而加以判断：他是一个人。因而人可由一个类的规定而理解在类下的所有事物，同样上帝也可以通过理解贯穿所有事物的类特征（上帝是事物本质的支撑）而同时理解所有事物。

在阿奎那看来，对于人而言，要理解一个人的意图必须等它充分展现，要理解一个连续系列的事件必须要在时间顺序中才能有一个清醒的认识，但对上帝而言，世界的一切都在他理智中展现，不存在时间的变动，意图的尚未显现，上帝可通过对自身的思考而同时理解所有事物。

是否有低贱的事物上帝不屑于去知道呢？在阿奎那看来，世界上不存在绝对低贱的事物，因为每一个事物之所以存在都因分有上帝的善，被上帝所支撑，每一个事物都有几分高贵，因着这与上帝的相似性而与上帝建立了关联。恶是善的缺乏，上帝通过对善的了解自然就知道恶的情况，因为恶所赖以发生的条件即偶然性原因在上帝那里也早以预备呈现。

五、恶是善的缺乏

当哲学家宣称上帝是至善，世上的事物都是善的时，人们不可避免地会提出这样的疑问，世间为什么会有这么多恶如不公平、自然灾害等存在，为什么上帝会允许其存在，这是否是由上帝造成的，是否因为恶的出现因此减损了上帝的光辉呢？对此阿奎那又有何解释呢？他给出了以下的观点：

（一）恶是善的缺失和对主体欲望的偏离

对于恶的出现的原因，阿奎那显然承接了奥古斯丁的观点，否认有恶的本体性存在，恶只是对善的偏离。

对什么是恶，奥古斯丁从否定方面给出了判断。奥古斯丁认为首先不能根据是否违反律法来判定人的一个行为是否为恶，因为从逻辑的角度而言，是因为先有了恶才导致了律法的出现来禁止它，并不是因为犯了法，个人的行为才是恶的。其次，人定的法律虽然有上帝神法的启迪，但由于受制于人的欲求、利益、认识水平，不可避免地会打上人性的烙印，免不了会出现失误。因而违

---

72 Thomas Aquinas, *Summa contra gentiles*, volume 1：55, translated by Vernon J Bourke, new York：Hanover House，1955-57.

背当时法律的人并不一定是恶的。苏格拉底就被世俗的法律判为有罪，处以死刑，而耶稣基督则被宗教的律法所迫害，他们并非恶，相反却是善的[73]。

奥古斯丁认为恶是善的缺乏。之所以会出现善的缺乏，在道德领域，就在于人有自由意志，在对事物进行选择时，人放弃本可追求的更高级的永恒之物，而去追求较低级的幻灭变化之物，放弃向上追求的天国之物而去向下追求属世之物，人实际上就降低了对自己的要求，背离了上帝安排的不断向上超越、自我完善、实现潜能的本性。另一种方式是本体本应具有的特性的缺乏，就是善的缺乏，正如疾病是因健康的缺乏，眼瞎是因视力的缺乏。从恶产生的两种方式来看，恶的出现都与主体密切相关，因而恶本身没有本体的独立来源和存在。

阿奎那和奥古斯丁一样认为恶是善的缺乏。阿奎那认为缺乏可以区分为以下情况：

第一种是偏离主体的愿望。它包括两种情况，其一是，因形式中的缺陷而形成的恶。如种子的腐烂会造成变异物体的出现，腿骨的缠结造成人跛足的出现。事物正常本性的能力的存在与否，对其行为和后果的产生具有重要影响，因而"由能力的缺陷而造成的恶将偏离主体的愿望"[74]。

第二类表现为形式转换过程中所出现的恶。在阿奎那看来，由于事物分有善的形式从而都是善的，当一个事物为了追求更加完善时，不得不转变成另一个事物，这时原有的善将缺失，尽管事物是为了追求善，但在此过程中，恶就会出现。"所以，任何想致力于追逐善的事物，最后发现行为的结果偏离了愿望的趋势而是恶，因此每一主体或运动者意图去追求善，但恶因却偏离主体的愿望而产生。"[75]

阿奎那认为由于对事物的判断失误也可以造成恶。人的行为通常都是理性思考的结果，行为通常需要经过慎密的判断而后进行，但个人的无意疏忽可能造成判断的失误，如一个人喜欢吃蜜，却吃进了毒药，这里个人的思想并不产生恶，只有当行为偏离了主体的愿望才产生恶。

---

73 参见张传有. 幸福就要珍惜生命——奥古斯丁论宗教与人生[M]. 武汉：湖北人民出版社，2001：16.

74 Thomas Aquinas, *Summa contra gentiles, volume 3: 4,* translated by Vernon J Bourke, new York：Hanover House，1955-57.

75 Thomas Aquinas, *Summa contra gentiles, volume 3: 4,* translated by Vernon J Bourke, new York：Hanover House，1955-57.

阿奎那提出善的含义应该根据具体事物参照其对应的形式和质料来加以规定。恶的出现之所以和质料相关乃在于"恶是一事物原初就应具有的事物的缺乏"[76]，每一事物都有由相应的形式和质料构成，有些质料是构成一定形式的必备因素，如果缺乏就是恶。如果一个人没有翅膀，对他算不上恶，因为人出生并不必须这样，即使他没有一头金发，对他也并不必要，但如果他没有手，这本应具备的缺失就是恶，而对一个鸟却并非如此。

阿奎那还把恶区分有意为之的行为所造成的恶和无意为之所造成的恶。当一个人打鸟却打到人，这是无心而为的恶，但有些恶就是人有意造成的。针对苏格拉底的"无人会自愿作恶"的说法，阿奎那也进行了有力地反驳。在阿奎那看来，人因有着自由选择的意志，可以自我选择自己的行为。人有理性，人通过一定的了解，明白什么是善什么是恶。但很多的情况下，知善并非一定行善，原因在于人并非时时听从理性的要求，似乎"感官的目标对我们更好一些，它们在特定事情产生的行为趋向上居于更有效的支配地位"[77]，当人被欲望控制时，自我就屈从于自己的欲望，主动偏离应有的善的追求。如对邻居之妻的肉欲的贪婪，就会导致通奸行为的发生。个人作恶在很大程度上是由自己自由选择的结果，因而个人就应对自己行为负责。

实际上道德水品高低与知识水品高低不存在绝对关联。道德意识观念的形成，很大程度上来源于个人接受外在熏陶刺激及个人体悟的情感和选择，它包含众多的非理性因素，因而不纯粹与个人所获取知识的程度成正比。就如一个研究孩子如何教育的博士可能在实际教育孩子时就放弃了秉持的原则。

道德规则作为外在的因素只有通过内在的认可接受才会起作用，这就存在尽管个人非常清楚在特定情况之下正确的符合大众需要的伦理行为是怎样的，但由于这样做会伤害到自身利益，可能就会放弃或抵制。就如执法犯法者一样，并非像苏格拉底所说的，因为他们并没有真正的了解。

但如果信奉的理念内化为指导自身行为的原则或自己的信仰，它对个人的行为选择就会起到非常重要的作用。如康德就坚持绝对主义的道义论，

---

76 Thomas Aquinas, *Summa contra gentiles, volume 3: 6,* translated by Vernon J Bourke, new York：Hanover House，1955-57.

77 Thomas Aquinas, *Summa contra gentiles, volume 3: 6,* translated by Vernon J Bourke, new York：Hanover House，1955-57.

他认为我们之所以是人区别于其他动物，就在于人有理性，人能通过理性为个人立法，超脱于动物式的本能的感性欲求，他强调我们在做决定时，一定要超越功利情感同情等限制，按照可普遍化的原则去行动。而什么是普遍化的原则则必须经由理性的评估。康德告诉我们知识是可以指导人们的行为的。

这种论述和传统儒家学说关于人性的设定相一致。在孟子看来，人天生具有恻隐之心、羞恶之心、辞让之心、是非之心，是仁义礼智四端，人性本善，推导出人皆可以为尧舜。何以见得呢？他举例论证说，看见孩童落井，人自然就会上前施救，并不带有功利之心。孟子甚至断言，无四心者就不算人。宋代朱熹秉承孟子性善论思想，提出天理本善，它在万物其上流行发用，人也秉持其本善的特征，无所遗漏地秉持善性。王阳明更是说，天理即吾心，吾心即天理。心中自然拥有各种至善的本性他甚至断言说满街都是圣人。从孟子的善的心理倾向，到朱熹的客观独立超越而又内在渗透的理，到王阳明的泯灭主客观的界限，善性表现为先天具有，后天感性体验无涉的人的普遍性标准配备。但人何以在后天出现违背良善本性的事情呢，就在于后天的不良习惯风俗影响诱导，更有个人自我修养提升的不够，不当欲望的干扰。由此，为发挥人的善性，孟子提出要对人之德性进行涵养培育扩充，使之像火之始燃，泉之始达；朱熹提出要克尽人欲，复还天理即至善的本性；王阳明基于知行合一的理论提出，要在心之发端处即个人的意向活动中破心中贼。

（二）恶并没有独立的存在

如果存在的事物都是善的，那么社会中的恶又当如何认识呢，是否有独立的来源呢？

对于恶是否是像摩尼教所说的那样是世界的另一独立的来源，阿奎那进行了深刻地批判。在阿奎那看来，恶是善的缺乏，没有善的事物就没有善的缺乏，因而恶本身并不存在，恶以善为本体，依附于善而出现。缺失也只能是善的缺失，离开了善也无所谓缺失。另外之所以有些事情被称作恶，乃是因为造成了伤害，而伤害的对象则是善。如形式的消灭，物体的败坏。"严格来讲，恶不会伤害到善，除非它存在于善之中。"[78]因而"恶必定存在于善中"

78　Thomas Aquinas, *Summa contra gentiles, volume 3: 11,* translated by Vernon J Bourke, new York: Hanover House, 1955-57.

[79]。恶对事物的发展造成伤害，恶越大似乎对善的伤害也越大，但是由于恶对善处于依附的地位，没有更大的善做基础，也就不可能有更大的恶出现，事物之所以存在就在于具有某种程度的善，如果不具备了任何的善，事物也就不存在了，因而恶不可能毁灭善。

在阿奎那看来，恶产生的原因与善密切相关。详细的论述如下：首先，事物的产生通常来自于事物的外部，而非自身，因而恶的第一因只能是善而不可能是恶。其次，不存在的事物不可能成为事物的原因，每一个原因必须是一个确实的事物，而恶是善的缺乏，不可能成为其他事物的原因。因而，恶只能被善所引发。再次，事物都在追求自身的完善，追求更"善"。如果一个事物能够成为自身因的话，它会显得最完善。但恶不可能以恶自身为追求对象，因为事物趋向追求善。类似恶也不可能成为事物形式、质料、动力、目的四因中的任何一种，它只能由善所引起。

在阿奎那看来，恶既然处于依附的地位，由善所引起，离开了善就不可能存在，因而恶实际上是对善的缺乏状态的一种描述。自身没有独立存在，是由偶然因所引起，因而没有本质的存在，更不会有最高的恶存在[80]。阿奎那否定了恶是世界的另一来源，就把世界的根源追溯到上帝，确立了上帝是唯一造物主的地位，对于澄清认识维护一神教的信仰非常有帮助。

---

79 Thomas Aquinas, *Summa contra gentiles, volume 3：11*, translated by Vernon J Bourke, new York：Hanover House，1955-57.

80 Thomas Aquinas, *Summa contra gentiles, volume 3: 15,* translated by Vernon J Bourke, new York：Hanover House，1955-57.

第二章　趋向至善的可能

　　明白了至善和上帝其实不过是同一事物从不同角度而进行的表述，那么作为超越于自然超越于人的本性认识能力的作为造物主的上帝，是否可以由有着肉体受本性所限的受造物的人所认识呢？上帝作为一超越的存在，既然人与之存在着巨大的差异即或努力也不能接近，人是否还应去向往追求他呢？在中国的孔子看来，超自然的鬼神之事，人可以不去管它，"未能事人，焉能事鬼……未知生，焉知死"[1]，主张人更应关注现实的社会。而对于基督教的学者阿奎那来说，超越于当前、超越于现世的世界才是人应努力追求的方向。人存在的意义，也只有在与超越的上帝的关系中才能找到自己的定位，人类的历史以及人行为的取向目的，也只有与上帝相联系才能得以说明。由此阿奎那对此给予了明确的回答，人有认识了解上帝的可能，上帝已经在造物之初就设定了人向善的倾向性和潜能，并在社会中通过多种方式启示人引导人而趋向上帝，对那些不愿归向上帝的人预定下惩罚，对那些阻挠他人皈依上帝的人上帝也会给以严惩，促使人向上帝的皈依。

第一节　人有追求至善的愿望

　　即或在阿奎那所处的十三世纪，基督教已经在西方取得了合法地位，受到了官方的支持，教堂修道院遍及各地，教会人员传道的机会和可能性大增，在普通人有机会接触福音的情况下，人为什么要放弃自己已有的观念模式而接受有着戒律且否定现世享乐的上帝呢，也就是说为什么人会认可接受超越

1　杨国荣. 善的历程——儒家价值体系的历史衍化及其现代转换[M]. 上海：上海人民出版社，1994：52.

的上帝呢？仍然需要给人一个令人信服的解释，阿奎那对人为什么要追求至善上帝给出了以下理由：

一、人们都在自觉或不自觉地追求善

在阿奎那看来，人们的有意识的行为都有着明确的目的，想要达到一定的目标。当一些行为清晰地为某一目的而努力时，人们就会认为这目的就是运动所要达到的，因为当这运动达到目标，我们说目的达到，反之，则目的没有达到。这在一个以恢复人的健康为目的的医生和为一特定目的行动的人身上可以清楚地看到这一点。

在阿奎那看来，任何事物的行为都有一个目的。人们通过运动，如果达到了那个目的，就说目的已经达到，如果没有达到，就说目的没有实现。目的或者是事物本身具有的，如医生为病人恢复健康的职责，有些或者是事物外部所赋予的，如一个箭所射向的目标是由射箭手所决定的。

当医生通过给病人治病使病人恢复健康以后，医生的目的就达到了，他的努力就停止了。是否有一个事物的目的是永远无法达到的呢，或者推动事物运动的没有终极因呢？在阿奎那看来，不可能出现这样的情况，因为如果没有有限的中间物的话，事物就不可能有开始的行动，因为没有事情会趋向它所不能达到的东西。所以任何事物的行为都应有一个终点，必有一个事物是最后的目的而其自身不再追求其他的事物。阿奎那实际上是说行为被目的所驱动，如果目的的链条无法停止的话，就不可能有一个具体目的因。

在阿奎那看来，不论自然物或是人的行为都有一个目的，事物行为或者凭借本性或凭借智慧。自然物则凭借本性运动如火生热、橄榄产生橄榄油。像运动、思考行为自身就是行为的目的。当一个人运动，有时纯粹是为了运动，有时是为了其他目的如更好地学习。人的努力必定追求某些限定的事物。即使那些被认为失败或没有达到预期效果的行为实际上也有其特定目的。在一个人做事的过程中如果根据本性，或艺术或其他设定的目的，如果他没有达到预定的目标，就会被认为出现失误，因而每一个行为都有一定目的。从行为效果上看，事物行动都有一定目的。如果说一个行为没有造成其他的结果，或认为与其他结果不相干，那么它必定有它被限定的效果，就是它的目的。就是说既然不可能出现的事情结果要由某一个行为负责，那么必定特定行为只能产生与其目的相关的效果。

在阿奎那看来，从每一个事物都追寻被限定的东西的事实，可以清晰地推出每一个事物行为都有一个目的。被追求的物体必定是对它有益的，有益的就是善的，因而任何事物都在追求善，不论是自觉或不自觉的，目的就是事物的愿望或促使愿望运动的东西。既然善是欲望的目标，那么善就可以成为欲望的术语（term）。

二、最大发挥潜力需要以上帝为对象

在人世生活中，人必须处理好多方面的关系：个人意欲和现实境遇的关系，个人完善和可能条件的关系，个人追求与社会环境的关系，诸多的问题都指向一个人如何在社会中生存和发展，以及在遇到矛盾困惑时，以何为最终判断标准的问题。对此，阿奎那强调人尽管有着多种的物质需求，但肉体不过是精神形式的质料，人更应以上帝为是非判断的标准、最后的归宿追求。惟有这样才可在爱的超越作用下去爱上帝、爱自己、爱世人、荣辱不惊、虚怀若谷，不纠缠于日常的生活琐事，不以世俗的好恶左右自己，努力完善自我造福社会，力争获得获得上帝的赏赐，成为上帝的选民。由于上帝并没有明示谁是其悦纳的对象，因而严格要求自己、完善自我、发掘最大潜能，造福社会就成为一个基督徒的最大欲求。

人出生后会面临着各方面的不平等，这是上帝认可和安排的，但并非是一成不变的，人为了自我完善，或为荣耀上帝，创造奇迹如古以色列国王大卫那样，就需要在现有基础上去努力，实现上帝所给予的潜能。

而人与人之间在现实中存在着的事实上的不平等，又为实现上帝所给予的潜能提供了条件、空间、示范和导向以及在不同事实和心理预期的差异出现后应有的反应模式。

在阿奎那看来，事物之间的区别体现在事物的形式和质料两个方面。不朽的事物，每一个个体的事物都是单一的形式，都可以凭借自身得以保存。对于有生有死的事物，每一种类就有许多个体，通过种类的繁衍、接续维持种的存在，维持事物种的形式。由此可见，质料是为了形式，质料的区别还是服务于形式的区别。形式的区别要能够加以进行，必然出现形式的不平等。正如数字的变化是通过基本单位的增加或减少而形成的。因而物种因形式的区别而呈现等级的分别。混合物比元素完美，植物比矿物完美，动物比植物完美，人比其他动物更完美。上帝为了使世界呈现出一种完美的状态，必然会使世界呈现出等级的差别。

如果上帝使所有事物无所差别同等重要，世界也就不可能完美。上帝创造世界所考虑的首先是为了产生整体的完美，使各部分成比例构成和谐。假如"动物的每一部分都像眼睛那样尊贵，那么动物的完善就不存在了"[2]，同样，上帝要想使所创造的世界是最好的，就不可能使每一种受造物都是最好的，必然要分出高低等级的。

同样在人类社会要促进和谐，引领众人回归上帝，也会存在着不同的差异。如在个人的智力、能力、潜质；后天的财富、地位、荣誉等，这些都是一种展示，一种引导，它给人以启示：那些听从上帝教诲的人他们行为怎样，那些信奉上帝的人有什么样的言行，那些背弃上帝的人又是如何生活的，人从尘世或上帝那里获得了什么等等，这些促使人在已有了解的基础上去总结、反思自己将要选择的路。那些有着虔诚信仰各方面有着良好声誉的人无疑会成为人效仿的对象，而多行不义终被惩罚的人，会成为人选择的教训。所以一个人面对不平等的现实，怀着对上帝的信仰、热爱和盼望，以一定的目标为参照，就会培养良好习惯，塑造优良德性，去执著地完善自我、造福社会，从而发掘自己最大潜能。

三、至善是至福最后的圆满

另外人不得不面对自己的有限性，由于人是由质料肉体构成的，而质料注定是会朽坏的，人就不可能逃脱死亡的命运。人的受造物的地位决定了人不可能有如上帝那样的全知、全能，人的思想能力必定受制于人所属的类的本性以及具体的社会、自然环境。在这有限的生命时期内，有限的各种条件下，如何追求一种最值得追求的生活即获得最终的幸福，必应成为每个人不得不思考的问题。尽管人们都认为应追求幸福，但对幸福界定、构成的理解却尽不相同。在阿奎那看来，尽管人们有多种的追求，但真正的幸福却在于对上帝的默想直观中。

不同的人对幸福的构成要素看法各不相同，有的追求财富，有的追求能力、荣誉、地位，有的追求友情、互爱。在阿奎那看来，真正的幸福是对上帝的追求，也只有上帝才能满足个人的所有愿望，实现欲望的完全满足即达到幸福境界。

---

2 （意）多玛斯·阿奎那. 神学大全（第2册）[M]. 陈家华，周克勤译. 高雄：中华道明会，台南：碧岳学社联合发行，2008：49.

在社会生活中，当一个人努力向着自己预定的目标前进的过程中，不可避免的会遇到各种挫折，受到各种伤害，有时个人觉得自己的选择是正确的，只是其他人不能理解，这时只有上帝才能进行鉴别，进行抚慰。因为上帝无处不在，无事不晓。人的义行，他必奖赏，人的恶行，他必惩罚。《圣经》上讲：伸冤在我，我必报应。只有在上帝那里，个人的心理才能最终得到安慰。

幸福表示一种事物可以达到的最高的完美状态，因而事物因其自身具有不同程度的完美而享有不同程度的幸福。上帝的幸福在于其本质，他所享受的即是他自身。在人其最高的成就是与上帝紧密相结合，但由于受制于人的本性，因而在现实中人是不可能达到直观上帝的，在现世可能的幸福是不完美的。

人的幸福在于认识上帝的本质。人都有一定的好奇心，都希望探究事物后的原因，所知道的越多，对原因的原因的探究愿望就越加强烈，从上帝是万物的最终因的角度而言，人们对任何事物的探讨都是为了认识和了解上帝。人希望借着理性的努力来达到事物的第一原因即上帝的本质，"除非认识了原因之本质，这追究不会中止"[3]。而对万物因的推理必定会推及到第一因上帝那里，也只有到了不再仍有需求和愿望的阶段，才算达到了完全的幸福。那么，当人达到了这一步，也即与上帝实现了结合，所有的疑虑都得以消解，心灵重获宁静，也就达到完全的幸福。

四、因"尘世的生活，天国的向度"，世俗的生活被神圣化

依据阿奎那的观点，人由于受制于肉体本性的限制，人在此生是不可能获得最后幸福达到至善的，那么人在尘世生活由于距离目标的遥远似乎就显得毫无意义，个人有时可能就会觉得最后幸福至善是一个崇高但却毫无实现的可能的希望，个人行为因为看似毫无效果而备受煎熬：个人还是在追求天国的幸福吗，日常世俗的生活有意义吗？

对于这种因为生活向度因人的具体经历而呈现的多种困难而受到的质疑，阿奎那在回答"在人生旅途生活中遵行爱上帝的诫命是否可能"[4]时，提出了以下观点：

3　（意）多玛斯·阿奎那. 神学大全（第4册）[M]. 刘俊余译. 高雄：中华道明会，台南：碧岳学社联合发行，2008：45.

4　Thomas Aquinas, *Summa Theologica by Thomas Aquinas*, Fathers of the English Dominican Province, Benziger Bros. edition, 1947, 2-Ⅱ：44, p. 1838.

"诫命的遵行有两种情况：完全地遵行和不完全地遵行。当诫命的遵行完全达到诫命设计者计划的目标时，就是完全地遵行；如果诫命的遵行并没有完全达到诫命设计者计划的目标，但也没有运离这一目标时就是不完全地遵行。因此就如一个军队的长官命令他的士兵去打仗，如果士兵进行了战斗并战胜了敌人，正如长官所期望的那样，那么长官的命令就得到完全地遵行，然而那些虽然进行战斗但却没有获得胜利，只要士兵没有违反军队的纪律，命令也算得到了遵行，只不过是不完善地遵行。"[5]

在进行了这一番分析之后，阿奎那就针对现实世界人因自己的微不足道而动摇怀疑自己是否是在追求神圣的生活提出了自己的见解："上帝设计这条诫命是希望人与他完全地契合，而这只能在天国才能实现……在天国才能完全充分地实现，但在人世生活中，它也在被遵行，只是不完全而已"[6]。

从阿奎那的论述我们可以看出，在针对世俗生活如何与神圣生活发生联系的问题上，阿奎那有着如下的考虑，由于人受自身本性的限制，在此生直接享见上帝获得至善是不可能的，但人并不能因不能完全地获得至善就放弃自己对至善的追求，人们实际上还是可以牢记着对上帝不懈追求的信念，不断地去追求上帝，尽管这种行为在尘世注定是不完全不完善的，只要人们不放弃持续努力就会更完善地靠近上帝。

联系到具体的生活，实际我们也会发现彰显平凡而伟大生活的具体事例。在俗世生活中，有的人尽管从事着卑微琐屑的事情，但因心中有着崇高的信念而使普通的生活得以升华。就如一位到煤矿挖煤的老人，虽然自己能力有限，无力对社会有所改变，不得不遵循社会的规则，不惜拿自己的性命做赌注，但为了孩子的求学，还是毅然下井挖煤，这样在这卑微的身躯里，看似低贱的工作背后，就有着一个崇高神圣的信念：再辛苦也要让孩子读书。他的生活因与孩子的学业相联系，而被赋予了崇高的意义。在井下的劳作，尽管艰难困苦，被人歧视，但因有了为孩子读书的理念，老人对自己能为孩子做些事情而感到幸福。

---

5 Thomas Aquinas, *Summa Theologica by Thomas Aquinas*, Fathers of the English Dominican Province, Benziger Bros. edition, 1947, 2-Ⅱ：44，p. 1838.

6 Thomas Aquinas, *Summa Theologica by Thomas Aquinas*, Fathers of the English Dominican Province, Benziger Bros. edition, 1947, 2-Ⅱ：44，p. 1838.

天国的道路其修远兮，人间的道路却甚是短暂，如何弥合似乎渺茫的前景和尘世纷扰的现实巨大差距，安抚人即将寂落的灵魂，让人在现实的努力中看到光明的到来，必须假设上帝能够聆听到个人的祈祷，察看到个人的善行，公平地对待世人，这样才可以使人身处困境仍怀有希望，历经磨难而仍执著追求，泰山压顶而仍勇于坚守，因为心中藏有对来世的盼望，这对来世盼望的价值超越了当下的现实际遇，对他人、社会的担当、付出超越了当下的个人的直接体验，所以我们看到有人为信念而甘愿流血牺牲，为理想而自贱隐忍，为亲人朋友而茹苦若甘。即使是一个平凡的人，不可能像圣徒那样禁欲修行，乐善好施，德性高尚，但因有了现世的生活，完善己身，造福他人，服务社会，来世的向度，追求上帝，认识上帝，按照上帝要求来做，荣耀上帝，使上帝之光传扬各地，而赋予自己现实生活（在不完善地追求中趋向完善）以神圣的意义。

第二节　人有追求至善的可能

依据阿奎那的观点，人与神之间存在着巨大的差距：上帝是纯粹形式的、无限的、全能的、独立于时空之外的创造者，而人是形式和质料的混合体，有限的、受制于自己本性的、有生有灭的受造者，这种差距因本性上的不同类而使人与神的相互沟通存在着巨大的差异。因而人认识上帝的困难就在于："上帝不是有形存在物，而是超越的存在"[7]，那么物质肉体的人怎么能进行类比呢；其次，"无限的事物都是不可知的，而上帝正是无限的"[8]，有限本性的人怎么能超越自己呢？但在阿奎那看来：

一、人有认识至善的可能

在阿奎那看来，如果认为上帝因其异于人类，因此人不能亲见亲闻而导致人类对上帝一无所知那是非常荒谬的，不论是从维护信仰抑或是学说施用于实践，都是需要确信人是可以认识了解上帝的。首先在阿奎那看来，人类最高的幸福在于运用理智直观上帝，如果人一直不可能认识上帝的话，"他就

7　Thomas Aquinas, *Summa Theologica by Thomas Aquinas*, Fathers of the English Dominican Province, Benziger Bros. edition, 1947, 1：12, p. 65.

8　Thomas Aquinas, *Summa Theologica by Thomas Aquinas*, Fathers of the English Dominican Province, Benziger Bros. edition, 1947, 1：12, p. 65.

永远不可能获得至福，或者他的至福是由异与上帝的事物构成"，而这样的推理是非常的错误，"这是与信仰相违背的"[9]。其次，就实践中人看到自然事物也就是上帝的效果，自然地就希望发现事物背后的原因，"如果理性受造物的理智不能追溯到引发事物的第一因，自然的愿望就会落空"[10]。

在阿奎那看来，虽然人由于受制于肉体质料的限制，不能完全透彻地了解上帝的本质，但因为人因具有精神的理性能力还是能对上帝有所认知，并因有了上帝的光照这种能力会得到加强。在阿奎那看来，人因被赋予理性就可以借助于自然的理性之光超越具体的感官限定，通过理性对具体影象后普遍性的剥离和抽象而使认识达到更高的境界，这种认识就可以通过对现实事物的推理而达到非物质的精神层面获得上帝的一些特征。上帝如果额外赐给神圣之光，就可使人的本性能力得到很大提升从而获得对上帝更清楚地认识，人对某一方面的理解也与其特定的日常生活密切相关，上帝会根据个人的行为作出对应的回应，在这双项的互动交流过程中，人就可以更深地体悟认识上帝。

（一）人可通过理性认识外界自然社会事物来认识上帝

1. 人可通过理性认识外界事物

在认识论问题上，阿奎那不同于普罗泰戈拉的以感觉为标准的经验论，也不同于苏格拉底、柏拉图等人所强调的概念是唯一真实的理性论，"阿奎那更紧密地追随亚里士多德的观点"[11]，认为感性事物也是存在的，它们也分享着善，是上帝创造世界的效果，对它们的感性认识是理性认识的基础。在阿奎那看来，人对外界的认识也是遵循着由特殊到一般的过程。在阿奎那看来，人首先借助于具体的感官接触外界具体的事物，如用眼来看、用耳来听、用鼻子来嗅等，从而获得初步的对物质的映象，这些零碎的、杂乱的映象传入大脑，经过内部感觉的综合感进行分析梳理，把经验映象与客观接触的事物特征相分离，然后加以重新组合，使它们结合成有条理的统一感受，统一映

9 Thomas Aquinas, *Summa Theologica by Thomas Aquinas*, Fathers of the English Dominican Province, Benziger Bros. edition, 1947, 2-I：63, p. 1947.

10 Thomas Aquinas, *Summa Theologica by Thomas Aquinas*, Fathers of the English Dominican Province, Benziger Bros. edition, 1947, 1：12, p. 65.

11 Julius R Weinberg, *A short history of medieval philosophy*, Princeton, New Jersey：Princeton University Press, 1964, p 186.

象，就成为感性映象。"理智的知识在某一阶段上是来源于感性的知识。由于感性是以单个的具体的事物作为它的对象，理智则以共相（普遍的事物）作为自己的对象，因此，感性认识先于理智的认识"[12]。这实际上就强调了自然理性的积极意义，它所得的认识并非是毫无意义的"意见"，理性作为一种独立的来源是必不可少的，而且在认识外在事物也即上帝的效果上也是行之有效的。

不过在阿奎那看来，由于"每一认识者的认识能力是根据它自身的本性决定的，如果一个待认识者的形式超过了认识者的形式，那么关于认识物体的认识也也就超越认识者的本性"[13]。由于人神之间在本性上的巨大差距：人由形式和质料构成，而上帝为不含质料的纯形式，所以人的本性不能够完全认识非同类的上帝本质。由于"感官只能认识单个的物体"[14]，所得的也只能是些零碎表面化的意见，要想获得事物具有的普遍性的认识就需要借助于理性。在阿奎那看来，"我们的理智可以抽象地理解它所遇到的具体事物。既然它认识到事物的形式存在于事物的质料之中，那么理智就可以将形式和质料区分开来，单独考虑形式自身"[15]，这样事物的本性"通过理性的思考可以被抽象出来"，"因而凭借着理性我们能认识事物的普遍原理，这种认识是超越感官认识的。"[16]虽然通过理性对具体事物的抽象可以得出事物的普遍性知识，但由于这种知识是从部分、个别中抽取的，它还需要反观自身，在对众多的事物的对应中完善自身。人运用主动理智去照明感性的映象，从中获得普遍和抽象的能被理智自身所接受的形式，形成理智的映象[17]。

从人的认识的过程来看，阿奎那实际上否定了奥古斯丁等人的认识不过是回忆和灵魂的再发现的观点。阿奎那认为人在现实中是可以通过对自然世界的理解获得知识的，从而赋予人的理性以重要的地位。阿奎那在肯定信仰的前提下，肯定了理性可以获得真理。

---

12 车铭洲. 西欧中世纪哲学概论[M]. 天津：天津人民出版社，1982：97.

13 Thomas Aquinas, *Summa Theologica by Thomas Aquinas*, Fathers of the English Dominican Province, Benziger Bros. edition, 1947, 1: 12, p. 69.

14 Thomas Aquinas, *Summa Theologica by Thomas Aquinas*, Fathers of the English Dominican Province, Benziger Bros. edition, 1947, 1: 12, p. 69.

15 Thomas Aquinas, *Summa Theologica by Thomas Aquinas*, Fathers of the English Dominican Province, Benziger Bros. edition, 1947, 1: 12, p. 69.

16 Thomas Aquinas, *Summa Theologica by Thomas Aquinas*, Fathers of the English Dominican Province, Benziger Bros. edition, 1947, 1: 12, p. 69.

17 傅乐安. 托马斯·阿奎那基督教哲学[M]. 上海：上海人民出版社，1990：140.

在阿奎那看来，理性和信仰是并行不悖的。对同一事物的研究可以从多个角度来进行，正如对山的测量可以有物理学的方法，也可有几何学的方法，因而对上帝的研究完全可以有不同的路径。其次，理性和信仰两方面是可以相互补充的。无论是哪一种方法获得的真理，都不可能出现错误，因为它们都来自于上帝，上帝是不可能欺骗人的。理性真理不可能与信仰真理相矛盾，只可能和谬误相矛盾。人们可以利用理性来论证神学的教义，使之更加系统化、条理化，有助于对信徒的宣教和对无信仰或异教徒异端的反驳。但人受制于自己本性、能力、时代等不可能去认识超自然的领域。对于三位一体，上帝本性等的理性探讨就需要接受信仰的指导，来自上帝的神圣之光使自然之光更加明亮，这也就是阿奎那所讲的"恩典并不摧毁自然，反而完善自然"[18]。

2. 人可通过理性认识外界自然事物来探究上帝

在阿奎那看来，上帝由于是纯粹形式，超越人间一切可见的物体，因而人无法用现有的知识去认识他，不过，不是说"决无可能认识他，而只能说他超越所有的认知，即不能洞彻或完全理解他"[19]。

人不可能凭借感官去看见、感触到上帝，因为感官的能力不可能超出形体物的范围，而上帝是没有形体的。人虽然不能由日常可见的自然物而认识上帝的本质、能力、特征，但却可以凭借对自然物的分析和观察推知上帝的存在以及上帝和万物的关系，因为上帝是第一因，万物由他而出，又复归于他，因为事物都是上帝第一因所产生的效果，"上帝的知识是事物的尺度……每一事物都有根据其模仿上帝相似程度而获取的自然真理"[20]，因而人就可运用理性推理考察事物（效果）和上帝（因）的关系，由已知到未知，由结果到原因，由被制约者到不被制约者而认识上帝。阿奎那有精彩地论述：

"（自然物）是他的效果并依赖于他的推动，我们从这些事物的引导而认识到他是否存在，认识到他是万物的第一因超越于由他引导的万物之上，以及所有必定属于他的品质。

---

18 Thomas Aquinas, *Summa Theologica by Thomas Aquinas*, Fathers of the English Dominican Province, Benziger Bros. edition, 1947, 1：1, p. 8.

19 （意）多玛斯·阿奎那. 神学大全（第 1 册）[M]. 高旭东，陈家华译. 高雄：中华道明会，台南：碧岳学社联合发行，2008：136.

20 Thomas Aquinas, *Summa Theologica by Thomas Aquinas*, Fathers of the English Dominican Province, Benziger Bros. edition, 1947, 1：14, p. 111.

因此我们知道他和受造物的关系，他是万物的原因，他不同于所有的受造物，他也不属于他所造的受造物的任一部分，他之所以和受造物有所区别并不是因为他有所欠缺，而是因为他超越于他们"[21]。

如果有来自于上帝的恩典，即神圣之光的照耀，它会增强人固有的自然理性之光，那么对于理解上帝会有更大的帮助，会启示更多更好的理解效果，有时会把一些超越人理解范围内的事物以恰当的方式向人展现，使人"获得更完全的认知"[22]。

3. 人可通过理性认识外界社会探究上帝的意旨

对于上帝的创世的目的，阿奎那认为单独、个别事物的善、完美不足以展现上帝的善。"每一受造物都是被上帝所设计用来展现其外溢的善，在由受造物充塞的宇宙中，每一类事物都被赋予了上帝所给予的本性，相适应的行为及自然的终点"[23]，上帝从无中创造一切，赋予各种事物以相应的本质和存在。由于万物都是上帝理智中世界理念的展现，都与上帝发生着关联，因而通过对自然事物的研究就可考察发现上帝的智慧、意图。

阿奎那运用军队管理的事例来进行说明上帝创世的目的。在阿奎那看来，军队中有着各种各样的分工类别，担负着各种的职责，有着秩序等多样的要求。军队的良好秩序不仅体现为个别人的行为举止中，还体现在整个军队所展现的协调中，虽然这两方面的构建和塑造在没有形成之前，即或形成之后，力图维持都可以作为目的来加以追求，但两者都还不是最终目的，它们都服从于外在目的即如何获取胜利，同样世界和上帝的关系也是如此。

按照阿奎那的看法，上帝以自己的理念即永恒法而支撑万物，内化于万物，人通过对他物的类比，就会发现人自身与他物的相似处境。世界之善首先表现为宇宙万物的和谐有序。对整体秩序的研究，事物之间关系的辩明，对同处于这一秩序中的人类具有重要的参考意义。因而人可通过对自然事物的观察思考上帝的意旨。

---

21 Thomas Aquinas, *Summa Theologica by Thomas Aquinas*, Fathers of the English Dominican Province, Benziger Bros. edition, 1947, 1: 12, p. 78.

22 （意）多玛斯·阿奎那. 神学大全（第 1 册）[M]. 高旭东，陈家华译. 高雄：中华道明会，台南：碧岳学社联合发行，2008：165.

23 Joseph P Wawrykow, A-Z of Thomas Aquinas, The SCM press, 2005. p. 30.

（二）人可通过上帝的启示来认识上帝

在阿奎那看来，上帝的恩典包括自然的启示和超自然的启示两个方面。自然的启示就是人可以通过上帝所创造世界的效果即万物来认识上帝，超自然的启示是指上帝直接将所要宣讲的旨意启示给人，不论是向使徒、先知、圣人所传达的，还是由耶稣基督道成肉身直接传达的，"在旧约时代，天主曾以各种方式向我们的祖先说过话，但在末期却借着自己的独生子——耶稣基督向我们说了话"[24]，包括对众人或个体的启示、恩典、照顾以及颁布的律法等都可称作超自然的恩典。那么人就可以运用这两者来认识上帝。

人是上帝所有创造自然物中等级最高的，人因是上帝的形象而具有其他生物所没有的理性和自我判断能力。其他的生物只能根据上帝所给予的本性来进行运转或生活，如石头通常只能向下运动，植物有着营养功能，动物有欲望功能。其他事物的运动只能服从于自身的本能或自然的必然，而不能超越。类如即或人们对石头进行多次的向上抛掷的训练它也不可能自行向上运动；即或人们对狮子进行多次多时的教导驯化，它也不可能改变其扑杀羚羊的本能。而唯有人，虽从肉体继承了一些天赋的本能，但人更凭借着上帝所赐予的理性和自由意志，可以超越本能对自身的限制，可以按照自己的意愿去行动。就有些类似于康德所说，自然物服从于自然律，而惟有人服从于自由律。

人处于自然物被造系列的顶点，但人的理性能力也是受自己本性所限制的。"没有任何事物可以带来超越自身积极行为之外的效果，只能有与其本性相适宜的结果出现"[25]。人是由肉体和灵魂构成的结合物，就兼有自然物和神性两方面的特征。人的认识过程由于需要借助于肉体的物质器官，就免不了要受到它的影响和限制，不可能像上帝那样现实和直接。上帝由于是绝对的完满性、实在性，世界上就不存在能和他进行比较的事物，也就是人神之间因本质的不同，人不可能像研究认识自然物那样来对上帝加以研究和了解。

对人的认识能力所可能达到的限度，阿奎那是这样来加以分析的：不论是感觉或是理智的看见，都需要两个条件，那就是看见的能力和被看见事物

---

24 托马斯·阿奎那[DB／CD]. 上善若水博客. http://blog.sina.com.cn/s/blog_5d6586 5f0100 c06z. html.

25 Thomas Aquinas，*Summa Theologica by Thomas Aquinas*，Fathers of the English Dominican Province，Benziger Bros. edition，1947，2-Ⅰ：47，p. 1054.

与视力的相结合。也就是说要想使被看到的事物进入人的视界被看到，就必须具备能看到被看到事物的能力，以及被看到事物的出场。如果不具备足够地透视某种事物的能力，即使该事物出现人也就不可能看到它。如经过训练的检验员可以看出比常人多得多的细微颜色的差异，老鹰能从高空中发现幼小的猎物而人却并不具备这样的能力。出现这种现象的原因就在于不同的事物有着不同的本性，从而使其具备的能力存在着差异。人受肉体的阻碍就使其认识无形体的上帝的能力受到极大的限制，不能认识上帝并非上帝不显现不出场，而在于人自身认识上帝的能力不足。后世的康德也将人的认识能力限定在现象界，只有感性经验的现象可以被人先天具备的时间、空间先天范畴所统摄，由概念所综合。凡是不在时间、空间范围之内的事物，就超越了人的认识能力，人无法去认识它，只能为宗教信仰预留空间。如果人强行用理性对之加以解释，只能导致二律背反。

人的自然理性能力如果要想认识上帝，必须要有借助于更高层次事物进行提升。这种提升不可能来自于人类自身，因能力不足的出现就在于人自身本性的缺陷。因此要提升人的认识能力就必须给理智一种超越于人本性的配备，以使它能达到一个更高的境界，这种配备就是来自于上帝的神圣之光。因为"既然受造物理智的本性能力不足以使人得见上帝的本质"，那么，"通过上帝的恩典来获得这种理解的能力就是必要的"[26]，获得恩典之光也就使得人的理智获得上帝的形式或相似于上帝。

获得上帝的恩典有什么作用呢，阿奎那认为人们的"自然理智之光因白白得来的恩典之光的灌输而得以增强"[27]，好的效果就是，"分有更多上帝恩典之光的人就会更完全地认识上帝，而那些拥有更多仁爱的人会更多地分有上帝的恩典之光……拥有更多仁爱的人将会更完全地看见上帝，也会更加有福分。"[28]恩典使人可以深入涉及原本为人的本性所限不可能涉及的领域，如神迹的发生、三位一体、圣餐的转化等。其次借助于上帝的恩典，人还会看到一些神圣的形象，而通过它们可以"表达比日常通过感官所能获得的形象

---

26 Thomas Aquinas，*Summa Theologica by Thomas Aquinas*，Fathers of the English Dominican Province，Benziger Bros. edition，1947，1：12，p. 70.

27 Thomas Aquinas，*Summa Theologica by Thomas Aquinas*，Fathers of the English Dominican Province，Benziger Bros. edition，1947，1：12，p. 79.

28 Thomas Aquinas，*Summa Theologica by Thomas Aquinas*，Fathers of the English Dominican Province，Benziger Bros. edition，1947，1：12，p. 71.

更佳的神圣事物"[29]，加深人对世界的认识，向人显示了天国更多更卓越的效果。如耶稣基督受洗时出现异于常理的情况：有代表圣灵的鸽子从天降下来，以及有声音说"这是我的爱子"等，就使人很明白直观地认识到耶稣基督确实来自于天国[30]。

虽然人不可能直接获取有关上帝的知识，明确上帝的意向作为，并不意谓着上帝不关注世事放任世人随意而为，上帝创造活动一结束就对世界再也不进行干预。在阿奎那看来，上帝却愿意参与历史创造历史。原因在于上帝作为世界的创造者，他要维持和发展世界的善，他就应注意世界的秩序是否得到维护或遭到破坏。对于人类，上帝要引导世人逐渐完善回归到他那里。

在阿奎那看来，上帝给人以自由意志让人可自由选择。上帝希望人自觉自愿地向往他归向他。上帝以其仁慈的本性，所以只对人加以引导而不加以强迫。阿奎那还认为，在亚当和夏娃犯罪之前，人是可以通过本性携带的能力去追求善和至善的，在犯罪以后，人原有的被赋予的善的本性就处于被败坏的状态，由于"处于本性败坏的状态，人就丧失了本性应有的能力，就不可能通过自身本性能力去行善"[31]，因而行善、趋向善、认识善必须依靠上帝的直接推动。

上帝首先通过摩西等先知宣布一些戒律来规范、引导人的行为，旧约时代戒律以惩戒、恐惧为特征，如摩西十诫等，但人的行为更需要有内在的制约，由人自觉自愿地去尊奉实行才会发挥更大的作用。上帝又派耶稣基督降世为人，传播福音宣讲忍耐悔改，信靠得救，用爱来弥合人神之间的分际，嫁接人与人之间和谐相处的桥梁。耶稣基督提出的爱上帝、爱人如己等给人追求什么样的生活树立了榜样。耶稣对人类生活的诸多方面作出了论述，他更以为人类赎罪的献身精神向人阐释了人生追求的最高境界。

（三）人可通过人神之间的互动加深着对上帝的认识

在宗教活动中，个人的宗教体验无疑是信仰的一个重要方面。它对信徒的认识、皈依，情感的抚慰、强化等都有着十分重要的作用。当信徒把一些事情的产生、发展和上帝的介入联系起来时，这些事情就被涂抹上了神秘神

---

29 Thomas Aquinas, *Summa Theologica by Thomas Aquinas*, Fathers of the English Dominican Province, Benziger Bros. edition, 1947, 1：12, p. 79.

30 圣经·马太福音[M]. 3：17. 简化字新标点和合本. 2000 年 10 月.

31 Thomas Aquinas, *Summa Theologica by Thomas Aquinas*, Fathers of the English Dominican Province, Benziger Bros. edition, 1947, 2-Ⅰ：46, p. 1051.

圣色彩。当人认为上帝时时关注自己，并依自己的行为对自己进行评价时，个人就会把自己行为的缘起发动、流转变迁、成功失败、顺利与否等看作是上帝所给予的报偿，从而自觉地调整自己的行为，以适应上帝的要求。而在调整之后行为的结果又会强化个人对上帝的理解、认识。

当然由于个人的宗教体验具有个体性、零碎性、私密性和不可复制性，因而如果过分强调个人的体验就有可能导致偏狭、极端思想的出现。作为一个群体，就需要通过共同协商，找出大多数人公认的对上帝的认识。因而在一个特定群体里，人们有必要通过对符合公认标准的筛选，来确认特定宗教体验的存在以及它所展现的价值，并以之来调整群体的行为。作为个人就可以根据自己的体验，结合大众认可的原则来评价分析调整自己的行为。

二、人能自己决定行为的选择

（一）人被赋予理性，能够辨别善恶

人能通过理性，认识什么是善的什么是恶的，进而认识到至善是上帝，哪些是上帝所要求的行为。人是上帝的形象，被上帝赋予灵性，作为神意的参与者从某个意义上讲，人具有某种神性。阿奎那对世界、人和上帝的关系展开了深刻论述，那就是"一种亲密但又紧张的关系。人虽有限，却根于无限，并达向无限，但人并不消失在无限之中，却有其自由与独立的地位；神超越于一切，但又内在于万物，并不因其超越，就贬低万物；也不因其内在，就致令万物丧失其个性，反而以其无限的爱提升万物，曲成万物"[32]。万物的存在为人所准备，人同其他生物一样分享着自然之光，并以受造物中等级最高者的身份沐浴着神性之光，这种光并不摧毁自然理性，反而成就自然理性，从而使人有着不同于其他事物的反思理解能力。自然的本性促使人产生各种欲望，而理性信仰等精神的事物则对人的行为进行限制。人能够根据意志选择自己所希望追求的，能够根据理性、信仰等决定自己应当追求的。

按照阿奎那的看法，人的理性在具体行为的进行中具有重要的作用。人所欲求的，在自己看来都是善的，但意志还是受理性支配和控制的，在所欲求之前，必须要有理性认可判断其是否是可欲的，因而可以说在具体行为的展开过程中，理性先于意志，人是先辨别善恶，然后才开始行动的。

---

32 吉尔松. 中世纪哲学精神[M]. 沈清松译. 台北：台湾商务印书馆，2001 年版. 译序，第 8 页.

（二）人有自由意志

对于自由意志的论述可以说是阿奎那学说中的一个重要方面，任何一个宗教必然要考虑万能的造物主和在通常人看来造物主的缺陷的存在：造物主所创造的世界不是尽善尽美的，自然社会中存在着人无法预料无法改变的各种灾害，在人类社会中也存在着各种恶的现象。在基督教的学者看来，世界上的许多的恶都可归结为人的犯罪及恶行，自然灾害有时也是上帝用来对人给以惩罚警示的手段，它在很大程度上彰显着上帝的公正之善，是要说明凡是人所做的都要对其负责，而让人对自己的即将选择的行为有所期待或恐惧，这些恶或可说是由人所作恶而带来的后果，上帝用之对人进行启迪教育，但问题是被赋予善良本性的人为什么会作恶，原因在那里呢，上帝既然全能为什么不创造一种只是行善而不作恶的受造物人呢？

1. 自由意志的理解

按照阿奎那的看法，上帝并不强迫人必然地按照上帝的意愿一定去做什么事情，上帝赐给人理性、天性，由人自己去做判断去做决定，"上帝的上智慧不要破坏天性，而要保全天性"[33]。因为在上帝的推动下，自然物和非理性存在物都以必然的自然律产生必然的效果，但对于人因为人有着自由意志可以进行着超越本能反应的选择，这种推动就可看作是非必然的，上帝允许人进行一定的选择。

阿奎那认为从所欲为之善的角度来看，凡理性认为是善的，意志就能够去欲求。但是人因具有理性的判断，对一些事情他可以认为它是合理的或不是合理的，是应当追求的还是不应追求的，是应当在当下追求还是应当在将来追求，因而即使某个事情被理性所认可，并不一定立即导致意志的欲求行为。其次，理性不仅能认为做或欲求某件事是善的，而且也能认为不做或不欲求某件事是善的，并能给出善的理由或认为不做的原因。所以，意志服从于理性，不做什么事情也是自然而然的。"人不是必然的，而是自由地选择。"[34]

人的行为的产生，通常首先要由理性对要做的事情作出评估判断，获得认可，然后发出命令，借助于意志的力量去执行。这一过程可以看出，"自由

---

33 （意）多玛斯·阿奎那. 神学大全（第 4 册）[M]. 刘俊余译. 高雄：中华道明会，台南：碧岳学社联合发行，2008：120.

34 （意）多玛斯·阿奎那. 神学大全（第 4 册）[M]. 刘俊余译. 高雄：中华道明会，台南：碧岳学社联合发行，2008：145.

之根本或主体是意志，但意志之原因是理性"[35]。意志之所以会有多种选择，就在于理性对什么是善有多种的看法。人既然由自己的判断推动着意志去做自己认可的事情，那么人就要对自己的行为进行负责，作恶就要受到上帝的惩处，行善受到上帝的奖赏。

2. 人自由意志的意蕴及其成立条件

在很多宗教中，都有上帝或神创造万物及人类，世界起初是好的，但后来由于人的傲慢，以为自己在某些方面超越于上帝就背弃了上帝的安排和要求，遭到上帝的惩罚的故事。现在的法律也通常强调人是有自由意志的，人可自主地权衡厉害得失，决定自己的特定行为，既然行为由自己的意愿选择，人就应为自己的行为所造成的后果负责。那么人的自由意志确切的含义是什么呢，要真正使人在完全自主的情况下进行选择又需要那些条件呢？

阿奎那认为，"说我们有自由抉择，是根据我们能采纳某事物，而拒绝另一事物"[36]。从这样的一个定义中我们可以推论出如下论断，一个人的选择是否来自于在清醒认知下的自觉自愿，具有真正具有拒绝的自由，而不现实的受到胁迫才能称得上人有自由意志。

人可以自由自主地进行个人行为的选择，不受外来各种因素的干扰，也即个人可以对某种行为进行决定：一个人作出的某种行为是自己自愿的选择，不是来自于社会、经济、他人等的诱导和逼迫。当一个人夜晚出门遇到手持利刃的强盗，在自己处于弱势的情况下，为了保全性命将物品交给强盗，虽然他的行为是由他经过思考之后作出的，但他作出这样的决定却不是自愿的而是被迫的，或者说对自由能否成立的关键检验标准：在于人是否可以直接的加以拒绝而并不招致现实的威胁。具体可以从以下几个方面来加以考虑：

行为的选择不是被外人所迫。在作出一个具体行为选择时，个人通常会咨询参考周围人的意见，包括亲属、同事、朋友等，但这个行为是其个人独立自觉自愿作出的，不是他人特别是长辈、领导、权威等的压制的结果。

行为的选择不是被外在环境的所迫。人生活在一个具体社会中，人的本性倾向于趋善避恶，在具体的现实语境中，人不得不面临着各种各样的选择，

---

35 （意）多玛斯·阿奎那. 神学大全（第4册）[M]. 刘俊余译. 高雄：中华道明会，台南：碧岳学社联合发行，2008：169.

36 （意）多玛斯·阿奎那. 神学大全（第3册）[M]. 刘俊余译. 高雄：中华道明会，台南：碧岳学社联合发行，2008：135.

如何选择直接关系着自己的切身利益，有时甚至是身家性命，因而人不得不在各种可能选择中进行权衡，对什么是善什么是恶进行权衡定性，尽可能使利益最大化风险最小化，因而保存自己不使自己受伤害并不是一件应受谴责之事，它符合于人的本性的。但一个人在被逼入绝境的情况下，他就没有别的选择，不得不选择某种行为，虽然这种行为不符合我们通常的伦理法律，我们还是会理解原谅其行为。有时社会会造成一定的局面、导向，并以人是否与之保持一致作为对人施加影响的标准，人处在这样的环境中，如果表示了不同的意见就会给自己带来负面的影响。假如社会贪腐成风，个人希望通过正当途径追求某些事情就变得困难，人为了实现自己的目标有时就不得不牺牲自己的原则。在潜规则盛行的地方，按常规处理事情反而事倍功半有时甚至毫无进展。

行为的选择不被外在的社会舆论大众倾向所迫。一个事情的展露有一个从精微、晦暗到宏大、显明的过程，在发展的每一个环节，都不是所有的人所能观测理解和领悟的，而大众站在局外以通常的判断来思考有些问题，有时难免挂一漏万以偏盖全。思考事物的存在以何种方式存在，就不是常人所能做和所擅长的事情。一个理论从旧理论中破茧而出，必然会引发观念之间转换的激烈对抗，新理论的阐释凸显认可必然有一个发生发展的过程，因而当一个人做某种决定时，如果不为外界的社会舆论大众倾向所迫，坚信自己的判断是独立决策的第一步。要独立决策就应避免盲从的思想。盲从的人面对的不是外界显性的压力逼迫，而是个人受到外界大众倾向的影响后形成的心理意识，这种心理认为群体意识、社会发展在某些方面有一特定的趋势，从而在内心里也要求个人也要那样去做，认为不然个人就会在身份、地位、荣誉等有所损失。如看到大多数人穿戴某种服饰，有什么样的爱好，特别是那些在个人内心中认为有份量的如尊敬的对象、崇拜的明星他们是如何做的，个人就认为自己也应该依样去做。

行为的选择不被外在的伦理道德所迫。伦理道德通常是在社会生活中自然而然形成的，它很大程度上是特定时间、特定生活方式的具体化，因而带有明显的时效性、地域性、特质性。当社会生活发生了变化，原有的伦理形成的根据就发生了变化或不复存在了，这时候如果伦理道德还没有加以调整就是不合乎社会发展的。另外，有些伦理形成的初衷就是非正义的，如希腊某地区长时间认为偷盗并非恶事等。有些伦理是有缺陷的，如果认识到了它的不足就应避免实施它。伦理道德作为内在的心理原则会以隐形的方式对人的行为选择施加影响，这种影响在特定习俗中有时会发挥着极大的作用。

行为的选择不被外在的法律义务所迫。具体的法律有施用的时间性、地域性的界定，有立法条文的针对性及解读的模糊性的特征，法律不同于风俗习惯、伦理道德的地方在于：一，法律通常以全体人民利益的维护者的面貌出现，超越了具体的地域、族群、年龄等的限制，无所差别地约束所有的人；二，法律通常以暴力为保障措施确保它的效力。因而对人而言，只要处于具体的社会中，法律的束缚就无处不在。很多时候，人法是针对一般情形而制定的，没有考虑到特殊的情形，有时遵守它反而有损于公共的善，有时法律本身就是有缺陷的，当人自主决定某种事情时，不应受到有缺陷法律的胁迫。

行为的选择不为外在的有限选项所迫。当在一个特定的环境中，有时社会所给人自由选择的空间非常有限，有时甚至于只有唯一选择。这种情况下人不得不在尊严与代价、崇高与自我、利人与保己、生存与毁灭之间做艰难的抉择。这样的选择带有很大的残酷性，使人不得不去面对本真的自我压抑的人性。有时我们看到有些人为了生存选择了出卖朋友、陷害他人、临阵脱逃、背弃诺言、见利忘义，而有的人则临危不惧、大义临然、信守承诺、宁折不弯、舍生取义，让我们看到了人性的光辉。如有的人被敌人抓住宁可去死而不背叛，有的人宁愿自己受打击而不愿通过检举诬陷他人而苟延残喘。有的父母宁可冒生命危险自己到煤矿挖煤也要挣钱供孩子上学。

行为的选择不是被有限的生活方式所迫。为了人有选择的多种可能性，上帝也要保证使各式各样的人和事遍布于世界的各个角落，并让其有存在的理由和可能的空间。各种职业、各种人的性格、各种政体、各种传说故事都有发生开展的条件。它们所要传达的信息是要展示给人：任何个人的选择都不是单一的，而且随着时代的发展，可供选择的自由也越大。当然选项的获得可以是直接获得的，如直接亲身经历，也可以是间接从书籍、媒体、故事中获得的。如果只有唯一的生活方式，个人也就谈不上拒绝的可能，如文革期间，看电影就是那么几部，听戏就只是样板戏等。

行为的选择不是被有限的思维方式所迫。人要作出某一个决定，在自己来讲是有根据和有目的的，为什么要这样做而不那样做，做了以后要达到一个什么效果。在做决定之前人通常是要考虑：为什么我们在趋善避恶指导下作出了一个选择，我们渴求它向我们所希望或设想的方向发展，原因和结果到底是一什么样的关系，有哪些推理证明了具有可供参考的价值？人们必须生活在一个有多种思考方式并存的时代：既有因果线性推理存在、又有情感性格决定性存在、又有天命决定的理论存在，我们发现不仅宏大的理论存在，就连支撑这些理论的具体论据，即使不符合通常的理论但也确实存在着，如一些神迹现象等值得人们去思考。这似乎证明上帝的智慧人并未曾真正地领悟，也不可能领悟，因为人只能接触生活的某一方面，也就是上帝向人展示让人看到的一方面，对在上帝计划中还没有向当代人显现的，当代人又如何去观察研究呢？这就好比一个地方从未有过下雨的天气，又怎么可能去描诉雨水的妙处呢？因而对其他思维方式持一开放包容的态度，对于人作出事情的判断很有必要。

当然要想使人的自由能够成立，上帝必须在以上诸方面保证人选择的宽泛性，有尽可能多的选择选项，拒绝的某种方式的可能。但要使人认识到应该为自己的行为负责，还必须满足以下条件：

人被赋予理性具备独立判断是非、因果的能力。人只有具备了起码的鉴别能力，他作出的选择才是发自于内心的自主选择，这样的后果他才必须承担。如果个人的智商很低，根本不知何为是何为非，不明白一种原因会导致什么后果，他的行为近乎不由自主的本能，个人也不能控制自己，又谈何让其负责。正如人们并不指望精神病人、白痴为他的行为负责一样。这也是阿奎那区分出于本能的"人的行为"和经由理性推理的"人性行为"的原因。

其此，上帝要保证通常情况下，某种行为和结果的对应关系。也就是说上帝要赋予自然事物以内在的固有特性，确保它们对所有的人在同等条件下都会显现同样的特性。水在平原沸腾需要达到的温度，植物生长所需要的条件，事物运动的规律等有着一定的稳定性。"上帝的意志是万物的原因，因此如果上帝愿意某物存在它就必然存在，因为效果的必然性依赖于原因的必然性。"[37] 同时也要确保在一定社会中，人们的心理具有一定的共通性、稳定性，包括感性导向的亲朋教导，提倡、谴责界限的伦理道德、风俗习惯，给予惩处的底线的法律制度等。它们实际上给人以具体的体验，让人逐渐认识到社会赞许、提倡的行为是什么，谴责、反对的界限在哪里，对于不同的人、事较好的处理是什么。

---

37 Thomas Aquinas, *Summa Theologica by Thomas Aquinas*, Fathers of the English Dominican Province, Benziger Bros. edition, 1947, 1：46, p. 320.

再次还需要上帝将人置于具体的环境，使人能体验和总结行为的选择和事实的结果之间对应的关系。如果人没有亲身经历和体验日常的生活，如果没有通过书籍报刊、周围事情中发现原因和结果的关联，那他就属于无知，对一个不知道上帝规则的人，或者说在上帝没有把不当做的可怕后果告诉人们时，上帝就没有权利惩罚他们，因为我们知道一切都在上帝的掌握之中。如果某种结果既已经被上帝所知，而人如果不事先被告知选择的危害的话，这种结果就不属于自作自受。

3. 个人的宗教信仰选择不应被有限的宗教选项所迫

在宗教信仰自由的问题上，阿奎那实际上秉持的是一种有限度的宗教自由观：认为人不信是一种罪，信后如果再改宗别教就是一种背叛，异端思想应加以取缔，异端分子应给以肉体惩罚（第四章将有论述）。那么出于传播和维护基督教信仰的目的是否就不应允许其他人有接触其他宗教的自由，这样的观点是否是正确的呢？个人认为这样并不有利于公民自觉自愿地转向上帝，与上帝给予人以自由的本真要求是相违背的，原因在于：

如果没有可供比较的选项，人就不可能有自由，要由人自己去比较。上帝要保证人真正自愿地回归，上帝也应让人可以自由的在不同宗教之间加以比较加以选择，而非只提供唯一的选项，

第一点原因在于就理论上而言，其他的宗教是否合理并值得向往必需要进行一定的对比才能够获得。正如纯黑便没有白，街上全是圣人就没有人是圣人一样，如果一直说某种事物好而不提供可供对比的选项，没有比较也就无从获得经由比较而来的"好"而非认定"好"，后一种认定的"好"就如当今流行的守住伦理底线，如商人不售假货、当官不贪污受贿等便可以统统称作好人。到底这样的标准怎样，可能也是有些问题的，这种认定实际上是一种强加，如果有人不同意这样的想法就会遭到排斥孤立。如宣传高楼就是高品质表现，宣传时间久了，人们就习以为常逐渐认可了，但到底是否这样并不可知。

第二就社会历史的发展来看，在某些宗教学者看来，世界发展的过程实际上是一个上帝给人越来越多自由的过程，也是个人在越来越多的选择中寻觅、认知、皈依上帝的过程。

世界彼此之间的接触越来越密切，人们的视野越来越开阔，了解情况的途径如书籍、杂志、网络、电影等越来越多；人们的生活水平越来越高，空

余时间越来越多，使人越来越有可能静下心来思考人生、上帝；经济条件的改善使普通人购买必备用品工具了解外在信息的可能越来越多；而国教的取消或强制性因素降低，宗教宽容政策的实施使人们对其他宗教文化不再持强烈排斥的态度；外在的环境越来越开放，使某一宗教的信徒了解和接触其他宗教的可能性越来越大，随着义务教育的实施普通民众的文化道德水平有了很大提高，人接触宗教的内在可能性越来越高；同时在提高世界影响力的原则下，不同的国家也愿意将自己的文化包括宗教推广介绍到其他地区，客观上促进了不同宗教间的交流，从而使得个人接触了解其他的宗教越来越有可能，或可以说世界的发展就是人在越来越多种宗教信仰观点面前进行选择的过程。

第三方面的原因是从上帝创造世界维持世界的角度来看，要让人认识到有其他的宗教，必须让其他宗教也有其存在的合理性，这样它的信徒才会坚守，这种信仰才会一代一代往下传承。必须要使这种宗教在其信徒看来取得了成就，在其他宗教信徒看来也有其自身的理论缺陷，在具体实践上有瑕疵或失误，如基督教的十字军东征、宗教裁判所，佛教的灭情绝欲，伊斯兰教的圣战等。

第四方面的原因是上帝要为人预留改恶从善皈依上帝的机会，对异端分子进行肉体消灭是错误的。首先是时间预留，就是给人以充足的时间，预留下后续改过自新的阶段，让人在认识到自己的行为后有警醒悔改的空间，而不是一有错误就立刻受到惩罚。其次是机会预留，要给人机会使之可以转向，如人一旦冒犯上帝就被惩罚被教会、国家或上帝直接出面如严厉处罚就会使人恐慌，这实际是一种逼迫，而非让人自觉自愿，应该给人以赎罪改过迁善的可能。要让人有从未知获得有知，从怀疑过渡到虔诚，因受启迪而改过自新的机会，而非一直处于无知、绝望、遗弃之中。

4. 上帝所赐予的自由意志是真正的自由意志

当社会宣称人有自由的选择时，是否是真正的充分的自由呢，如果我们拿已有的自由和上帝所给予的自由相比是否还有所缺陷呢？

通过上诉的分析，我们已经说明要想使自由意志真正地成立，它应当包含着人在做决定时的环境是否宽松以及个人是否自觉自愿，具体来讲有以下几个方面：

　　首先，这种行为是由个人自己作出的，别人是不可替代。如人的得救，需要人内心自觉自愿地与上帝沟通，个人的祈祷和上帝的恩典是相互互动衔接的，个人要想得救就需要个人发自内心地去认识上帝、接纳上帝。别人的代求代祷是没有用的。其次，个人的选择是由本人自愿作出的不是被迫的。某种行为的作出来源于自己而不是被人操控。某种选择不是在生命、荣誉、金钱等个人比较看重的部分受到威胁的情况下作出的。如果有强盗身格强壮且手持有凶器，个人在处于弱势的情况下，不得不交出财物，这时个人可以说是非自愿的，因为面临着生命的威胁；另一方面又可以说是自愿的，因为行为选择的作出是个人经过理性比较、多方权衡后为保存生命而作出的。人们通常并不会去指责他，而是认可他的理智之举。当然每一个人对何谓最紧要的事情的理解不同，因而他们在这种情况下的选择也就让人的判断很难给予一致的评价。如果有贪官为贪污受贿辩解说，大的环境我改变不了，我想为人民做些事情，但我必须先进入决策圈，这就需要行贿，而要来钱就必须先受贿，这样的说法是难以令人信服的。

　　在中国的文化大革命中，很多人为了自保，为了使自己能够免遭迫害不得不违心地去讲一些话做一些事，但这些也不能总把责任推向外界，不能推卸责任说如果我不那样做我还能活下来吗，我还能有今天吗？诚然当个人有生命之虞时，不得不违心去做某些事情还情有可原。如果当我们讲我们可以理解、宽容某些在特定环境中不得不作出的行为，认为实非所愿情非得已，因为维持生存才有其他后续开展的可能，暂时放弃责任、伦理、道德、法律等的约束是自然而然的，由此，我们是否承认了对死亡的畏惧是最大的畏惧，求生的本能具有天然的合理性？因为面对死亡的恐惧，人们就可以背叛原则放弃信仰甚至于陷害他人？是否可以说置于绝境才是对人品德高下与否的考验，才是区分内心意愿对个人、他人、社会、国家是否正直忠诚正义的镜子？针对具体行为的善恶，阿奎那认为由于形式是质料的规定，形式的性质规定了质料的发展方向，做任何事情都有一个目的追求，它是行为的动力方向，因而对一个人具体行为的评价，主要取决于个人的目的动机，如果动机是恶的，行为就是恶的，反之，也然。行为的动机决定了行为的意向、目的和手段选择，决定了行为者的精神境界和道德层次。由此，人们就可以思考在艰难时刻该如何抉择。按照海德格尔的说法，人是有绝对自由的，即使他被关在牢里，仍监禁不了他自由地思考，即使一个士兵被上级军官用枪逼着去滥杀无辜，他如果心存良知他仍然可以加以拒绝。所以那些身临绝境仍然不被外界的各种压力，以及内心的重重矛盾所压倒，而自愿选择坚守道德标准的人才是更值得给以赞赏的人，如有的人坚守底线如不制售假货，有的对自己有较高的标准如捐款捐物周济他人，尤其是那些言行一致表里如一不是说一套做一套，对自己对别人没有双重标准的人，才可真正地为了自己所信奉的理想，坚守的信念去舍弃自己的生命，如那些执着于某种理想而努力追求者以及宗教的殉难者如耶稣等。

从宗教的观点来看，人现世最大的威胁既然来自于死亡，在现实中如果让人在死亡的威胁下去做什么事情，这就不可能是自由，而是胁迫。上帝虽然握有生死的权柄但仍给人选择的自由，虽然预知人的行为但并不加以直接的禁止，因而上帝所给予的自由是最大的自由，人犯了死罪，上帝却并没有立即给予当下的惩处，而是放在末日审判。上帝所给予的自由意志是最大的自由意志，上帝知道人会拒绝他的意志但仍容许人违反他的意志，尽管他拥有生死处罚的权力。上帝只是告诫人行为选择的后果，并不惜以独子耶稣基督降世为人给人启示，劝人悔改，仍没有对人进行强迫。上帝本可以创造全善的、不会犯错的、完全不折不扣执行他指令的人，但那样人与屈从于自己的本能本性的动物毫无差异，虽然人会利用自由意志做些违背上帝意志的事情，但上帝通过惩恶扬善、赐予特别恩典等最终会引导人自觉自愿地回归到他那里。

（三）社会中有恶存在的作用

1. 存恶是为了显善

奥古斯丁认为恶的存在是必要的，他认为恶可以彰显善的价值。"因为善若和恶相比较，就显出更有价值，更可羡慕"。上帝"既是至善者，那么，若是他不能从恶事中结出善果来，他就决不会让任何恶存在于他的事业中"[38]。

事实上如果我们从一个大的视角，从一个较长的历史过程来考察就会发现，在通常人看来的恶或恶的处境，对渴求善、认识善、追求善有着重要的作用。从人的道路选择来看，由于人有趋利避害的特性，个人自己通常是不可能主动去选择比较恶劣的具体情形。而事实上人类社会中再差的工作、地域、行业都需要有人来从事和参与。

---

38 西方哲学原著选读（上卷）[M]. 北京大学哲学系外国哲学史教研室编译. 北京：北京商务印书馆，1981：220.

　　另外，在一些看似令人窒息、绝望的情形下也需要一些反叛者、聪明人来充当改革者、引领者，从而使整个行业不至于沉沦消寂。上帝对世界的整体进行了安排，使各个物体追寻自己的善的同时也在分享和维持着宇宙整体的善，其中被放置于较差位置的人自然也有着他们自身独特的价值。如某地有一两个能人，而使人看到同是此一行业地区的人，同样可以生活得好一些，同样有一些人可以充当领导者（获得领导的方式可以是多种多样的如由个人实力而得，由传统如继承、推选、抽签等，近代的如选举、任命、聘用等）。这些人虽然在某些方面有优势（例如先天的智力、能力、才貌，后天的机遇、钱财、地位等），但由于出身、习俗、法律等而使他不得不位于这一群体，体验社会所加于整个群体的负面影响，使个人直接或间接地感受到这种影响，从而才有了对这种影响的切身体验，不得不处于这样的被认定的地位来进行思考，从而为这一群体呐喊奔走。如南非曼德拉虽然出身部落酋长家庭，但对当时社会而言，他的黑人血统出生就决定了他是当时白人统治下的被压迫的二等阶层的一员。在阿奎那看来，个人要想使自己的理论能运用于个体，必须同时对理论和理论适用的个体事物都有所了解，因而即或是义人受罪，遭受折磨也是自然而然的了。

2. 人的本性中的消极方面具有重要作用

　　当我们思考人与人之间的可能反应时，我们的前提是：大多数情况下，人是趋善避恶的，每个人都追求着善——不论真正是善的，还是在个人看起来是善的事物。按照阿奎那的观点：人追求自己的利益较比追求他人利益或公共利益为甚，我们才会据此来揣摩别人的心思，估计自己的行为出现之后他人的可能反应。如果别人不认同、不遵守这样的规则，我们的预见性就会大打折扣。所以我们在做决策时也要考虑特定时间、场合、人物的具体特征，思虑是否有不同于一般的结果出现。当人与别人做生意时，我们会认为只要有钱，商店里所有的商品都是可以购买的，原因就在于我们假定每一个营业者都为了获取利润，都为了尽可能的加快资金周转而愿意把商品卖给任何人。但有时，老板如果有特定信仰，特定时期、特定人不可出售，这时我们就不一定能够购买到一些商品。当娱乐打牌时，我们出牌也是基于每个人都想获赢取胜来考虑的，如果这时候有人不想赢故意搅和别人的牌，游戏就没有可能继续进行下去。

从人类历史的发展过程来看，在一些宗教学者看来似乎有着这样一个趋势：人类越来越摆脱低级欲求如物质、财富等的束缚，人的自由程度也越来越深，精神的追求越来越深入充分，与精神的上帝因而也越来越接近。

第三节 上帝确保世人去追求至善

即使人们通过理性的推理，认识到上帝是最高的善，是应当加以追求的；通过个人的内在的独特的宗教体验，感悟到上帝的关怀，并发自内心真诚的愿望也愿意遵行上帝的教诲，但人还是受到多方面的制约。就个人而言，个人本性具有感性的欲望可能阻碍他的理性认可的事情的实行。就社会层面而言，人毕竟是生活在具体环境中的人，人处于多种社会角色的限制之中，从而就有着多样的利益欲望要求，而社会所能提供的有限条件可能就会迫使人从现实的角度考虑个人的行为取向。当集体意识出现偏差甚至于为恶时就需要有来自于社会外部的力量的干预和引导。在阿奎那看来，这种干预的力量就只能是永无错误是一切善的源泉的上帝。上帝通过他的全在支撑万物，通过他的全知察看世间万物，通过他的全能干预和引导万物，当然这种干预更通过因果的报应而施加给人以内在自觉地认可善、向往善、追求善的动力和机制，使人在上帝的惩恶奖善中树立敬畏之心、向往之意、悔改之情。

一、光照与无误的引导

（一）上帝存在于任何地方

对于上帝是否存在于万物，是否处处存在的问题，当时人们有着不同的看法，在双重起源论的摩尼教看来，"精神体和非形体物属于上帝的能力之下，而有形可见的形体物却属于与上帝对立的本原或根源的能力之下"，[39]对此阿奎那认为这个观点是错误的。在阿奎那看来，上帝对万物的临在，好比"行动者或工作者临止于所做之物"，做工的人必须使他和他要工作的对象相联，或者以某种能力达到所要加工的对象。

在阿奎那看来，上帝作为万物的第一因、推动者对物体施加着自己的影响，万物的存在都是上帝的能力维持而产生的效果，"就像为太阳所光照的空

---

39 （意）多玛斯·阿奎那. 神学大全（第1册）[M]. 高旭东，陈家华译. 高雄：中华道明会，台南：碧岳学社联合发行，2008：97.

气或天空，只要天空继续有光，就是太阳在形成这光"，[40]一物体能存在多长时间，必定有上帝按照它应有的方式维持它存在多长时间。因而上帝的支撑就内在于具体事物之中，一刻不离地维持着事物的存在。万物既然都是上帝的能力的效果，那么离开了上帝的支持万物也就一刻也不能存在，实际上就否定了摩尼教所主张的有质料的有形物游离于上帝的控制之外的观点。

但在现实生活中，人们通常认为一物存在于他物内有两种情况，一种是内在的固定拥有，如树叶之绿色是依附在树叶上或在树叶内的，一种是外在空间的占有或充满，如物体被放在某处。阿奎那认为，"不论在哪一种意义上，上帝都在每一个地方，因而也就是处处存在"，[41]原因就在于，作为万物的来源，上帝赋予事物以存在能力和运动，他内在地支撑着、维持着、引导着万物，存在于物体的内部。就第二方面而言，上帝不同于具体有形的事物，他附加在事物上并不像有形体物之间的在同一空间的相互排斥，上帝存在于某个地方，却并不排斥其他事物的存在，"事实上凭借着他的这种能力，他给存在于任何地方的事物以存在，他自身也存在于任何地方"。[42]

在阿奎那看来，一般情况下在一物体对另一物体作用的过程中，通常需要一定的时间，施加作用物的能力越大，所需要的时间越少，由于上帝有着无限的能力，任何事物接受其作用的时间为零或根本不需要时间，一切物体都直接源源不断地接受着上帝的作用。另外被思考的事物在思考者之中，从上帝的意志的角度，"不是上帝在万物内，而是万物在上帝内"。[43]

阿奎那还从另一角度对全在进行了分析，他举例说：当人举目四望，凡所看见的都可以认为在自己的面前，尽管这个人的身体不可能达到每一物体，"凡是一物在其他事物的视力所及的范围之内，都可以说这一事物通过临在（presence）而在其他事物里面"，[44]由此我们可以类比上帝的临在，

40 （意）多玛斯·阿奎那. 神学大全（第1册）[M]. 高旭东，陈家华译. 高雄：中华道明会，台南：碧岳学社联合发行，2008：92.

41 Thomas Aquinas, *Summa Theologica by Thomas Aquinas*, Fathers of the English Dominican Province, Benziger Bros. edition, 1947, 1: 8, p. 46.

42 Thomas Aquinas, *Summa Theologica by Thomas Aquinas*, Fathers of the English Dominican Province, Benziger Bros. edition, 1947, 1: 8, p. 46.

43 （意）多玛斯·阿奎那. 神学大全（第1册）[M]. 高旭东，陈家华译. 高雄：中华道明会，台南：碧岳学社联合发行，2008：98.

44 Thomas Aquinas, *Summa Theologica by Thomas Aquinas*, Fathers of the English Dominican Province, Benziger Bros. edition, 1947, 1: 8, p. 47.

"上帝通过他的能力存在于万物之中，因为万物都服从于他的全能，他通过他的临在而存在于所有事物之中，因为万物都直接完全地暴露在他的眼前。"[45]

（二）上帝照顾任何事物

阿奎那还认为，说上帝照顾任何事物是从以下角度来讲的：其一，在万物中，不仅有支撑事物自身本性存在的善，还有上帝所引导的趋向上帝的善，它们都以上帝为终极目的。而上帝在创世之初早已预定了万物的最终归宿、本性特征，因而这种"安排万物归向目的的设计，却正是照顾"[46]。其二，事物中存在着具体的等级的划分，所包含的质料越少形式越完善，事物分有上帝的存在越多，事物也就具有越多的完善性，也就必然有多大程度的隶属于上帝的照顾，因为事物存在的限度来源于上帝的最初的安排。

第三，偶然的事情之所以出现也与上帝对万物的照顾分不开的。"一个东西能够脱离特殊原因的安排或秩序，但不能够脱离普遍的原因或秩序"[47]。因为一个事物之所以可以逃脱某种具体的原因的约束，不过是受到另一个原因的干扰，如木材因受潮不能燃烧。但实际上受潮可以阻止燃烧这样的特殊因，也被包含在普遍的原因之内。因而在某种情况下对某些事物是偶然的，但就整体而言仍是必然的。

其四，上帝对个别事物的照顾和对一切事物的照顾不可能是相同的。对个体的照顾是尽可能地消除其缺陷，促其完善。而要实现对一切物体的照顾，"为了使整体的善不致受到阻凝，有时允许特殊事物有缺陷"[48]。一个物体的死亡对该事物来说，是违反该事物的本性的，但对宇宙整体的完善却是有帮助的，如没有其他动物的死亡，狮子就不可能生存。有时这种个别事物呈现的缺陷是为了彰显其他事物的美善，如没有残酷暴君的迫害，就没有殉道者面对死亡仍执著追求真理的坚韧。因而部分物体存在着缺陷是出于上帝的安

---

45 Thomas Aquinas, *Summa Theologica by Thomas Aquinas*, Fathers of the English Dominican Province, Benziger Bros. edition, 1947, 1: 8, p. 47.

46 （意）多玛斯·阿奎那. 神学大全（第1册）[M]. 高旭东，陈家华译. 高雄：中华道明会，台南：碧岳学社联合发行，2008：342.

47 （意）多玛斯·阿奎那. 神学大全（第1册）[M]. 高旭东，陈家华译. 高雄：中华道明会，台南：碧岳学社联合发行，2008：346.

48 （意）多玛斯·阿奎那. 神学大全（第1册）[M]. 高旭东，陈家华译. 高雄：中华道明会，台南：碧岳学社联合发行，2008：346.

排，由上诉的分析我们可以知道，不论这种缺陷是出于何种原因，偶然的抑或是必然的，都处于上帝的照顾之中。

在阿奎那看来，在上帝的理智中，一切事物不论是高贵的或渺小的，是较完善的或正在朽坏的，从都被上帝所设计所预定的角度而言，上帝可以说是直接照顾一切事物。当然在这一种秩序中，上帝也可以将一部分较低级的受造物交付给较高级的受造物，由这一部分受造物来分享他的能力。就如在人间，臣仆有秩序地执行国王的命令，这"属于君王的尊位或高贵"。[49]

人有自由意志，不像非理性的动物那样屈从于自己的本能，只能被动地服从于内在的本性，人可以凭借理性、意志自主地筹划自己的行为，选择自己的目标、方式。从人有一定的自主性的角度，可以说上帝把人交给人自己。但并非人的行为不受上帝的照顾，人是自己行为的原因，或者说是偶然因，上帝是人行为的终极因，特殊的原因都包括在普遍的原因之内。对于一些作恶的人，上帝可能放手任其行恶，但他们还是处于上帝的照顾之中，因为没有上帝的支撑，任何事物顷刻就会灭亡。不过在阿奎那看来，上帝对义人的照顾甚于对恶人的照顾，因为上帝最终会阻止恶人阻碍他人向善、趋近上帝的的劣行。这种"预定一切"的观点在现实中针对具体事例事会遇到困难，比如正直的人遭到自然界或人为的灾难，有时让人怀疑神的公义何在，灾难的源头该向何处追溯？

二、恩典报应与灵魂的永生

（一）报应的观念——"伸冤在我，我必报应"[50]

人总是从静态的观点看问题，把事物当作一个似乎很少变化的东西来研究，因而指责说，为什么世界是这个样子，为什么世界上存在这么多的邪恶和不公？是否可以换一种问法，也许答案就会豁然开朗：当有人做了什么，难道不应对其有所表示吗？

良善的社会伦理应是：当人行善，应根据其善行的大小给予奖赏；当人行恶，应根据其恶行的大小来加以惩戒；对社会非善非恶的行为，也就不得报偿，不惩不赏。好的行为有大小之分，受益的程度、范围有轻重、大小之

---

49 （意）多玛斯·阿奎那. 神学大全（第 1 册）[M]. 高旭东，陈家华译. 高雄：中华道明会，台南：碧岳学社联合发行，2008：349.

50 圣经·罗马书[M]. 12：19. 简化字新标点和合本. 2000 年 10 月.

别，在阿奎那看来，如果后果特别巨大就会荫及亲人甚至后代，同样大恶也会波及亲人后代。如果这样的观点成立的话，那么就会产生宿命论的观点，将现世的享福说成是前世的积德，将今世的受苦不幸归咎于前世的恶行。《圣经》中也有因个人的行为而使后代子孙得福或遭罪的事例。

树立这样的观念，只能有助于在部分人群中树立畏惧感。或是为现世的福分、家庭的未来，抑或是死后的归宿、子孙的兴旺，从而净化社会风气，使个人、社会除了受外在的风俗习惯、社会舆论、法律法规的制约而外，更应有一种发自于内心的制约。如果人们有了宗教的信仰，个人就会感觉到上帝时时处处在关注着自己，从而以宗教的信条来约束自己。如果上帝是公正的，上帝就会在高处察看世间的一切，为义人穷人辩屈，为苦难人提供安慰，惩罚恶人恶行。《圣经》中说，"人子要差遣使者，把一切叫人跌倒的作恶的，从他国里挑出来，丢在火炉里，在那里必要哀哭切齿了，那时，义人在他们父的国里，要发出光来，像太阳一样。"[51]

（二）灵魂不朽与报应实施

在阿奎那看来，人的灵魂是无形无体的，是人生命的第一根本，突出表现为理智的认知和行动。如果理智有形体就会妨碍理智的认知，在阿奎那看来，要认识某些东西，必须是天性中没有这些东西才会好一些。如果天性中已经具有某些物体就会影响理智认识其他的物体，就好比病人的舌头有苦液，就不能识别其他的滋味，而似乎所有的事物都是苦的，更何况每一种形体物都有自身的特性。理智也不可能依赖于身体的器官来进行理解，同样身体器官的特有性质也会妨碍对其他形体物的理解。如对于眼睛如果视力下降，所见的物体与正常值就会有所差异。[52]既然理智能够活动，又不依赖于身体，那它只能是独立存在的，不然就不可能运动。

在阿奎那看来，人是由肉体和灵魂两方面构成，而不仅是由灵魂单方面决定，两者是紧密的结合体。灵魂赋予肉体以形式，使之成为"人"而非其

---

51 圣经·马太福音[M]. 13：41-43. 简化字新标点和合本. 2000年10月.

52 （意）多玛斯·阿奎那. 神学大全（第3册）[M]. 刘俊余译. 高雄：中华道明会，台南：碧岳学社联合发行，2008：5. 注：作者所举的原例为：就如眼睛，甚至是玻璃器皿，如果有固定的颜色，倒在里面的液体也就看似有同样的颜色。按照康德的观点，人为自然立法，外界的事物是被整理后才进入人的实现的，后天的知识习惯等对一个事物的定性也起者重要的作用。

他动物，它控制和推动着肉体。肉体作为质料是灵魂个体化的原则，使同一类的灵魂分化成不同的具体个体，为灵魂的活动提供器官和条件。两者的分离就会引起人的死亡。人死亡以后，肉体朽坏，但灵魂仍然存在，因其属于形式是不朽的。灵魂虽然离开了肉体，但个体灵魂仍然在其各个部分作为智慧、感觉和有机的灵魂而继续存在，并构造新肉体，与自己的身体仍保持着一定的联系。所以在阿奎那看来，信徒向圣人祈祷，请求帮助传达请求是有帮助的。在所有的人是否拥有共同的灵魂问题上，阿奎那明显不同意一些穆斯林学者特别是阿威罗伊的观点，不赞同所有的人共同拥有一个统一灵魂。在阿奎那看来如果所有的人分享同一个理智，那么所有的人将分享相同的灵和思想，但这明显的是错误的，因而"每个人都有一个属于自己的灵魂，每一个人的灵魂的统一性和个体性是合在一起的。这就是为什么个人须承担道德或不道德责任的关键所在"[53]　人在生前的行为会成为死后上帝审判的依据，或受奖赏、或受惩罚以及奖罚的程度方式等与自己有关的行为相关。即使那些生前行善没有得到奖赏，或作恶没有得到惩罚的人在死后上帝都会给以相应的回报，这样善者得安慰，恶者遭永劫。这些对于现世的人行善避恶具有积极的心理引导和震慑作用。

三、物质的人为精神的人做准备

在阿奎那看来，世界上的事物因分有上帝善的程度的不同而有所差异。上帝是无物质的纯形式是最完善的，天使虽然也是纯形式，但由于它是根据上帝的命令而单独创造的，天使受造体的地位决定了它不可能如上帝那样完善。比天使完善程度又低一些的是由那些形式和质料构成的混合物，它们的完善程度因为有物质的参与而低于上帝和天使，在它们当中，也同样存在着差别，"混合物比元素更完善，植物比矿物质更完善，人比动物更完善，在上诉每一类事物中，一类较其他类更完善"[54]。

在阿奎那看来，世界万物存在着完善等级的差别是自然而然的，而且还是有特定目的的。"正如上帝的智慧是世界万物出现区别的原因，也是万物出

53 Julius R Weinberg, *A short history of medieval philosophy*, Princeton, New Jersey: Princeton University Press, 1964, p. 200.

54 Thomas Aquinas, *Summa Theologica by Thomas Aquinas*, Fathers of the English Dominican Province, Benziger Bros. edition, 1947, 1: 47, p. 329.

现不平等的原因，如果宇宙中只有一种等级的善，那么宇宙也就不完美了"[55]，这种目的也就是为了展现上帝的善，因为受造物受自身质料的限制，个别的具体事物不足以显现他的完全美善。

存在差别同时还另有目的，那就是为人所准备的。依据阿奎那的观点，世界万物存在着等级的差别，而较不完善的是为较完善的所使用所准备的，较完善的事物对于较不完善的事物自然拥有支配的权利，而人在受造的自然物中由于处于最高的地位，万物都是为人所预备的，而人自然而然地拥有支配处置其他事物的权力。在是否可以对事物进行破坏性的利用：是否可以杀死其他动植物时，阿奎那是这样来论述的："事物的秩序是较不完善的是为较完善的所使用所准备的，就像在事物的产生过程一样，也是由不完善到完善的……所以就像植物由于仅仅具有生命，是为动物所准备的，而动物是为人所准备的，因而人为了动物的善使用植物，为了人的善使用动物并不是不法的事情。"[56]

而且在阿奎那看来，出现这样不完善以完善为目的，前者只是后者的手段的途径，"而事实上这也是上帝自身的安排，因为《创世记》第 1 章 29 及30 节上面记载：'看，我已经赐给你所有的蔬菜和果树给你和在地上的一切动物作为食物'，《创世记》第 9 章 3 节上面又记载'凡是有生命能动的生物都可以作为你的食物'"[57]，表现出了极其明显的宗教创世目的论的倾向。阿奎那在为其宗教信仰即万物由不完善到完善最终必定归结到上帝那里做论证的同时，实际上也确立了人在世界中超越于其他受造物的地位，除了上帝而外，人是世界的主人，对人而言这是来自于上帝的厚爱，上帝的赐福，因而人就应当意识到自己的优越性，积极主动地利用外在的事物为自己的心中目标的实现而努力，同时也应该意识到人只是上帝创世的链条的一个环节，人因质料的肉体而在发展上还受到一定的限制，按照不完善的是为完善的做准备的秩序，物质的人更应为精神的人做准备，并应使自身不断完善向最完善的上帝靠近。阿奎那的的观点明显不同于古希腊流行的万物有灵论，而确立了上

55 Thomas Aquinas, *Summa Theologica by Thomas Aquinas*, Fathers of the English Dominican Province, Benziger Bros. edition, 1947, 1：47, p. 329.

56 Thomas Aquinas, *Summa Theologica by Thomas Aquinas*, Fathers of the English Dominican Province, Benziger Bros. edition, 1947, 2-II：64, p. 1954.

57 Thomas Aquinas, *Summa Theologica by Thomas Aquinas*, Fathers of the English Dominican Province, Benziger Bros. edition, 1947, 2-II：64, p. 1954.

帝的唯一真神的地位；同时将人限定为受造物的地位，排除了罗马曾经流行的特定人物可以成为神的观点；将人超拔为自然的灵长，廓清了人与自然物的区别；将人界定为万物管理者，强化了人对万物的责任，提升了其自觉性。

第四节　上帝的预定

在基督教信仰中，为了说明上帝的全能，通常都设定上帝全知，即上帝预知一切，知道世界一切的发展趋势及可能过程和结果。如此说来，世间的一切是否都被决定了，那么人岂不成了受摆布的木偶，完全丧失了自由意志。那么，人在世界上生活还有什么意义，人还需要对自己行为负责吗？

为了解决这个问题，许多学者从神正论的角度，提出了许多观点。如奥古斯丁认为，人不同于石头的地方在于，石头不断向下的滚落是出于其遵从自然的规律，而人则对自我的本能可以进行选择，或遵从或拒绝，因而人区别于其他事物的地方就在于人有自由选择的意志，正是由于人的自由意志导致了人的堕落。后来宗教改革出现的加尔文则走上了另一个极端，认为人的行为是完全被预定的，是否只有两种答案呢？阿奎那则从另一个角度展开了论述，较好地解决了这个问题。"阿奎那是一个兼容论者，因为他认为引发人的行为的内在意愿是由外在事物引起的，是上帝已经植入人心中的趋善的自然愿望，如没有这种愿望人类行为就不可能发生。阿奎那也是一个自由主义者，因为人类按照自己选择的方式去追求善，同时对各种复杂呈现的选项的选择仍是开放的。"[58]我们看他是如何解决这个问题的：

一、预定是存在上帝理智之内的确实性预知和安排

按照阿奎那的理解，预定是上帝对特定个人能够获得特殊恩典的一种安排，这种安排作为一种计划只存在于上帝那里，并不覆盖人的心智判断，与其说是一种必然性的趋势，更应说是一种确实的预知。

（一）预定是一种特殊照顾

根据阿奎那的形式质料学说，世界上存在的多样事物是由不同的形式和质料构成的，一个事物所含有的形式越多其等级就越高。最低的是没有形式

---

58 Kevin M. Staley, *Aquinas: Compatibilist or Libertarian?* The Saint Anselm Journal, 2.2 （Spring 2005）, p 79.

的原初质料，其次是无生命的事物，再依次是有营养、感觉功能的植物，有营养、感觉、运动的动物和有营养、感觉、运动并能思想的人，再依次是无质料的天使和上帝，每一事物都有其相应的本质规定。没有上帝的内在支撑，万物都将归于虚无，事物的存在是缘于上帝的普遍照顾。对于人，上帝赐予他们以理性和灵魂，使之能够不同于其他被造物，可以非必然地服从于本能自主的生活，这是上帝的特殊照顾；而对于个别的人，上帝愿意他们获得永生，得到个别照顾。作为万物来源的上帝是一切事物最终的归宿，所以对人而言，最高的幸福就在于追求最完善的形式趋近上帝，获得上帝的赐福，而这"超出受造物本性之比例及能力"，[59]是人仅凭自己的类属的形式和全部潜能是不可能达到的，"一物为达到他本性能力所不能达到的，就必须被其他的物送达"，因而人要想获得永福享见上帝，"他们就好像是藉由上帝的传送，而被引至永生。"[60]

依据阿奎那的观点，上帝爱每一个事物，上帝希望每一个事物都能分享他的某一种善，但不会愿意每一种事物都获得所有的善，毕竟，有等级差别的世界才会显得更加完美。上帝的美善是单纯的，现实中的任何具体事物都不足以展现他的完美，因而有差别，不同层次等级的事物就会被允许存在。所以一部分人注定会得救获得永生，一部分人会失去这种可能性，但不被上帝所预定得救并不减损不被预定者的能力，并不取消他们的意志自由，如果他们犯错或作恶，理应由自己承担自己的罪责。正如被预定者仍有自由意志，仍需对自己行为负责一样。"上帝允许一些恶发生，以免许多善受阻凝。"[61]

为了鼓励那些作恶的人也能改恶从善，阿奎那宣扬上帝是有预定的，但人却无从知晓这种预定，预定的结果上帝是秘而不宣的。同时他还认为，某人是否是被拣选，是否被预定与其事功无关，与其在尘世是否获得荣耀也没有关联。因为一切的引导和安排，包括预定可能产生的效果，都属于上帝照顾计划的一部分，有时世上的荣耀以偶然因素发生，人又如何加以界定呢？既或如此，如果没有上帝的帮助，连预定实施的准备也不可能发生。既然人

59（意）多玛斯·阿奎那. 神学大全（第1册）[M]. 高旭东，陈家华译. 高雄：中华道明会，台南：碧岳学社联合发行，2008：353.

60（意）多玛斯·阿奎那. 神学大全（第1册）[M]. 高旭东，陈家华译. 高雄：中华道明会，台南：碧岳学社联合发行，2008：353.

61（意）多玛斯·阿奎那. 神学大全（第1册）[M]. 高旭东，陈家华译. 高雄：中华道明会，台南：碧岳学社联合发行，2008：364.

不知道自己是否被排除在外，努力去追求以求被上帝所喜悦、拣选就显得非常明智和重要。《圣经》上也多次提到要招纳那些不义的人，阿奎那的论述与其要旨不谋而合。

（二）预定只存在上帝之内

在阿奎那看来，上帝给予受造物有两种目的，其一是让受造物过一种由其本性所预定的生活，事物可以凭借所赋予的本能自然达到，例如人如果只是希望过一种世俗的生活，追求尘世的幸福，依靠所赋有的自然理性就可以达到。其二是追求永恒的生命和幸福、直观上帝，而这超越了人这种类属事物本性所能及的范围，仅仅依靠自身是不可能达到的，必须借助于更高的其他事物的帮助，而这就是来自于上帝的"恩典"。而个人是否能获得这种恩典，"已预先存在于上帝内"[62]，如同引导其他事物趋向上帝一样早已存在于上帝的计划之中。规定哪些受造物可以获得永生的设计，实际上就是一种预定。就预定是上帝对部分人走向的安排来看，预定是照顾的一部分，或者说是特殊照顾。照顾的计划，主动的发动存在于上帝之中，照顾的执行却被动的存在于受照顾者身上。上帝理智的安排，人积极主动地呼应，这里有一个双项互动的过程。就部分人而言，获悉了上帝的预定，被吩咐去履行某种使命，就被称为感召。

为了说明上帝的预定并不会干涉到人自身具体行为的选择，阿奎那认为，由于"预定是照顾的一部分，而照顾（预谋、计划），不是在被照顾者内，却是在照顾者之理智内的理或一种设计"，[63]预定只是存在于上帝的理念之中。就如同人在做一个事情时一样，最开始的打算计划在没有付诸实施之前，只存在于计划者心中。因而从世界一经创立，世间一切物将来要发展的过程、趋势、结果等都在上帝理念中一一呈现。

只有在实施的过程中，意向和对象叠加，施加的计划才和施加的对象相关联，既存在于施动者之中，同时又被动地存在于受动者之中。"照顾之执行，即所谓治理，却是被动地存在于被动者内，主动地存在于治理者内。"[64]由此

62　（意）多玛斯·阿奎那. 神学大全（第 1 册）[M]. 高旭东，陈家华译. 高雄：中华道明会，台南：碧岳学社联合发行，2008：354.

63　（意）多玛斯·阿奎那. 神学大全（第 1 册）[M]. 高旭东，陈家华译. 高雄：中华道明会，台南：碧岳学社联合发行，2008：356.

64　（意）多玛斯·阿奎那. 神学大全（第 1 册）[M]. 高旭东，陈家华译. 高雄：中华道明会，台南：碧岳学社联合发行，2008：356.

阿奎那就认为所谓预定，实际上是存在于上帝那里对部分人获得特殊照顾获得永生的一种安排。

（三）预定就人而言是一种确实性的预知

那么在预定逐渐展现的过程中，预定是否既关联着上帝，又关联着个人，或者讲，上帝是否直接参与个人具体行为的抉择，使人的行为发生偏转？对此，阿奎那认为，上帝虽然知道人行为的动机、过程及其后果，但他并不直接干涉人的行为，而是由人自我加以选择，只是预先为人的可能行为预备好应有的结果。

上帝在创造世界之初就已经确定了世界发展的理念，它包含世界各种事物可能的一切轨迹，但这轨迹只存在于上帝之中，确切地讲，它只是一种确实的可能性，并不直接支配人的行为。或者说，世间一切的事情都会发生，呈现的轨迹会和上帝计划的理念相一致。正因为世间发展的一切正如上帝所料，也可以说是预定，它是上帝永恒理念的一部分。因而人们可以总结，预定就上帝而言是存在那里的确实性理念，它作为永恒的事物具有不变性和超越性；预定就现实的人而言，是与其行为无涉的可能性趋势的预测或感知或召唤，它是一种各种可能趋势中确定性最大的把握。尽管有上帝最初与人无涉超越的理念，但这并不影响人对个人自我行为的选择。

（四）预定外的摈弃是为了彰显普遍的善

预定只是部分人的获救，但上帝拣选一部分人而摈弃另一部分人，为什么不能给所有人都以同等的恩典呢？在阿奎那看来，这是由普遍照顾和特殊照顾有差异造成的，"照顾特殊者，尽其所能地由其所照顾的东西中消除一切缺陷；而普遍照顾一切事物者，为了使整体的善不受阻凝，有时容许特殊事物有缺陷。"[65] "如果任何恶都不被允许的话，这宇宙便会缺少许多善。"[66]阿奎那认为，安排一些人获得荣耀是上帝照顾的一部分，类似的，"容许一些人不可达到这个目的，这也属于天主的照顾。而这就是所谓的摈弃或弃绝。"[67]

65 （意）多玛斯·阿奎那. 神学大全（第 1 册）[M]. 高旭东，陈家华译. 高雄：中华道明会，台南：碧岳学社联合发行，2008：346.

66 （意）多玛斯·阿奎那. 神学大全（第 1 册）[M]. 高旭东，陈家华译. 高雄：中华道明会，台南：碧岳学社联合发行，2008：346.

67 （意）多玛斯·阿奎那. 神学大全（第 1 册）[M]. 高旭东，陈家华译. 高雄：中华道明会，台南：碧岳学社联合发行，2008：358.

二、人的行为主要取决于人自身的自由意志

同时按照阿奎那的认识，上帝通过永恒法为万物确立各自的本性及存在趋势，通过自然法在人心里打上烙印，从而为人能够思考判断奠定基础，由此人基于自己后天的经验理性和欲望，做出或此或彼的选择，人的行为主要取决于自己的自由意志。

（一）先天的赋予只是提供人能思考选择的基础

阿奎那认为人能思想在于人有灵魂有理性，但是诸如自然法等先天的赋予只是提供人能思考的基础，并不提供具体行为的现成答案。

人自身思想意志不可能是一张白纸，什么意念倾向也没有，不可能是绝对中立的。人总是处于一定的社会环境之中，是一个社会的人。上帝通过自然法在人身上打上烙印，赋予人超越于其他自然事物之外的独特思考分析能力，但这只是提供人借以思考外在世界的基础，正如康德后来所分析的，人类一出生就被赋予了族类的特性，当然有时也是一种限制，即运用时间、空间等先天范畴对外在杂乱无章的事物以归纳分类整理。上帝对每一类事物都给予相应的本性赐予，"每一受造物都是被上帝所设计用来展现其外溢的善，在由受造物充塞的宇宙中，每一类事物都被赋予了上帝所给予的本性，相适应的行为及自然的终点"。[68]

（二）人性行为并非完全中立无倾向性的本能选择

人因为有自由意志，但这种先天赋予并不提供人直接面对处理事情的具体逻辑和结论，因而，人头脑中并不存有在毫无储备条件下的如动物那样的应激本能反应。

在阿奎那看来，其他动物由于具有天然的本能，知道什么对自己有利，什么对自己有害，如羊本能地知道：狼是自己的天敌。人也有自己的本能，但这种本能在某种情况下也会使人不自觉地做出某种反应，如在极度恐惧时会浑身哆嗦，但这种反应只是人无意识的应激反应，只能称为与生俱来的类属行为即人的行为，由于其本身没有情感意志的参与，讨论行为与结果之间应负什么责任就没有意义。所以阿奎那认为只有那些经过人的理性判断、自由选择之后的人性行为才是伦理道德评价的对象。人却只是模糊地知道哪些

---

68 Joseph P Wawrykow，A-Z of Thomas Aquinas，The SCM press，2005，p 30.

是人生必须具备的东西。人必须借助于理性，从这种普遍的原理过渡到与个人幸福具体相关的事项。在此推理过程中，人自身的本能并不能获得任何必要的知识，不像动物那样有天赋的知识存在。要想获得这样的知识，必须从后天的个人实践中获得，而是在理性欲望的指导下，进行着或遵循本能或违背本能的选择，如人虽然饥饿，但人会控制自己。

（三）人性行为是自我有意识的选择

阿奎那认为，人是"被赋予自由意志和自我运动的存在物"，[69]人自我的选择总是根据自己的意愿，结合着自己的经验、理性等做出判断，进行着选择。"正如上帝创造石头赋予它一自然的倾向性到达它自然应到的地方，上帝也创造人的意愿赋予它去追求幸福（非决定性理解）之类的善。"[70]人由形式的精神和肉体的质料结合而成，两者的需求满足必然促使人对外界产生各种愿望，产生各种追求，凡人所欲求的的在人看来都认为是善的。基于人的经验理性，人进行着多样的可欲之善的追求。"既然善是意志之对象，完美之善是那能完全满足意志者。是以，追求幸福无非就是追求意志之满足，这是人人皆追求的。"[71]尽管有些看起来是善的事物如酒可能只是有条件的善，但人毕竟是在对自己定性的善的理解之后进行着行为的选择，因而总体而言，在人行为的产生过程中，"人不是必然的，而是自由地选择。"[72]"个人的品格在在任何既定时刻都可能是诸美德与诸恶的混合，而这些性情就预先决定意志朝这个或那个方向运动。不过，意志总是有赞成或反对这些刺激因素的余地。"[73]

（四）人的行为选择总是最强烈的意愿的决定

按照阿奎那的看法，人的行为的产生通常经由理性对各种相关因素的综合评估，然后是在内心中获得接受认可，在确认之后理性发出命令，再通过

---

69 Thomas Aquinas, *Summa Theologica by Thomas Aquinas*, Fathers of the English Dominican Province, Benziger Bros. edition, 1947, 2-Ⅰ：1, p. 776.

70 Kevin M. Staley, *Aquinas: Compatibilist or Libertarian?* The Saint Anselm Journal, 2.2（Spring 2005），p. 74.

71 （意）多玛斯·阿奎那. 神学大全（第4册）[M]. 刘俊余译. 高雄：中华道明会，台南：碧岳学社联合发行，2008：74.

72 （意）多玛斯·阿奎那. 神学大全（第4册）[M]. 刘俊余译. 高雄：中华道明会，台南：碧岳学社联合发行，2008：145.

73 麦金太尔. 追寻美德伦理理论研究[M]. 宋继杰译. 南京：译林出版社，2003：212.

意志的力量去执行，可见"自由之根本或主体是意志，但意志之原因是理性"。[74]人们行为的发动总是基于自己的理性，在理性进行权衡评估以后来进行。

同时我们会发现，由于人其实处于现实的多种复杂关系之中，人对某些问题的分析不可避免地会综合考虑多种因素，因为理性的考虑会超越当下暂时情感的选择，从而使理性判断后的抉择与自身真实的意愿发生矛盾。如人在街上行走，遇到歹徒抢劫，个人面临要钱还是要命的选择时，个人就不得不结合自己最强烈的愿望而理性做出自己的选择。有时个人的选择会与自身本真的意愿相矛盾，但人们还是会在多种因素的综合考虑之后，做出符合我们最强烈意愿的决定。

（五）从体系上设定人的自由意志具有积极作用

出于完善学说体系，建立神正论的需要，阿奎那设定人应有自由意志。在基督教学说中，上帝被赋予全善、全能、全知的特点，凭借着上帝的全善那么世界应当不应有恶的人和事出现；凭借着上帝的全能，世界中一切的规则都不应成为制约人生存和发展的障碍；凭借着上帝的全知，世间的发展就应当更趋合理化，而不应有违背神意的惩罚，但这一切在现实中都实际地存在。为了论证神的公义，阿奎那就确认人的自由意志来说明世间诸多的行为及其后果并不直接来源于上帝，而是由人自身造成的。

设定人有自由意志也是出于赋予人生以意义，建立行为引导机制的需要。如果不给人以自由意志，人的行为如果完全由外界力量所控制，那么人岂不成了受摆布的木偶，人的在世生活追求还有什么意义？为了使人认识到现实生活的意义，就需要理论赋予人以自我选择、自我实现的自由，个人在具体的生活中品尝人生的各种体验，获得真实生动的感性境遇，探究存在生活的意义价值。同时，整个社会的运行需要一些共同遵守的规则，而规则如何被个人所认知、获取、理解、应用和评估对应的效果，必须从外界获取。那么由于人的多样化选择和理解，造成了即或对待同一个事物，理解和抉择也出现重大差异的现象。对人而言，如何去认识、理解、应用，关键就在于人。出于建构因果关联、报应观念的需要就需要赋予人以自由意志。这种看法似乎和康德的有关社会道德建构的三个前提即自由意志、灵魂不朽和上帝存在

---

74 （意）多玛斯·阿奎那. 神学大全（第 4 册）[M]. 刘俊余译. 高雄：中华道明会，
台南：碧岳学社联合发行，2008：169.

的论述极其相似，他们都注意到了，自由意志的设定对人生意义、生活向度的价值。

三、预定并不取消人的自由意志

在阿奎那看来，如同人们从已有的众多经验事实中总结出可供日常生活参照的规律，上帝也需要通过具体特定个人的得救，给众人揭示在灵魂得救问题上可供参考的外在环境，让人自己去选择；同时赐予预定的恩典，也可以成为激励世人坚守信奉上帝，不为流俗所左右的动力和希望。同时上帝的预定并不阻碍人自由意志的发挥，相反却是成全；即使上帝直接介入具体的事情，它仍需要被改变者的主观配合。由于预定的原因、过程、结果等只存在上帝那里，因而它并不会导致事实上被摈弃者的绝望；预定出于上帝的怜悯，因而也无损于它的公义，有助于人即或身处绝境，也不怨天尤人，放弃希望，而是积极争取。

（一）预定重要的功能在于提供启示和坚定信仰

齐克果谈到，自由就是能够在可能性中进行选择。在生存上，每次面对可能性进行选择都意味着拒绝其他可能性。[75]上帝也必须给人提供多种选项的大环境，以及认识选择与后果关联的能力和机会来显示他的公义。吉尔松也说，"天主对对于万物的支助，正是万物的存有和因果的基础……人乃理性受造物，其目的则在于藉着知识和爱情的行动，来达到自然界普遍的终向。"[76]

1. 一方面向世人大众宣告人行为的规则和什么样的人可以获得救赎

上帝必须要人有认识他的安排启示的能力，也就是要通过肉体感性的体验和理性的思考获得真实的体验。人是由形式和质料构成，质料的肉体受制于物理自然规律的限制，从而使人有获取生存生活资料的愿望，而人形式的精神使人有获得更好生存生活环境的追求，但人之为人就在于人有理性，并不绝对服从于本能的安排，因而就需要通过一定的方式获取什么是可行的什么是有意义的知识。而人如何行事、什么是更恰当的方式的知识并不是先天

---

75 谢文郁. 自由与生存：西方思想史上的自由观追踪[M].张秀华，王天民译. 上海：上海人民出版社，2007：264.

76 （法）吉尔松. 中世纪哲学精神[M]. 沈清松译. 台北：台湾商务印书馆. 2001：153.

地潜存于人的头脑之中，人出生时所获得的只是一种共同的普遍的自然法的印记，它并不告诉人们在具体条件下该如何应变。因而人的有关后天处理社会的知识只能来自于个人的后天感性实践，在具体的实践中获取生活的指导原则。如阿奎那看来，当一个人做具体做事情时，因"实际行动是针对个别的事物。所以，智者必须既认识理性的普遍原理，又认识与行动有关的个别事物"。[77]如要做出合理的判断，就必须同时知道行动应当使用的普遍性原理，以及将要被作为适用这一原理的具体对象的情况，就如医生诊断了病人属于感染了哪种疾病，可以给以什么样的治疗，但具体的治疗途径手段却需要医生除了掌握通常的规律而外，还需要结合病人具体个体的体质病史等情况来加以考虑，而人肉体的身体和精神的灵魂使人获取知识成为可能，"人被安置在一个精神界与物质界的交会处人必须具备来自于二者的能力"，[78]"人并不仅是作心智活动而已。他也有感觉的活动"。[79]

而根据阿奎那的观点，普遍的理性认识是以感性认识为基础的，因而不论是从感性事物中获取理性的抽象，还是有了理性的抽象之后再来反观具体感性事物以进行实际的具体应用，都面临着极大的难度，因为"个别的事物多不胜数，不可能为人的理性完全知道"[80]，人们就只能进行一些经验的归纳概括，"经验能把无数个别的事物，归纳为一些在众多事物上经常发生的有限事物；而认识这些有限的事物，为人的智德也就足够了。"[81]阿奎那认为通过对经验事物的归纳总结可以得出简化的实用的知识。

2. 另一方面增强人的自信和对为追求上帝而对困难的承受能力

既然人是否得救是否被摈弃早已经被预定，人岂不只能服从于宿命的安排，无所谓主动地或被动地承受着命运给予的一切。阿奎那认为，预定因为确

---

77 （意）多玛斯·阿奎那. 神学大全（第 9 册）[M]. 胡安德译. 高雄：中华道明会，台南：碧岳学社联合发行，2008：6.

78 Etieuue Gilson, The Christian Philosophy of ST. Thomas Aquinas, New York: Random House, Inc, 1956, p. 200.

79 Etieuue Gilson, The Christian Philosophy of ST. Thomas Aquinas, New York: Random House, Inc, 1956, p. 193.

80 （意）多玛斯·阿奎那. 神学大全（第 9 册）[M]. 胡安德译. 高雄：中华道明会，台南：碧岳学社联合发行，2008：7.

81 （意）多玛斯·阿奎那. 神学大全（第 9 册）[M]. 胡安德译. 高雄：中华道明会，台南：碧岳学社联合发行，2008：7.

定了救恩的必然性，它可以给在困难中挣扎的基督徒以强烈的希望和信心。正如齐克果所理解的，真正的自由状态是自由地选择不自由。当人"意识到自己的非真理，意识到自己已经远离了非自由状态……人才能解构自己的现有的永恒幸福观，从而摆脱某种观念的限制，进入着急状态，面对可能性。"[82]因为上帝并不解除尘世中人与人之间的不平等关系，只是在末日审判时才使这种不平等的关系予以解除。因而人在现实生活中还是要经历一定的挫折和磨难，而认识到上帝预定，就有助于自身增强生活的信心以及投身特殊事业的勇气。

预定是对人人生的磨砺。上帝基于展现其美善的需要，需要世界有多样的事物，等级不同，每一事物都有其类别；对于人就分有整个人类的类属形式而言，整体无差异；就每一事物都从上帝那里获得灵魂即形式而言存在着差别。任何个体都处于一个具体的社会环境之中，不可避免地会受到外来的不良思想习俗的浸染，后天的生活实际是让其在具体生活中增强抵御外在不良思想的能力，逐渐去除不良思想的遮蔽。

使人的形式更加完善，为向上帝靠拢做准备。人起初并不具备人之为人的一些必备元素，如理性还不够成熟等，因而就需要在一定的环境中使之逐渐地成熟。由于人神在形式等级上的绝对不可逾越的差异和障碍，人不可能完全认识上帝，但是人毕竟是上帝的形象，有神的灵的驻入，人有精神和灵魂，它就使人可以突破质料肉体的限制从而具有超越性。人还是有可能借助于上帝所给予的理性之光对上帝有所认知。

在人间具体事情上也是如此。有时上帝是直接介入具体事情施加影响从而造成预期的效果，有时是通过自然生成的方式通达最后的结果。自然的方式是让人在对事件的发展过程中相信理性所告知、所总结的事项内容为真实的，外在事物之间是可以有联系的，经由此，人们认识到人们的行为在自然演变过程中也会造成类似的效果。而上帝直接的介入就会使人们认识到上帝是世界的最终来源，我们要对之充分信仰；上帝是一切的最终评判标准，人们一切的行为最终以是否取悦于上帝或是否符合上帝的要求为依据。

同时在具体个人所经历的境遇、事件过程中，人就有了对外在世界人自身如何定性、应对的真切体验，也对如何与超越的上帝如何建立关联有了实实在在的经验和体悟。因而是虔诚还是鄙夷，是遵循教导还是悖逆，是悔过

---

82 谢文郁.自由与生存：西方思想史上的自由观追踪[M].张秀华，王天民译.上海：上海人民出版社，2007：265.

还是固执等就一一的表露出来，"对至善概念的任何把握都会极为轻易地因世俗的迷乱而丧失殆尽；而忍耐之所以同样至关重要，是因为它是在恶面前耐心容忍的美德。"[83]因而这一阶段实际上是上帝让人在一特定的环境中接受磨砺和考验，实验他们，坚定他们。

预定告诉良善行为可供选择的标准。从另一个角度来讲，人决定自己态度和行为的思想观点并不是直接来自于上帝，人也不是上帝用线控制的木偶，人有自身的理性可以自我决定自己的行动。但上帝在人的决策过程中也并非一位完全的消极旁观者。因为人类始祖亚当夏娃所犯的罪过，人失去了受上帝保护永不犯罪的特殊保护，内心就容易偏离上帝所先天赋予的良善本性，去追逐那些在人看来是善其实并非一定为善的事物，或放弃顺向的高级追求而进行逆向的低级追求。为警醒世人，上帝就让人置身于具体的环境中，来真切体验要做的一些事情。而周围已经发生的、正在发生的和将要发生的事情都是人做决定的大的背景，都是人做决定的参照和依据，当然社会中各种因素影响着人的决策，同样也是人决策的参考。由此可以看到，周围的一切既是现实的摆在我们周围正在发生的一切，同样也是提供给人们去思考、反思的教材和启示。经验的累计丰富着对人生的特定体悟，岁月困苦的磨砺洗涤可以深化对某些方面的认识。人经历的越多，体悟的就越多，对世界的认知可能就越清晰。就如同黑格尔所指出的，"老人讲的那些宗教真理，虽然小孩子也会讲，可是对于老人来说，这些宗教真理包含着他全部生活的意义。即使这小孩也懂宗教的内容，可是对他来说，在这个宗教真理之外，还存在着全部生活和整个世界。"[84]

因而上帝预定整个大的世界，使每一种事物都按部就班的依次运行，就是给人以可供观察的真实材料，并让人在对材料的观察中获得经验得到启迪。最终启示是：只有在上帝那里才是最后最终的追求。

（二）人自身的行为选择最终还取决于人自我的选择

人的行为主要还是自身抉择的结果，上帝只是为人的决定提供基底。正如吉尔松所说的，"若说无一物能逃脱天意，但也不可忘记，天主并不越俎代庖，代替万物行动。"[85]

83 麦金太尔. 追寻美德伦理理论研究[M]. 宋继杰译. 南京：译林出版社，2003：224.

84 黑格尔. 小逻辑[M]. 贺麟译.北京：商务印书馆 1980：423.

85 （法）吉尔松. 中世纪哲学精神[M]. 沈清松译. 台北：台湾商务印书馆. 2001：153.

1. 人的决定是否直接由上帝决定

如果承认上帝对世界的万物进行了预定规划，是否每一个人的具体行为不论是善是恶都是由上帝直接决定引起的呢？对于这一问题应当从两个角度来进行考虑：一方面确实有上帝直接介入干预某些人的想法的事例存在，但这些并不普遍，只是那些特定的个人才受到上帝特别的恩典。从另一个角度而言，上帝作为万事万物的最后因和发动者，的确对一个人观念的形成和意志的发动起着根本的内在支撑作用，也可以说没有上帝的支撑事物也就不可能存在，也就不会有附着在事物上的善的缺乏即恶的出现。但上帝却不是引发事物欲求意志的直接原因，人是由自己的理性判断，意志选择而产生具体的行为的，这一过程中，人并不一定听从上帝在人心所赋予的自然法的召唤，因而具体行为的产生更多的是人在运用上帝所赋予的各种天赋秉性上的自我决断。

上帝直接干预世间人的决定及发出某种指令要人去服从，人也可以选择自己的拒绝，甚至于这种拒绝的想法有时也是由上帝所决定的，类似的事例《圣经》中多有记载。有时为了显示上帝的作为，为让以色列人认识到上帝的拯救，上帝让摩西去见埃及法老，摩西就顺从了，提出自己要带走以色列的子民，但法老却没有听从。最开始法老乃是从自身利益考虑：把以色列人放走了就减损了为自己服务和纳税的人口数量，后来越来越严重的灾祸接连不断地降临，使法老心存恐惧，就有意放以色列人出去而避免更大的伤害。但《圣经》提到：耶和华对摩西说"我要使他和法老心刚硬，为要在他们中间显我这些神迹……传于你儿子和你孙子的耳中"[86]，就让法老又一次地拒绝摩西的要求。其他上帝直接干预改变其他人的决定，从而给特定人赐福的例子也很多，如波斯王居鲁士受到上帝的提醒而让以色列人回归祖国，就又为上帝直接介入具体历史事件、个人决策添了新的注脚。

但这样的事例并不多见，它更多的只是一种隐喻：坚信上帝者，上帝必施加大能对之加以拯救，上帝甚至直接安排拯救的途径和效果。因为人如果没有选择的自由，一切由上帝所决定，个人无疑是被上帝所操控的木偶，既然所表达的、所行为的都是个人不能自主的，个人为什么还要承担责任呢，无论个人是否努力，结果都是自己所不能改变的话，个人还努力干什么？更

---

86 圣经·马太福音[M]. 10：1-2. 简化字新标点和合本. 2000 年 10 月.

多的情况是上帝赐给人一定的理性、意志、天赋等，让人去发挥，根据个人在此基础上的表现给以相应的奖励或惩罚。《圣经》上有主人给三个仆人同样数量的金币的故事。给予同样的资金由他们去实现增值的任务，结果不同的人获得了不同的结果，没有实现增值的仆人受到了主人的责备，实现增值的仆人却受到了奖赏[87]。如果一切都是由上帝安排的，何以给某个人以奖励，给另一人以惩罚呢？

那么是否上帝让人去做什么事情，为了让人对自己负责，就让人随意地采取行为，上帝不闻不问置之不理，从而对人的行为的发展及其结果一无所知呢？结论肯定不是，上帝知道每个人的一切行为，但并不表示他直接导致、安排了行为。对上帝来说，一切都是现在时，所有在人看来已发生的，正在发生的，或将要发生的都在他面前一一展现。

或者讲，上帝为每个人都准备了福乐，只是程度有所差异，因为如没有上帝的支撑人一刻也不能存在，人所做的一切都应当是去顺从上帝的教导，按照上帝要求的去做，从而使为自己预备的福乐（在个人看来应是更大的福乐）实现。在此过程中，有一个人神之际的互动，如果人的行为发生了不良变化，上帝的给予赐福的条件就会被更改，原有的预备也就被取消。上帝预见人会滥用自由而作恶，但他会允许人这样做，并预定下对人的惩罚。在《圣经·列王记》中记载了大卫王的故事，大卫开始严格遵循上帝的道，上帝使他由一个牧羊人而变成国王，但后来大卫为夺取其他已婚妇女而犯罪，受到上帝的惩罚，被儿子所追杀，大卫在途中认识到自己的劣行，从而谦卑反省认罪悔改，又得到上帝的原谅。从整个《圣经·列王记》记载的国王身平事迹、荣辱兴衰等来看似乎向人传达这样一个的信息：上帝的恩典是向所有人敞开的，得救领受的关键在于个人。如果人对上帝的规劝不以为意置之不理，上帝也不能也不会施加特别的强迫，但个人就应接受上帝的惩罚。

诚然，这样一来的话，似乎就要承认在上帝的意识里，人在被造成时已经被分为了三六九等，不然何以有的人一辈子享福，有的人一辈子受罪而没有解脱；其次，要承认上帝在给予赐福时也是有差别的，不然为何有的人在患难时祈求就有回应，而有的人却看不到一点来自神圣的光照呢？在阿奎那看来，在上帝的安排中确实如此，但这种计划深藏于上帝的理智之中，世人是无从知晓的，不到人自身在地上死亡的那一刻，谁都不能预测自己下一步

---

87 圣经·马太福音[M]. 19：12-27. 简化字新标点和合本. 2000 年 10 月.

的发展趋势，因而人的发展存在着多种的可能性，上帝的显善导善需要众多悔改者以及在世人看来不可思议的奇迹来为其大能作出注释，为世人行为增添新的示范。

基于阿奎那的看法，人向上帝回归的过程实际也是上帝给以赐福从而使人的潜能得到发挥的过程。上帝有时通过一些特定的个人虽然他们有着卑微的处境起点（包括出生、智力、财富）等，但由于他们信奉上帝并得到上帝的赏识而实现了在其通常条件难以实现的事情。上帝可以通过个别人的人生提升奇迹来向世人展示他的全能：可以让卑微者升高，也可以让居高位者降低，因而个人如果真心信奉上帝，并按照上帝的要求行事就会得到上帝的赐福，就会实现连个人自己也不可想象的事情。

上帝虽知道每一个人行为的可能后果，但在结果没有出现之前，仍然希望人能弃恶从善回归到他的面前。《圣经》中耶稣反问："你们中间，谁有一百只羊失去一只，不把这九十九只撇在旷野，去找那失去的羊，直到找着呢"[88]？救人也是如此。

2. 人的行为是自身选择的结果

预定是会确实无疑不可更改的达到其预定的效果，但却不能把它理解为这种预定已经加给某种事物以必然如此的趋势，事物每一个细节都按照必然的预定一毫不差的发生。在阿奎那看来，"预定极确定的、绝不会错地达到它的效果，但却不加给必然性，即它的效果并非是必然地或不得不然地发生……有些事物的发生是偶然的，它们取决于上帝的照顾为这种效果所安排的近因的条件"。[89]也就是在阿奎那看来，预定只是就人最终的行为趋势及可能的效果而言的，人要想达到这一个特定效果，仍需要人借助于外在的人世间的努力，而相关的实现条件的预备，尽管有上帝的安排，但人毕竟是在具体社会中生活，面临着多种因素的包围，面临着多种路径的选择，因而通达具体预定的近因的选取仍带有多样性，不确定性，并非必然的选择某一个特定因素、途径、历程。根据阿奎那的观点，虽然上帝会给人的判断奠定一定的类属的倾向性，但人往往基于自己的理解去进行选择，"有两个外在的原因引发人的行为，一个是上帝，第二个是人类的理性……人们自然而必要地追求幸福，

---

88 圣经·马太福音[M]. 15：4. 简化字新标点和合本，2000 年 10 月.

89 （意）多玛斯·阿奎那. 神学大全（第 1 册）[M]. 高旭东，陈家华译. 高雄：中华道明会，台南：碧岳学社联合发行，2008：366.

但并不自然而必要地倾向于把某种现成有限的善（金钱、财富、权力、知识、德行等）作为幸福的基本要素。人们的意愿通常按照自身的方式去趋向善，但基于通常的经验它只会遭遇这种或那种善，而非善本身。"[90]

只是就人已经做出的选择和随后的历程而言，预定具有确实性、唯一性和不可更改性，就如当时人们自我选择可能有多种选项，但人们事后总结历史，就会发现人们总是在进行着特定的选择，尽管他有多种的可能性，由此，就后人而言已经发生的历史就具有固定性和不可更改性。它是人自由意志随意选择之后的结果，后人发现它具有非彼即此而独特的特定过程和效果设定，只是人很难预知将会发生的事情，而上帝早已了然于胸罢了。就人而言是主观任意的未定项和未定结果的选择，在上帝那里则早已预知了可能过程及其效果。

3. 不能加以选择的部分仍留有自由选择的空间

"就对具体处境的认知而言，自由首先关涉到的是整体和部分的关系；就认知付诸行动而言，自由其次又关涉到认知与行动、潜能与现实的关系……当其未发，则隐匿为潜能，当其已发。则呈现为因缘。"[91]因而对人类具体个体的自由意志还需要结合整体来加以考察，是否社会提供的选项非常有限。

上帝的有一些安排提供了人行为判断的基础和环境，这不是人所能加以选择的，如人的生死，人处于什么样的环境，面临什么样的问题，人会遇到哪些对自己思维方式起决定作用的因素或实践，人做出一些选择造成什么样的后果并不由人自身所决定，因而回馈给个人什么样的确信等是个人不能选择的。在这些状况下，人是否就被逼迫进入了一个死角，只能进行着非此即彼的非自愿的选择呢？诚然，人是否属于被迫或是自愿必须根据整体环境来加以考量，正如谢林所指出的，"除非一组音符已经构成和谐的曲调，否则单独的音调既谈不上有和谐也谈不上不和谐；除非人拥有人格的统一性，否则就不存在原则的分离和善恶的可能。"[92]那么上述不能选择的因素是否危及到了人的自由意志的发挥呢？答案是并没有，因为这些只是大的环境，尽管对人具体行为的选择影响很大，但仍留有人具体选择的空间。

---

90 Kevin M. Staley，*Aquinas: Compatibilist or Libertarian?* The Saint Anselm Journal，2.2（Spring 2005），p 74.

91 韩潮.海德格尔与伦理学问题[M].上海：同济大学出版社，2007：233.

92 转引自韩潮.海德格尔与伦理学问题[M].上海：同济大学出版社，2007：228.

这就类似于人购买彩票。对具体人而言，外界所透露的信息就是游戏应有的规则，以及只有购买才有中奖的可能性。那么个人是否对外界有人中奖无动于衷，或是鄙夷不屑，或是抱着或随缘，或刻意追求的态度，完全在于个人。因而就人所处的第一个层面而言，人所面对的是上帝已经启示出来的规则，这个规则是人因为生于具体的社会而自然而然的获得。对于外界的事物是否去参与，抱何种心态、何种目的去参与主要取决于个人，因而第二个层面，人在具体的行为选择过程中是有完全的自由意志的。人既然出于自身的欲望、理性等进行了发动和评估，那么出于自己意愿的行为所造成的后果必须由个人来承担。因而第三个层面，人因自己自愿的行为选择必须承担相应的行为后果，必须对自己的行为负责。那么很明显，人是否能接触到应有的事物或真理，对一个人的具体行为选择至关重要。如果一个人尽管有着健全的理智，但因为环境的限制没有接触特定事物的可能，那么至少这个人就不应为此承担过多责任。如并不是每一个地方都有彩票的投注点，并不是每一个人身边都有购买谈论彩票的人。因而第四个层面，那就是，影响人做决定的外在因素到底是谁提供的，是否是上帝通过环境的安排，使人向某个方向做出决定。还有人做决定时有一定的倾向性，这趋势来自于自身还是外在因素，或着说，上帝让人注意观察到的现象是否是平等的均衡的，还是明显非对称的从而对人进行引导和暗示。因而第五个层面就是，能够对自己决策起作用的是否来自于自身无法控制的外界。还有人所作决策所带来的结果是否是上帝特意安排的。如果是特意安排，或让某些方面的失误密集出现，岂不影响了人的决策。是否有上帝直接参与个人具体事项的抉择，或者说是否是上帝有时直接操纵着个人的决断。因而第六个层面就是，自己的决策过程是否受到了某种不为人知的潜意识控制。

对于上述多个层面的问题，我们可以结合阿奎那的观点进行如下分析：每一事物都有上帝所规定的特殊本性，或事情应当发展的规则或趋势，也即预定。但由于人受主观认识能力、需求、情感、兴趣、好恶等和客观社会、科技、政治、经济等发展阶段特征所限，因而对一些事物的理解就打上了人类自身、族类、社会、历史条件及个体独特特征等方面的限制，因而对一些事物的理解和应用就与上帝本有的安排和预定不相一致。如一个事物主要用于充当食物的功效，而人却认为它有美容的功能，就出现了在人追求其美容的功能，而在上帝那里，它只是起不使人饥饿的作用。在社会历史领域也是如此，如国家在上帝看来不过是引导人们更好更快地趋向天国的一个中介，是人通达理想之途换乘的工具，而有些人却把它作为神圣的最终的追求，因而即或人们付出了再大的代价，它最后的效果也是和上帝的安排相违背的。

不过，我们必须看到，正是在"可欲为之善"的追求中，人获得人生的真切体验，总结各种生活的信条，以之指导自己的行为。而这一点会激发人探求外在世界规律的热情，按照自己的理解创造有利于自己发展空间的动力。人按照自我的理性计算评估而去行动，从而使不同人之间的行为及其效果之间互为存在和发展的条件。当某些条件一旦具备，往往就会出现特定的效果。因而上帝为了达到某种效果，有时为了使这种结果不至于过于突兀，或为了让人凭借着自己的理性在日常中就能识认这种因果的关联，就借助于人自身的特定的不完善的理解和不全正确的行为去达到超越主体自身之外的客观的目的。如对犹太人的惩罚，是利用邻国国君对土地、财富、权柄等的贪欲。

4. 上帝即或对某些事情进行了预定，也并不意味着不需要被预定者的配合

个人在世间的一切行为做得好坏，都是个人得救的一个重要方面。如人的祈祷，行善等，在阿奎那看来，"正如上帝为产生自然之效果，也规定了为产生这些自然效果所不可或缺的自然原因，帮助这些自然效果的产生；同样，上帝预定某人得救，亦规定了凡是帮助人得救的事，或是自己或别人的祈祷，或是别的善工，或是其他诸如此类的事，也都在预定的范围之内；没有这些帮助，这个人便不会得救。"[93]也就是说，一个人通过什么样的途径，借助于什么样的方式获得预定，都在上帝的安排和预料之中，每一个条件的准备和实现，是必不可少的，因而即或人预先知道了自己的被预定，仍需要积极创造条件包括祈祷行善等，"因为藉着这些善行和祈祷，才能确保预定效果之应验。"[94]

如即或某人被预定要成为一个主教，也不意味着他什么事情不做就可以只等预定的时间一到，就自然而然地成为主教。我们知道，任何人世间的事情必定要借助于人间的力量才可更有说服力才更为人们所向往所希冀。在特

---

93 （意）多玛斯·阿奎那. 神学大全（第1册）[M]. 高旭东，陈家华译. 高雄：中华道明会，台南：碧岳学社联合发行，2008：372.

94 （意）多玛斯·阿奎那. 神学大全（第1册）[M]. 高旭东，陈家华译. 高雄：中华道明会，台南：碧岳学社联合发行，2008：372.

定事情如成为一名神职人员都有其资质、阅历、教育、程序等方面的限制，而这些都需要特定的人员在世间一件一件的去满足。而这些都是在人的理性、习惯等的影响下进行的，因此，个人即或感受到了上帝的召唤和神恩，也必须积极主动地去解决在实现上帝预定路途中的各种困难。因而可以说，就人而言，预定是一种待实现的可能性，它给人以指引和希望，赐人以信心和力量。它让人在遇到逆境困难之时仍心怀盼望和信心，在滨临绝境中仍执着坚守，在混乱茫然中仍坚信上帝的拯救，在直面死亡非难时仍无悔于自己的选择。

是否上帝为同类中的具体个体都设定了可能的限度，规定了命运呢，人所行的只是按照上帝的引导去实现这最大限度呢？如上帝是否规定一个人将来的职业就是农民，是否就不可能变成其他的从业人员，不应该这样看。《圣经》中就有明确的记载，上帝曾明确的给予诸如赐福、增寿的承诺，但上帝并不是无条件的、绝对地给予，上帝通常是讲，如果某个人或群体遵循他的话，按照上帝的要求去做，这个人或群体就会得到上帝的报偿。如果这个人或群体不按上帝的要求来做，那么应许的福乐就因这个人或群体的事先违约而取消。这就好比《圣经》上的另一个事例，上帝大摆宴席，对所有熟悉的人发出邀请，那些人到来后上帝自然会给以好的款待，但有的人却找各种类型的理由加以拒绝[95]。基督教所传的教义不过是一种启示录，它向人展示、指明了人当行的路当做的事，教导人坚定信念避免社会中各种的诱惑和干扰。其他不符合教义的学说容易对人进行误导，人在这种理论上建立的信念就如"把房子盖在沙上"，由于根基不牢，终必倒塌朽坏，而应以基督的话为准则，"把房子盖在磐石上"，就牢不可破，凭借着上帝的赐福，人就可以坚定意志，通过过有德性的生活，顺利走完往天国的尘世生活，而不至于偏离正确的航线。上帝创世是为了充分地最大限度发挥每一物体的内在潜能，以每一具体事物的最大彰显善来展现上帝的至善。

即或有人能够提前获知自己将得的预定，这恩惠的实现仍需要人的积极主动的配合。因为上帝的赐福是一种全体的恩惠，它是面向无定型的全体，而个人要想获得，必须使自己符合上帝的要求。

预定如同选择一种药物，达到特定的医药效果，因而上帝进行着特定成分的选择。虽然每种成分在某种预定效果中会起作用，构成药物分子链条的

---

95 圣经·马太福音[M]. 14：16-24. 简化字新标点和合本，2000年10月.

某种成分，但并不是每一个人都是无可替代的，只是因为个人从属于某一类别，或者自身中含有的个别特定而非全部的成分，起了作用。因而，上帝有时为了促成某种自然效果的出现，就需要特定人物来充当某个角色，但他是以类来选择的，就如构成水，需要氧和氢原子，但到底是那个氧或氢原子就带有偶然性，呈现着向外敞开，非决定非必然的特点。还类似，一快漂浮移动的热气团，它遇到冷气团就会造成雨雪的出现，但与哪个地方的冷气团相遇，多大的气团，就有很大的偶然性。

由此，是否可以理解，上帝确实会为了特定的效果，预备下对人的恩惠和惩罚，但有些情况下它只是一种条件、趋势的预定，只要任何人达到了预定满足的条件，任何人都可以获得。因而就个人而言所最应当做的就是明白上帝的要求，积极地去实践然后满足这样的条件。

预定只是一种可能性，能否成就还取决于个人的行为。原因在于上帝促成一个事情的方式，可以有两种情况，一种直接促成，完全的必然性；一种借助于现实中的具体事情，创造条件间接促成，它的发生可以加添一定的或然性。预定有些就是上帝借助于外在条件间接促成的。它需要人的配合。人的行为并不是改变外在的条件而是促进条件的尽快实现。

（三）预定并不导致人的绝望而会激发人的自由意志

因为有预定的存在是否"会使未得预定的人绝望，而使被预定的人因有保证而产生懈怠"。[96]阿奎那认为并不会如此，因为谁会获得预定以及通过什么方式获得，世人并不清楚。"但为什么他选这些人进入光荣，而摒弃那些人，除了天主之意志之外，别无其他理由。"[97]上帝可以给予任何人以任何恩赐，由于恩赐来源于上帝，上帝并不亏欠任何人。因而人即或境况不如意也不应抱怨，应积极去争取好的果报。

1. 只有上帝知道谁可获得拯救，因而为了获得拯救，必须发挥自由意志去追求

在阿奎那看来，那种类似佛教说辞前世的积善，所以带来获得上帝的预定的说法是不成立的，人后天的行为境况在人还未成形之前就被上帝所安排，

---

96 （意）多玛斯·阿奎那. 神学大全（第1册）[M]. 高旭东，陈家华译. 高雄：中华道明会，台南：碧岳学社联合发行，2008：354.

97 （意）多玛斯·阿奎那. 神学大全（第1册）[M]. 高旭东，陈家华译. 高雄：中华道明会，台南：碧岳学社联合发行，2008：365.

他引用《圣经》的话证明说，"当时双胎（厄撒乌和雅各伯）还没有出生，也没有行善或作恶，就有话说：不凭人的行为，而只凭天主的召选，年长的要服事年幼的。"[98]

是否是人现世的善行感动了上帝因而获得预定呢，阿奎那认为这种观点是颠因为果，如果没有上帝的支持人们是不可能有行善的效果，"所以不能说，在我们内起初或开始有什么是预定之效果的原因。"[99]

是否因为禀赋的差异有的人会善用上帝的恩典，所以上帝就把恩典赐予他呢？阿奎那认为这种观点也是有问题的，它似乎高抬了人的理性，但却把恩典和自由意志的来源分开，没有认识到两者都来自于上帝，因为"那藉自由意志而有者，也是出于预定"。[100]阿奎那的这种说法，似乎与加尔文的预定观点相当相似，即人的事功与是否得救并不相关。是否有得到特定优惠的数目等方面的限制呢，阿奎那认为并没有，上帝根据使世界和谐美好的需要来决定得到特殊优惠的数目。

从上述的分析可以看出，阿奎那为了突现上帝的恩典的先在性、永恒性和神秘性，就把恩典的施予完全交给上帝，是人白白地接受上帝的恩赐，"人本质上是在旅途中。他所追求的目的，是某种一旦达到就能弥补其一生全部过错的东西。"[101]但人往往自身并不清楚何者真正为善，因而人的追求就可能并不能追求到善。上帝通过耶稣基督的流血献祭从而为全人类赎了罪，使获救向每一个人敞开。"在拯救概念中，人的求善活动转变为接受上帝的祝福。人无法依靠自己的求善活动而得到善。但是，当善的源泉即上帝把善赐予人时，人就在祝福中得到了善，从而实现了自己对善的追求。"[102]

---

98 （意）多玛斯·阿奎那. 神学大全（第 1 册）[M]. 高旭东，陈家华译. 高雄：中华道明会，台南：碧岳学社联合发行，2008：362.

99 （意）多玛斯·阿奎那. 神学大全（第 1 册）[M]. 高旭东，陈家华译. 高雄：中华道明会，台南：碧岳学社联合发行，2008：362.

100 （意）多玛斯·阿奎那. 神学大全（第 1 册）[M]. 高旭东，陈家华译. 高雄：中华道明会，台南：碧岳学社联合发行，2008：363.

101 （美）麦金太尔. 追寻美德伦理理论研究[M]. 宋继杰译. 南京：译林出版社，2003：175.

102 谢文郁.自由与生存：西方思想史上的自由观追踪[M].张秀华，王天民译.上海：上海人民出版社，2007：3.

2. 对一部分人的不预定并不存在不公平，人不必自怨自艾，必须积极 争取

预定是上帝对人的照顾，是引导人接受上帝恩惠的一部分，允许一部分人获得恩惠，也允许一些人不能获得这种恩惠。原因就在于上帝虽然爱一切人和一切受造物，也愿意他们都分享其美善，"但不是愿欲他们每一个都获得所有的善或每一种善"，[103]因而不同人在获得恩惠上存在差别就是自然而然的了。

从人神之间的不可逾越的差距来看，上帝创造世界是为展现其美善，但单一的被造事物因自身形式质料所限不可能充分表现其美善，必须多种事物相互配合。"为了宇宙的完备无缺，必须有不同等级的事物，它们在宇宙中，有些占高等地位，有些占低等地位。"[104]因而有些人获得预定有些人不能获得预定也就具备一定的必然性。

为什么某些人被预定，而另一些人被排除在外，在阿奎那看来，"除了上帝的意志之外，别无其他原因。"[105]犹如同是原初质料，本身并无甚差别，但在上帝进行创造时，有的被给予火的形式，有的被给予水、土等其他形式，并没有特定的理由。如果一定要问，只能说服从于使世界丰富多彩这一总目的而出现差别的。上帝是世界的创造者，他可以决定他所认可的任何方式，他有权决定哪些人应被拣选，哪些人不被看好。

为什么都是上帝所造，如此人性上既然所有人都是平等的，仅对其中的一些人给以照顾，却只是使一部分获优惠，对其他人是否不公平？在阿奎那看来，需要从上帝是否对人有所亏欠这个角度来加以说明。在日常交易中，如果一方受了对方的恩惠好处，没有回报，自己就会觉得这对别人不公平。如果是自己从自己口袋里拿钱出来且自己并没有这样的义务，那么给张三五十李四一百，虽有差异，却谈不上不公平，得钱的人不能因所得不同而感到不公平。类似的，任何事物都来自于上帝，可以说一切都拜上帝所赐，被预定的福分既然是白白的给予，不是人所能挣得的，上帝把特殊的照顾赐给谁

---

103 （意）多玛斯·阿奎那. 神学大全（第 1 册）[M]. 高旭东，陈家华译. 高雄：中华道明会，台南：碧岳学社联合发行，2008：358.

104 （意）多玛斯·阿奎那. 神学大全（第 1 册）[M]. 高旭东，陈家华译. 高雄：中华道明会，台南：碧岳学社联合发行，2008：364.

105 （意）多玛斯·阿奎那. 神学大全（第 1 册）[M]. 高旭东，陈家华译. 高雄：中华道明会，台南：碧岳学社联合发行，2008：365.

对其他的人都不亏欠。《圣经》中也有类似的说法：耶稣基督曾打比喻说，天国好像主人清早出去雇人进他的葡萄园打工，讲定一天工价是一钱银子，就有人进去打工，后来在不同时间看见还有人在等待雇佣就也请他们进园帮忙，后来结算时都给一钱的银子，早进园打工的人就抱怨不公平，主人就回答到："朋友，我不亏负你，你与我讲定的，不是一钱银子？拿你的东西走吧，我给那后来的和你一样，这是我愿意的。我的东西难道不可随我的意思用吗？因为我做好人，你就红了眼吗？"[106]世间一切都来自于上帝的恩赐，因而都属于上帝的东西，上帝对他自身的事物他有最终的支配权，既然世人都对上帝无所损益，"如果是由于施恩而给东西，只要不亏负任何人而损及公道，则一个人可随意愿意给谁就给谁，愿意给多少就给多少"，[107]都是公平的，由于预定这种恩惠就是从上帝那里白白的获得，上帝无偿地赐予，因而他想赐予谁就赐予谁。

当一个人处于社会时有时会身陷险境，处于绝望边缘，是否自身就进入了被摈弃的行列？在阿奎那看来，个人必须要保持独立判断，不能以通常认可的标准去评判去约束改变自己，必要时不惜与社会抗争决裂，甚至于牺牲生命，这更需要发挥自由意志。

从上述的论述我们可以发现，基于浓厚的基督教信仰，阿奎那认可上帝全知全能的判断，如果还有上帝无从影响的事物那就说明上帝并非全能，如果还存在发展趋势独立于上帝的观涉那也就说明上帝并非全知。为了支撑自己的信仰，阿奎那认为上帝确实从世界被创立的一开始就对一切进行了安排，对特定的人员进行特殊的超越其能力范围地帮助其通达上帝的安排的预定，而这种预定其实不过就时空之中的人而言是一种确实性预知。

但阿奎那又必须面对现实社会中存在的罪恶问题，必须从理论上给更多的把天国的门票作为目标和追求的人以希望和许诺，为此，必须设定人具有自由意志，人自己的行为的作出更多地来源于个人的理性与情感等的自我选择。基于这样的考虑，阿奎那认为，上帝对世间事物的安排，更多的是提供启示和个体选择的大的背景，使人由无知变为有知，由自然人变成社会人，在对外界观察对比、分析评估的过程中，实现灵魂与外在的互动，从而在具体事项中作出自己的选择。

---

106 圣经·马太福音[M]. 20：13-16. 简化字新标点和合本，2000 年 10 月.
107 （意）多玛斯·阿奎那. 神学大全（第 1 册）[M]. 高旭东，陈家华译. 高雄：中华道明会，台南：碧岳学社联合发行，2008：365.

在阿奎那看来，上帝赐予人的自然法的印记理性对人的决断和意志的发动起着关键性的作用，所以人的行为更主要的还是人自我主动选择的结果。尽管有一些因素并非由个人来加以选择，但上帝仍然在不能选择之余留有可供选择的可能。这种人需对自我行为负责的观点就调和消弱了预定论下人对自己命运把握的无力感。

针对给予一些人以照顾是否对其他人有违公平的问题，阿奎那认为由于人凭自身的本性不足以使自身能够趋近上帝，因而对某些人的特殊照顾就只能来自于上帝的怜悯和恩赐，既然恩赐是白白地给予，那么上帝给予任何人对其他人都不存在亏欠。由于上帝并不告知谁属于被预定的对象，因而为了获得永生，人还是应积极地去生活去追求，这样就把上帝的前定和人今生的主观主动的追求很好地结合了起来。

第三章　通过内塑德性使人趋向至善

至善既然作为人所追求的最后目标存在于人的希望之中，指引着人们的前进方向，规范着人们的行为预期，那么如何才能使自己与所期望的目标靠得更近呢？在阿奎那看来，通过上帝先天所赋予的禀赋良知良习作为基础，人就具备了向善的倾向性。如果再加以有意识地培养锻炼外化为良好的行为习惯，内化为良好的德性，两者习惯和德性就会相互促进，德性的流溢显现为良好的行为，良好的行为习惯的形成和应用又促进德性的巩固和提升。人如果有意识地使自己超越于具体的尘世的生活，那么接受和深化神学德性就对自己追求更高的目标显得非常重要。我们先看看他是如何分析人有向善的天性的。

第一节　先天赋予的人的本性是实现至善的基础

西方思想中长期将人与自然相对立，自然是在人之外的。对阿奎那而言，不仅自然是在我之外，超越的精神层面的天使、上帝更是与自然存在着截然不同。物质肉体附身的人如何认识外在世界以及超越的上帝呢？阿奎那引入人有先天的禀赋的观念，以之作为人思考感知上帝的基础。

一、良知是判断善恶的标准

阿奎那在伦理思想中有一个十分明确的观点，因为人来自于上帝，所以人的行为、意向、最终的目标，都在于个人不论自觉或不自觉地都受上帝所支配、所引导，去向往上帝、追求上帝。

人由于是按上帝的形象所造，因而就是一种"被赋予自由意志和自我运动的存在物"[1]，在此基础上我们就可以来区分、评价具体的行为，指出哪些是被允许接受的而哪些是应受谴责的，哪些应被抛弃的而哪些是应当认可、提倡的。积极的方面加以保留、巩固、形成习惯，内化为良好德性，对于人的求知、生活乃至引导他人过一种好的生活，追求至善都是非常必要的。而这首先可以从明确人的行为和人性行为的区分开始。

（一）人性行为都指向上帝

1. 区分人性行为和人的行为

阿奎那认为，在人具体做什么事情时，有些行为是没有经过人的理性思考而作出的，它没有明确的目的，甚至连自己也没有注意到它，如在一个人挪动手脚时，不自觉地摸一下自己的胡须。这种没有经过理性的判断、意欲的推动的行为，就被阿奎那称为"人的行为"。然而，"人之所以不同于非理性生物就在于它是自身行为的主人"[2]，在于人通过理性和意愿可以自己选择自己的行为，而不是像非理性生物那样只能被动地服从于自己的本能。阿奎那指出，"有的东西按天性是自动自发的，能主宰自己的行动；上帝对这些东西之治理，不只在于上帝从东西之内部加以推动，并且以命令和禁令，赏与罚，使之向善避恶。上帝不是以这种方式治理无理性的东西——这些东西只能被动，不能主动"[3]。因而自由意志就被认为是理性意愿的能力，在其基础上的行为就被称为"人性行为"即与人性相符的行为。既然这种行为来自于人的有意识地选择，那它就有一个意愿的对象。因而，"所有的人性行为都有一个目的"[4]。由于每个人都把自己所意欲的事物都看作是善的，因而也可以说所有的人性行为都是善的。

通过理性分析自己的目的、要求，通过意愿驱动自己的躯体、器官等所产生的人性行为，就有着很强的目的性、自愿性。它的目的通常来自于两个

1　Thomas Aquinas, *Summa Theologica by Thomas Aquinas*, Fathers of the English Dominican Province, Benziger Bros. edition, 1947, p. 776.

2　Thomas Aquinas, *Summa Theologica by Thomas Aquinas*, Fathers of the English Dominican Province, Benziger Bros. edition, 1947, p. 777.

3　（意）多玛斯·阿奎那. 神学大全（第 3 册）[M]. 刘俊余译. 高雄：中华道明会，台南：碧岳学社联合发行，2008：345.

4　Thomas Aquinas, *Summa Theologica by Thomas Aquinas*, Fathers of the English Dominican Province, Benziger Bros. edition, 1947, p. 776,

方面，或来于自然的欲望，如由自然倾向如饮食及生育引发的求食、求偶活动，或来于理性的欲望，如对知识和真理的探求等。人性行为应是自觉主动的，动力来自于自身，而非外界所迫。

而对于自然物，由于缺乏理性和智慧，就不可能理解行为的愿望、目的，要么被感官的愿望所推动如所有生物的求食行为；要么被自然的本能倾向所运动如石头的下落；或被他物所推动如箭被箭手射向一定的目的。它们由于没有自我意识，只能作为服务于特定目的的工具而被引向某一个目的。

在阿奎那看来，每一项运动都可分为行动和愿望两个方面，每一方面都可以从行动中得到说明。行动不过是一项运动的原则，愿望不过是运动的目的、终点。正如加热，加热的行为不过是某种获取热的运动，而加热的愿望不过是目的的完成即获取热。所以人性的行为，也可以从这两方面加以说明。人以自身行为推动自己的运动，来自于自己的有意识的愿望，行为的最后愿望的实现也就是目的的完成。人性行为由于有一个终点的追求，是与善相关的，是可以通过道德来加以分析评价的，因而阿奎那说"道德性为是和人性行为相统一的"[5]。

阿奎那的这种"人的行为"和"人性行为"的区分，实际上想强调并非所有的由人所产生的行为都是人性行为。只有那些经过理性判断并经意志自由抉择的行为，才可称为与人的本性相符的行为，才会有道德的评价，善恶的分野。相反那些自然的、本能的、无意识的行为像生长发育、条件反射、习惯性动作等，虽然对于满足人自身存在和发展有一定的作用，但与自然界其他生物在自然本性作用下的行为差别不大，基本上都是些生理现象，无涉于道德评价。如果人的行为由于非经由自己的思考判断后而作出，就不能算作人性行为，这种行为就不能展现出人的本性成分，顶多算作在特定条件下的应激反应，即使有快乐也是未经审查的快乐，而在苏格拉底看来未经省察的人生是没有价值的。所以作为人如果逃避思考，随从大流，去过一种世俗的肉欲生活是不对的，真正应追求的乃是有目的指向的人性行为。

2. 人性行为都指向上帝

在阿奎那看来，人可以在理性的引导下，凭借意志的能力即自由意志对自己的行为进行控制，从而驱使自己的行为朝向一定的目的。目的实际上是

5　Thomas Aquinas, *Summa Theologica by Thomas Aquinas*, Fathers of the English Dominican Province, Benziger Bros. edition, 1947, 2-Ⅰ：1, p. 779.

行为所要达到的终点，因而就是行为的本质和规定，而非外在的成分。由于目的从属于愿望，是预先存在于意愿里面的将要实行、展开的计划，因而有什么样的行为目的就对该行为是善的或恶的给予了规定。而这实际上就有着行为的动机决定着行为的性质的含义。

其实根据行为的动机来对行为进行道德评价，在现实中是比较复杂的。阿奎那也认识到某种行为的发生，虽可从最靠近它的目的来加以定性，但通常它的出现并不仅仅服务一个目的，还有较远的目的。如杀死一个人，既可能是为了捍卫正义，也可能是为了让愤怒的人满意。这样服从于不同的目的，"就会有不同道德类型上的不同行为，既然在一种方式上是德性的行为，另一种方式就是邪恶的行为"[6]。不同的角度就会有不同的善恶认定，因而这对应的多个目的似乎只能算作偶然的目的，偶然的目的因是不可能成为人行为的最终目的，必须根据行为者自身的主要愿望来加以判断。阿奎那的这种观点实际上为他在信仰上的意志高于理性奠定了基础，因为决定人的行为高尚与否、善恶分际标准的主要在于人在作出这个决定时的意愿态度，而不是理性的算计，只要出发点是好的，行为就可以看作是善的，因而人就应时刻注意自己的修养，用良好的愿望来处理周围的关系，为目的而目的，这有些类似于康德后来提出的：人与其他事物区别的关键在于人是唯一可以不服从本能、必然的事物，是唯一可以抛开功利、欲望等对自己的诱惑和干扰而按照理性自由行事的事物，因而在道德实践中人应听从良心绝对命令的召唤。

而人的意愿是行为的原则，是行为发展方向、方式的规定，没有意愿，就没有能力来驱动欲望。行为的执行必须内在的有一个开始，如果没有开始，行动也就无法进行。意愿的原则是限定最后的目的，而实施的原则是对被最后目的限定行为的开启。在阿奎那看来，不论是行为的原则、意愿即所要追求的目的，还是行为实施的初次亮相，设想中虽然都可以不加以限制，但事实上是不可能的。在阿奎那看来，如果不能确定行为的最后目的，就不可能有任何的具体运动。"如果没有第一推动者，也就不会有其他的运动，因为他们只能被第一推动者所推动"[7]。所以审察人的有意识的行为的动力，最后必定可以推到一个最后目的即上帝或至善那里。

6　Thomas Aquinas, *Summa Theologica by Thomas Aquinas*，Fathers of the English Dominican Province，Benziger Bros. edition，1947，2-Ⅰ：1，p. 779.

7　Thomas Aquinas, *Summa Theologica by Thomas Aquinas*，Fathers of the English Dominican Province，Benziger Bros. edition，1947，2-Ⅰ：1，p. 780.

阿奎那认为，人不可能把多个的最后的目的作为对象来加以追求。原因在于：首先，任何事物都追求自身的完善，希望在最后阶段所有的愿望都被实现，如果所有的愿望都被实现了，也就不可能再有另外的还再要求加以完善的事物。因而趋向多个事物，且把他们都看作将待完善的事物是不可能的。其次，自愿的行为在行为的目的中获得自己的区分。正如一个自然物根据它所具有的和其他事物具有的共同形式而放置在一块，人的行为需要根据共同的特点而获得规定。由于本性上的相似同属一类，人性行为，就会有一个共同的最后目的。

3. 人意欲的最后目的是至善幸福

在阿奎那看来，人所追求的善，尽管有多种类别，如有的追求财富，有的追求快乐等，但这些追求都是人在善的名义下进行的，因为凡是人所追求的事物，尽管本身作为行为的目的或者是有缺陷的，但在个人看来作为引发行为的内在终点是善的。人们所追求的善，可以有多种的类别，或者事物本身就是善的，或者在个体主观看来是善的。正如人们在什么是甜上有分歧一样，有人以酒的甜为美，有的以蜜的甜为好，有的人有着其他的观点，但在甜对于那些有着最好的品尝能力的人来说，可以获得最大的快乐一事上人们并没有异议，因而撇开具体区分，甜是绝对最令人愉悦的东西。同样，尽管人们追求的具体的善有所差异，但都是善的是相同的，因而善也就是所有人愿意追求的事物。

人们所追求的在人看来都是善的，哪一种又更善一些，或那一种才是应当追求的最后目的呢？阿奎那通过列举人所认可的众多的善，对之加以一一排除，最后归结出他个人的观点。我们现在来看一看他是如何论述的：

财富不可能成为人的最终目的。在阿奎那看来，因为自然的财富如事物、住房、工具等不过是满足人们自然需求的工具，而人工财富如货币等只是在人有需求时才会涉及的事物，是人的目的获得过程的衍生物，属于非必然的事物。在阿奎那看来，最后的目的应是自满自足的，但人对财富的追求却是永无止境的，而人的精神的需求不可能通过财富的获得而得到满足。

尊敬不可能成为人的最终目的。在阿奎那看来"并非尊敬使人优秀"[8]，相反，个人是因为优秀而获得尊敬。个人获得尊敬是因为自己在某些方面的

8　Thomas Aquinas，*Summa Theologica by Thomas Aquinas*，Fathers of the English Dominican Province，Benziger Bros. edition，1947，2-Ⅰ：2，p. 786.

优秀，也是个人已经拥有的优秀获得承认的标志，但个人是因完善而获得尊敬而非为获得尊敬而优秀。另外尊敬是从并不比自己更优秀的人那里获得的，说明它并非一定是最完善的，可能是错误的。如果一个人为了受到别人尊敬而努力，那他的行为就不再是为了德性，而是为了自己的野心。

名声和荣誉不可能成为人的最终目的。在阿奎那看来，名声和荣誉不过是被熟知和被赞扬，而这都和人所拥有的具体知识有关，知识的结构、内容等直接决定着一个人对其他事情的评价，因而一个人是否获得名声和荣誉就具有极大偶然性、随意性、不稳定性，甚至欺骗性。

人的身体也不可能成为人的最终目的。在阿奎那看来，作为身体重要特征的健康、美丽、力量等不仅为善人所拥有，而也为恶人所具有，这些特征也是不稳定的，不同的人就有不同的个人看法，因而本身不具有实在性。人的肉体对灵魂虽有支撑的作用，但肉体是从属于灵魂受灵魂支配的。最后的目的应该是对灵魂、肉体都是最好的，而不应只是其中某一个方面。从自然界的事实来看，某些动物在身体的功能等方面比人更有优势，如豹子的奔跑速度、鹰的视力等。如果最后的目的与身体有关，那么人就不可能比非理性的生物更优秀。

人所感到的快乐也不可能成为人的最终目的。在阿奎那看来，快乐可以看作欲望的满足，或在现实中，或在希望中，或在记忆里。由于人的欲望有着多种类别，如果是好的就可看作是适宜的善，如果是有缺陷的就是对善不完全地分有，或近或远，或只是表面上的。而肉体的快乐更为人们所乐道，但这种快乐不过是人的灵魂感官的一种功能，是灵魂能力对肉体的运用。它是通过与具体事物的接触、使用而获得，具有特殊性、有限性。而灵魂及人的理性却可以独立于肉体，可以对肉体外的事物进行抽象，获取普遍的、无限的事物本质，从这个意义上讲，灵魂的快乐就甚于肉体的快乐。如果把许多人乐此不疲的肉体之乐比做黄金的话，那么"所有的黄金"和灵魂的快乐相比不过"像一粒小沙子"[9]。

道德的德性也不可能成为人的最终目的。在阿奎那看来，任何道德德性的形成都不是为了本身而形成，都是为了其他目的，就如培养士兵的坚毅乃是为了获得胜利和维护和平。事实上，"仅仅为了战争而战争是愚蠢的"

---

9 Thomas Aquinas, *Summa Theologica by Thomas Aquinas*, Fathers of the English Dominican Province, Benziger Bros. edition, 1947, 2-I：2, p. 791.

[10]。培养德性是为了通过德性保存人们认为值得保存的东西，并希望将之固定下来，并加以发扬光大。另外，什么是德性，那些可以算作德性，如何培养德性，都来自于人的理性思考，德性之所以出现就在于理性的认定，可以算作理性的创造物，而处于从属地位的事物不可能成为最后的目的。有些动物自身在其行为中也会显现出自由或持久等德性，尽管它们自身并不有意识地思考。如果以德性为最后目的，是否显现得出人和动物的区别？

外在的他物不可能成为人的最后目的。在阿奎那看来，能作为最后目的的事物，应能满足、平息人的所有愿望，因人的要求各不相同，任何外在的事物都不可能实现这一种目的。而每一个事物都因分有善而存在，上帝是其动力、源泉，因而凭借上帝的全善，只有上帝才可以满足人对外物的所有愿望。另外，人只是大千世界的其中一环，也并不是世界的最终目的，因而人必须向更高的等级事物追求，而在人上的更高等级事物是天使和上帝，而非较低级的外在事物及人造物。

在阿奎那看来，人的最后的目的，即个人所有的目的最后完善的实现，不可能存在于外在的事物之中，因为它们不过是达到其他目的的手段，且有很大的不确定性；也不可能是人的身体自身，因肉体从属于灵魂；也不可能是人内在灵魂上的感觉、德性、品质，因为这些都与人的具体行为密切相关，带有很大的不确定性。那么，人的最后的目的只能是对真理的思考。

这种思考只能为人所拥有，并且只能是被思考的自身而不再有其他的目的。通过对它的思考，人自身所有的愿望得到实现，而这是自然中的任何事物都不可能做到赋予的，只有上帝才能充当这一种角色。也只有在人与上帝的呼应、契合、同一中，个人的愿望才会得到极大的满足，实现对外在事物渴求的超越。

4. 人意欲的最后目在于对上帝的思考中

"如果上帝是我们的善和最后的目的，那么幸福就存在于对上帝的获取中，其中一种的获取方式就是通过科学来掌握他。这就是整个哲学所努力的，对亚里士多德而言准确地讲就是对智慧的爱。"[11]对于没有基督教信仰的亚里

---

10 Thomas Aquinas, *Summa contra gentiles, volume 3: 34,* translated by Vernon J Bourke, new york: Hanover House, 1955-57.

11 Ralph Mclnerny, *Aquions on human action: a theory of practice*, Washington , D. C: Catholic University of America Press, 1993, p. 39.

士多德来讲，对智慧的探讨和爱是一种自然而然的事情，而对于有深厚宗教信仰的阿奎那来讲，对哲学的思考就在于追寻人们所尽可能获得的有关上帝的知识，通过这种知识，人们可以去追寻尘世不完全的幸福。

要获取更完善的知识只能存在于对上帝的默想或直观之中。通过上面的分析阿奎那认为，"如果人的最后幸福不是存在于外在的事物之中因它们与运气有关，也不存在于身体的善以及来自于感官部分的灵魂的善，也不存在于与人类行为相关的理智德性之中诸如工艺和谨慎——我们最后只能得出如下结论：人最后的幸福存在于对真理的思考之中"[12]。这种思考阿奎那认为是"唯一的与人之为人的本性相符且不与其他生物分享的人的行为……这种行为也不以其他事物为目的只以思考真理自身为目的"[13]。由于人和神一样具有存在的本质，人是上帝的肖像，"通过这种相似性，人与超越于他的事物相融合统一"[14]，而无须凭借任何外在的事物。

5. 幸福的含义

在阿奎那看来，正如一个事情被当作目的可以从两个方面来考虑：一种作为目的本身，人们希望获得它，就如守财奴的目的只是为了拥有钱；还有一种是把它当作一种愿望的达到和满足，或者是把它看作一个过程。因为作为目的，它实际上指向了一定的目标终点，一个人追求目标的过程实际上就是向目标趋近的过程。从第一个角度来讲，如果把上帝自身作为目的，幸福也就是自有的善，因上帝自身无限完满的善可以满足人的一切愿望。如果把它看作一个获得的过程，那么幸福就是对上帝的了解分享，它就是一种外在的善。"说幸福是人的最高的善，因为幸福是最高善的获取或享用"[15]，奥古斯丁也说：所有的人都追求的最后目的，那就是幸福。

当一个人有了最后的目的，并不意味着他应时时都在思考着这个目的，阿奎那举例说，正如一个人在行走时并不必在每一步都想着最后的目标一样。

12 Thomas Aquinas, *Summa contra gentiles*, volume 3：37, translated by Vernon J Bourke, New York：Hanover House，1955-57.

13 Thomas Aquinas , *Summa contra gentiles*, volume 3：37, translated by Vernon J Bourke, New York：Hanover House，1955-57.

14 Thomas Aquinas , *Summa contra gentiles*, volume 3：37, translated by Vernon J Bourke, New York：Hanover House，1955-57.

15 （意）多玛斯·阿奎那. 神学大全（第4册）[M]. 刘俊余译. 高雄：中华道明会，台南：碧岳学社联合发行，2008：32.

这样通向天国的路途的每一个环节，虽然具有工具的性质，但由于有了天国的向度，就与最高贵的事物建立了联系，尘世的生活就被赋予了神圣的意义。又由于只有走完每一段必经之路，下一步的路途才会出现，因而必须在具体行进的过程中，在面临具体细节实施过程时必须把当前的路途当作目的，才会有当下任务的完成和后续任务的开展。类如一个人在冰面上行进，不可望得太远，需先注意走好脚下的路，才不至于跌倒而顺利前行。因而，尘世的生活虽作为通向天国的中间环节，只有人一定程度上把它作为目的来追求，才会为进入天国作出必要的准备。

6. 幸福与知识

苏格拉底认为"德性即知识"，把看起来是主观评价的事物变成了客观的东西。我们知道，当我们说某一个事情值得赞扬时，实际上就表明了我们用心中已有的道德标准对其进行了评价，如果没有内在的依据，又如何能够对事物进行定性的分析？

幸福可以从两个角度来进行分析，就幸福是人的愿望的最后实现而言，它是人的完满状态由潜能到现实的过程，它表现为向理想状态推进的一系列动作。就幸福作为人追逐的最后结果而言，它表现为愿望实现后所达到的状态。

尘世的幸福与个人的认知有着密切的关系，因为它与个人的内在追求和现实境遇密切相关。个人的追求目标可以根据自己的现实情况来合理加以拟订，如果有实现的可能，通常就会极大地激发个人行动的动力。它通常需要考虑个人当前的能力素质、个人愿望以及外在的条件的是否具备等。对诸如此类的问题认识的越清楚，获取成功的可能性也就越大。如果一个人将一定的财富地位等作为幸福来加以追求，个人的分析判断越慎密，达到的可能性就越大。如果一个人对自身的要求超越了自己所能实现的可能，或者自身能力不够，或者环境不允许，个人就会陷入痛苦之中。

有必要区分另一种情况，那就是在一定公认的范围内幸福该如何来理解，就如亚里士多德所说的幸福包括以下三个要素：健康的身体，一定的财富和良好德性。只要个人同时具备了这三种要素，他就可被认为是幸福的人，因而我们会发现人们通常会以某一种通常的标准来衡量一个人幸福与否，如果我们认为某人符合这样的标准，而他自己却不满意时就有人说：知足吧，你已经够幸福的了。这里就存在着一个大众认可的幸福知识和具体个人理解幸福知识的差异。如果个人虽已达到了公共的标准他仍不满足，别人就可能给他戴上贪婪的恶名。

个人如果对自己所定的目标过低，即或有不时的满足，似乎意义不大，因为个人可能并不能实现上帝所赋予的潜能。如果定的过高，就会影响自己的士气和信心。如果与公认的标准相差太大，不论过高或过低都对自己有不利的影响。在这现实和期望，理想和认知面前如何来协调这种矛盾呢，既然尘世带来的更多的是纷争，那么超越的上帝就是人追求幸福的标准和归宿。人们对上帝的认知有助于消除现实和境遇、理想和认知的矛盾。在阿奎那看来，人是天生存在着差异和不平等的（在下一章将论述），因而人所追求的基础起点也是有差异的，上帝既然是全善仁慈的，上帝在对人进行评价的时候就应根据这种起点来进行评价，因为我们知道上帝给某些人以特殊的预定赋予这些人特殊的责任，因而追求与自己所赋予的本性相符的幸福就具有天然的合理性，上帝不会指望摩西和他的哥哥亚伦承担同样的责任，人们认定了自己的目标以后去努力追求就会应心安理得。当认为自己应有更高的追求时，就应积极地追求，要明白自己负有特殊使命。

（二）良知的涵义及作用

良知，拉丁文为 conscientia，是有 con 和 scientia 组合而成，照字面的意思就是对事物有所认知，在认识论上被称为意识，在伦理学上主要指道德心、良心。根据阿奎那本人的意思，翻译成良知较为恰当[16]。那么良知到底是指什么呢？

从词的构成来看，它意味着知识和其他事情的关系，就是知识对某种具体情形的运用，因而它"不是某种能力，而是行为"[17]。

依据阿奎那的看法，良知对人有着见证、约束、激励和责备、拷问、谴责的作用。良知是如何发挥作用的呢？在阿奎那看来，当我们做事情时，良知就将知识运用到要面对其进行处理的事情上去，具体如下：其一，良知让我们承认个体做过什么或没有做过什么，起着见证的功能。其二，良知判断哪些事情应该做，哪些应被禁止，起着约束、激励的功能。第三，

---

16 参见傅乐安. 托马斯·阿奎那传[M]. 石家庄：河北人民出版社，1997：198.

17 Thomas Aquinas, *Summa Theologica by Thomas Aquinas*，Fathers of the English Dominican Province, Benziger Bros. edition, 1947, 1：79，p. 541.

良知帮助我们判断做过的事情，做得好还是不好，起着责备、拷问、谴责的功能[18]。

从良知引发具体行为的导向来看，良知控制着行为。由于行为的累积、固化而后形成习惯，反过来习惯又影响着人们对类似事物的反应方式。由于良知对具体行为的产生起着支配的地位，因而良知也就被称为"第一自然习惯"。

良知建立的基础是人们通常自然而然秉持的习性或技能，有时称之为良心。"构成良知的习性虽然很多，但其效力皆来自一个最初的根本，即第一或基本原理之习性，也就是那称为良知者。故此这种习性有时特别称为良心。"[19]。

（三）良知的不足

人的良知是可以犯错误的。人的良知既然来自于上帝，怎么会有可能出现错误呢？在阿奎那看来，这是因为人们的意愿有时会违反人的理性。因为对于什么是善或恶主要在于人理性的认定，这种认定就有着很大的随意性，不仅猥琐的事物可以被认为是善的，而且本质上是善的事物因人理解的失误也可以被认为是恶，不过由于事物的本性是向善的，这种倾向就只能偶然地发生。当这种错误的理解占据着人的心灵时，如认为某一错误的教义是上帝的诫命时，正确的良知就会被轻视。

阿奎那还指出人如果顺从自己的恶劣习惯，久而久之，不正确的习惯也会处于良知的指导地位。阿奎那指出在一定时期，日耳曼人并不认为偷盗是不好的，这种观念还作为一种集体认可的意识流行了许多年。原因就在于良知不过是人内在知识原则的运用，本身还不是法律，它只是内在知识原则的被人意识到而加以选择后地运用。

二、良习揭示了永恒不变的基本道德原则

（一）良习由神所赋予

在阿奎那看来，良习不是一种能力而是一种习惯。阿奎那的推理是这样的，人的理性行为既然是一种运动，必定产生于对所要进行事情对象的理解，

---

18 Thomas Aquinas，*Summa Theologica by Thomas Aquinas*，Fathers of the English Dominican Province，Benziger Bros. edition，1947，1：79，p. 542.

19 （意）多玛斯·阿奎那. 神学大全（第3册）[M]. 刘俊余译. 高雄：中华道明会，台南：碧岳学社联合发行，2008：107.

因此在其后必定有一些东西是不需要理解，而就可以为存在的东西做支撑的，而这也是理解所要达到的目的。借助于这些原则（自然而然获取的原则），人们就可对所遇的事情进行判断。阿奎那不过想说的是，如果人们进行理性的判断，那么必须有一定判断的依据，这依据超越于具体的判断，或者既然人们现实的观念、理论如此复杂多样，甚至相互矛盾，对于一个尚不属于任何一派观点或没有任何倾向的人来说，这个人思考的依据是什么，按照阿奎那的观点，这个人肯定会思考，所依据的一个原则：人即使不思考，或者说在不明白什么是思考时也应有的原则。这原则已被上帝所赋予，是每一个人天生都具有的：包括思维的原则即理解的原则，和实践的原则即特定的行为习惯即良习。良习使人有着趋善避恶的倾向，因而可以说是人行为的第一原则。依据阿奎那的观点，即使不知理性为何物的人，在遇到问题时也在不自觉地运用它。

（二）良习是上帝自然法则的内化

良习在阿奎那看来是人人都具有的，是上帝所赋予的一种关于基本道德的自然习性。它是自然法在具体行为方面的展现、要求。上帝创造万物时，赋予不同的事物以种、属、类的区别，赋予不同事物有差异的自然本性，但都从属于宇宙的整体和谐，其中的任何事物都具有来自于上帝的安排，其中最大的本性就是保全个体、种族的趋善避恶，人也有着同样的赐予。只不过人可以通过理性来理解它，并可选择服从或拒绝。良习就是自然法在人类基本行为方面的适用，几乎等同于自然法，从这个意义上讲，良习也被叫做自然法。[20]良习有些类似于中国古人王阳明的"良知"观念，在王阳明看来，良知也是人内心潜存的东西，是一种天然的本性，它是一种是非之心，可以对人起着督促、激励的作用。它本身也是正确无误的，从本体上讲，因人皆具有为善之心，因而满街都是圣人。如果现实社会中之所以出现恶事，是因为人受了外在的功名利禄等的诱惑，偏离了内在本性的应然要求的缘故。

阿奎那从上帝创世造物的立场出发认为，要使世界和谐有序，世界上的各种事物都应被给予一定的规则，通过规则对其进行限制，人、鸟、兽、虫、鱼及其分支、个类都有其生存的规则、方式，但要保存这些方式不可能任何

---

20 傅乐安. 托马斯·阿奎那传[M]. 石家庄：河北人民出版社，199：202.

事情都必须来自于上帝的直接推动，必须给每一类事物放置进与此类事物相适应的内在习性，由之产生维持自身保存种族等的必要动力。对于人，良习就是由上帝所赐予的自然法在人心中所打上的烙印，它服从于上帝对世界的总体安排，也即上帝创世的理念、永恒法，人们凭借它而辨别是非错误。它由于直接来至于上帝的分施，而不可能出现错误，是不会因人而异的。

（三）良习是上帝在人心中点燃的火种

由于良习不可能有错，它就可以对人的行为起着指导、约束的作用，是人类行为的最高准则。阿奎那还把良习比做是上帝在人内心里点燃的火种。当良习向人们展示其基本原则时就对人们的行为起着照明的作用，鼓舞人行善并使人得到心灵的慰藉。当它督促人行善和反对人行恶时就起着燃烧的作用，使人因行恶而受谴责，心中不安。这种火种不会因人犯罪而消耗殆尽，只要人的生命存在，它就与人相伴。只是由于人的后天的观念与本真的秉性越来越运，使之受良习影响的可能性越来越小，虽然人已经不再听从它的召唤，但它仍潜存于人的心灵深处。在中国的哲学观点中也有类似的说法，人的本性受私利物欲的蒙蔽越深，如一面镜子蒙尘愈厚，虽然镜子越来越不可被使用，但作为镜子的本性仍在。因而阿奎那总结说，这火种即良习是人的天赋本性，又与人相伴终身，是人类行为的内在本性。也就是"良习不是能力，而是自然习性"[21]。

第二节　后天自我进行的德性修养是追求至善的必要条件

上帝虽然将一些本性赋予人，但如何将它们具体化却需要人在后天的社会生活中逐步地完善，人如何来完善是否努力去完善，以及达到什么程度都与个人的努力相关。社会提供着文化的传承、德性培养的环境，个人只有在后天的实践中，意识才得以深化，体验才得以丰富，对伦理上帝的认识才得以真实化、具体化，从而会引发人自觉自愿地去培养德性，使个人越来越能有与上帝接触沟通的条件和可能。

---

21 傅乐安. 托马斯·阿奎那传[M]. 石家庄：河北人民出版社，1997：204.

一、后天自我进行的德性修养的必要性

人虽然被上帝赋予一定的良习，具有认识外界事物趋善避恶的倾向，但这种倾向并非如动物的本能那样，能够直接推导出可以直接加以应用的具体知识，因而就需要通过后天的发掘、培养和锻炼。另外人由于是具备理性和意志的高级存在物，有着极大的自由活动范围，可以选择自己的努力方向，这就造成了多方面的后果：一种是人可以选择要选择的对象，是真正善的事物或看起来是善的事物；一种是可以选择行为的目的，或行善或为恶；一种是可以选择行为的方式，或正当或卑鄙。为了使人内心形成善良的意志，外在的行为遵循理性的判断，不良的欲望服从于理性的制约，就有必要对人进行有意识的德性的培养。

另外就社会的发展而言，不同的时期面对着不同的困难的问题，需要有不同类型的具有不同能力的人来完成。从引领社会，改造社会的角度也需要为了特定的目的对人进行必要的观念教育。良好德性的养成反过来会促进人的良好行为的出现，更多的人具有良好德性就会降低恶行发生的几率，促进良好社会风气的形成。

二、后天自我进行的德性修养的内容

（一）德性的涵义

1. 德性不同于习惯

人类的行为在大多数情况下具有习惯性，人们总是在相似情况下进行类似的反应，进而累积成一定的情景发应模式。如果没有先例可循，就会感觉选择遇到了困难。模式的获得来自于对外界的摹仿（可能自己并不经历，如在影片中个人认为比较吸引人的动作、姿态、语言等）和个人的习得、总结（经历，书籍等间接获得）。在一种反应模式尚未形成时，以相同的方式进行行为的重复，具有特定倾向性反应的可能性就增加。因而，要塑造自我，其中一个有效途径就是对认为好的行为进行必要的重复，进而形成某种特定的行为倾向，倾向的外在化就是习惯。它可以是善的也可以是恶的，就是说它可以诱导人或追求善或追求恶，而德性在阿奎那看来则全是善的。

2. 德性的涵义

在阿奎那看来德性是一种习惯，它揭示着某种能力的完善。如果一个事

物被称为完善，主要是就它与其目的的关系来讲的。完善个人能力是为了行为得更好。如果说某一能力是完善的，是根据它所要达到的目的来说的。自然事物根据所被赋予的自然能力能自主地指向它的行为，就可被称为事物的德性。但人的理性能力，由于并不必然与特定的行为相关，而是对在大多数情形下如何反应的一种倾向，通常是由多次的行为累积而成的习惯倾向。

在阿奎那看来，人们通常从三个方面来谈论德性，或指德性的目标，或指德性的行为，或是德性行为的习惯。如当人谈到信仰时，既可以指广泛的被研究的信仰的对象，也可以指具体的祈祷等行为，还可指人们对某些事情深信不疑的习惯。当人们说德性是对能力的限制时，是就其所涉及的目标来说的。一种能力所能达到的目标越高，这种能力就越被说成是它的德性。如一个人可以搬运一百磅的物品而不可能更多，那么他的德性或者特长就是能搬运重达一百磅的物体。

德性揭示着能力的完善包含着两种情况，一种是与存在相关的能力的完善，另一种是与行为有关的能力完善。前者存在于物质之中，是一种潜能的存在，后者存在于形式之中，而形式是事物运动的原则，因而不论哪种情况，这种标示能力完善的德性都只能存在于具体的行为之中。人和其他动物一样有着肉体和灵魂，在自然的内在秉性如力量等方面人和动物无所差异。只有属于灵魂中的德性只属于人类，因而人的德性更体现在作为灵魂的理性思考等行为中，而非与其他生物无甚差异的肉体上，"人类行为的本质乃是行为的习惯"[22]。

既然德性是某些运动的原则，它引导着一种与之相符的运动，因而德性自身就可以看作是灵魂的一种有秩序的安排，通过它引起外在的行为。奥古斯丁说，"德性是自由意志的正确使用"。"德性是爱的秩序，也就是喜悦所当喜悦的，使用当所使用的"[23]。在阿奎那看来，正如健康和美丽是肉体的合适安排一样，德性也是灵魂的内在合理安排。

德性既然是某种能力的完善，它完善的程度就被能力所限制。正如恶是善的缺乏一样，受限制的事物本身需要善的支撑，不然也不可能有缺陷。由

---

22 Thomas Aquinas, *Summa Theologica by Thomas Aquinas*, Fathers of the English Dominican Province, Benziger Bros. edition, 1947, 2-I: 55, p. 1097.

23 Thomas Aquinas, *Summa Theologica by Thomas Aquinas*, Fathers of the English Dominican Province, Benziger Bros. edition, 1947, 2-I: 55, p. 1096.

此事物的德性必须与它的善相关，"是好的习惯"[24]，是良好工作的产物，不可能有对有错。在阿奎那看来，现实中人们时常比喻性地谈及某些事物，如某小偷的盗窃技术更完善，德性就被适用到恶的事情上，但这是就技术层面而言的。之所以出现这种情况，就在于人的行为偏离理性规定的秩序，因为它本可以战胜或克服由人的肉体所形成的羁畔，使人灵魂中软弱的更加坚定完善。

德性是一种能力，原因在于：一，从它的本质定义来讲，它是指能力的完善，能被完善的只能是能力自身。其次，从德性是一种行为习惯来看，而行为之所以发生，就在于它产生于灵魂所产生的能力。再次，德性的目的是追求最好的事物，德性事物如果成为目的，它要么来自于事物的运动，要么是通过能力运动所获得的东西，因而灵魂的能力提高是德性的目标。就如人通过培养耐力，从而养成坚韧不拔的德性，它作为人要追求的目标，包含着程度的差异，作为一个可以运用的事物，它来自于后天的培养锻炼等运动。

在阿奎那看来，善与目的相关，工人的善存在于他的工作里，因而使工人工作好的德性就与工作相关，是指他的能力水平。一个德性不可能平等的从属于其他几种能力中，或以某一种能力为主，或在不同能力中存在着程度的差异。如谨慎可以在勇敢、节制、公正等能力中得以体现，但程度不同。

德性是一种良好行为习惯。作为习惯，德性通过两种方式引导人们行善，其一，使人接受一种行善的倾向，正如我们通过所具备语法规则的习惯性运用，而更易于正确地语言表达，但语法也可能由于掌握语法的人自己出现失误，而使运用语法出现错误，所以德性并不必然使人行善。其次，德性还可使这种倾向得到正确的运用。如公正的德性不仅使人心中愿意按照公正的要求去做，而且还使人自愿作出公正的行为。

对于人在性欲方面的控制能力，阿奎那认为可以从两方面进行考虑，仅仅就其是感官欲求的部分而言，它与人类德性无关，但当人把它限制在理性的范围内时，它就可以算作人的德性。

（二）德性的分类

对于德性，阿奎那继承了前人的分类方法，认为既有思维训练方面的理智德性，又有处理人与他人、人与社会的道德德性，具备了这些德性人就可

---

24 Thomas Aquinas, *Summa Theologica by Thomas Aquinas*, Fathers of the English Dominican Province, Benziger Bros. edition, 1947, 2-Ⅰ：55, p. 1097.

以过一种世俗的幸福生活。也认为人更应追求来自于上帝的神学德性，认为凭借着神学德性，人才可追求到真正的幸福，后两者道德德性和神学德性的综合通常就是公众认可的"七主德"。

1. 理智德性

德性与事物相关有两种方式：一种是直接相关，在这种情况下，理智德性直接指向的是事物的有效因或完全幸福的目标——上帝。第二种是关于它的行为，理智德性指向能使人幸福的物体。

理智德性有助于对真理思考的完善。真理可从两方面进行考虑，就其自身，当人们把它作为一个原则提出思考时，应当被立刻、完全而非部分地被消化被认识，这就被称为理解。真理可以是部分领域的或整个人类知识领域的最后知识，因而本质上就应是首先的和主要的，与第一因密切相关的，而考虑最后因的就是智慧。对最高知识所形成的具体结论、看法就是科学，而科学则完善人的思考。

尽管有多种类别的科学，但智慧却只有一种，只有它思考终极的事物，就都是对事物的思考而言，智慧也是科学的一种，但它高于科学，比它更完善，智慧不仅可以判断科学所得到的结论，而且本身就可以作为它的第一原则。科学又比理解完善。

工艺（art）可以看作某种事物被造的正确理性。它被评价不仅与事物自身有关，而且还与被制造的物品有关。正如一个工匠被赞赏，不仅因为他做了什么事物，而且还因为他所做的事物所达到的品质。工艺也是个人内在的素质向外的显现，也可看作是个人的行为习惯。它和理性习惯一样，思考或加工的对象不会受个人主观的影响。因而工艺的提高也表现在两方面：运用习惯和适应习惯。

2. 道德德性

在阿奎那看来，道德德性是能够使人的情欲按照正直的理智而活动的习性。"涵养性德性之习性，使人在动作或情欲中易于择取中庸之道。如果一人不用其德性之习性来控制情欲及动作，则由于感官嗜欲及外在推动因素之倾向，必然产生许多不合德性的情欲及动作。"[25]

---

25 （意）多玛斯·阿奎那. 神学大全（第 5 册）[M]. 刘俊余译. 高雄：中华道明会，台南：碧岳学社联合发行，2008：46.

人的德性有的与人的自然或半自然的倾向有关，有的则与人的风俗有关。风俗形成与自然本性相类似的第二本性，但它与人的欲望能力密切相关，它驱使欲望能力去行动，去实现某种既定的目标。"因而并非所有的德性都是道德德性，只有那些处于人欲望能力之中的才是"[26]。

理性是人类行为的第一原则，人们的各种行为都以不同的方式遵循它。对于非理性的动物而言，它们是盲目地、无违背地遵循它。只要是在健康条件下，一旦接获理性的命令，它们的手脚就会执行它，就像主人统治奴隶那样，奴隶无权反抗。亚里士多德就打了个比喻："灵魂像暴君那样统肉体"[27]。但是人因为有自由意志，可以选择反抗理性的命令，这样如果一个人欲要做一个善事，就不仅要求他有一个理智德性的分析判断，还要求他的道德德性驱使他的欲望去追求，因而理性德性并非都是道德德性。

阿奎那详细论述了各种道德德性适用或展现的条件。善存在于人的适宜的理性行为之中，称之为谨慎，主要在理性命令中被发现，而非在建议或判断中。根据理性把原则运用于实践，称之为公正，主要在以平等为基础的与他人的交易和分配中展现。由于欲望会腐蚀、弱化人的理性，因而需要对欲望加以控制，称之为节制，主要在像接触性的快乐等难以控制的欲望中展现，有时欲望会使人们处于恐惧、危险、灾难之中而希望逃避理性所指向的任务，这时就需要增强力量、信念等以免发生意志转向，这就需要坚毅德性，主要是在人面对难以抗拒的死亡时展现。

德性为什么会有如此的类别区分呢？在阿奎那看来，某种德性之所以被称为此类德性，原因就在于与其他德性相比，它有特别突出、超越的地方。如谨慎超越其他，就在于所有的都被谨慎所引导。当人试图控制自己的欲望，使之处于一个合理的界限之内时，如果这样的事情非常难以办到，就需要理性来增强自己的信念，从这个意义上说，坚毅也是谨慎。当人在面对死亡等威胁时，个人有时免不了心存恐惧，意想退缩，就需要理性控制畏惧之心，增强自己的信念，因而节制也就是勇敢坚毅。在他看来属于理性自身的是谨慎德性，其他的都属于理性参与的德性。谨慎是其他德性的原则，其他德性是所针对类属的原则。

---

26 Thomas Aquinas, *Summa Theologica by Thomas Aquinas*, Fathers of the English Dominican Province, Benziger Bros. edition, 1947, 2-Ⅰ, 58, p. 1116.

27 Thomas Aquinas, *Summa Theologica by Thomas Aquinas*, Fathers of the English Dominican Province, Benziger Bros. edition, 1947, 2-Ⅰ, 58, p. 1117.

在阿奎那看来，谨慎、节制、坚毅、公正可以被称为基本德性，之所以如此界定原因在于：首先在于他们与其他德性如孝敬、服从、友善、谦虚等相比更普遍一些。如任何在理性的考虑中导致善的行为都可称为谨慎，在行为中导致善的都可称为公正，控制或抑制欲望的，都可称为节制，反对欲望，增强信念的都可称为坚毅。其次，这些德性在对应的类中是最高的，属于类的德性，比其他德性更重要一些。所以谨慎是命令的德性，公正是关于行为公平的德性，节制是抑制接触性快乐的德性，公正是增强信念抵抗死亡的德性。从另一个角度说明个人的德性培养可以从基本的四种德性的训练养成开始，而不必担心会挂一漏万，习得了这四种基本德性就可以适应、兼容、形成其他德性。

有人认为德性不过是暗示了人类思想的通常条件。如谨慎不过是行为或思考时显现的慎重；公正不过是思想中认为人应做自己该做的事情的如诚实观念；节制不过是引导人的欲望在一定合理界限之内；坚毅不过是增强信念应对欲望的侵扰或者日常行为中的愁苦。

阿奎那认为，尽管人们在研究分析时可以将道德德性根据其适用情况显现的特征进行多种的分类，但实际上它们之间都是相通相承的。每一种德性既然具有习惯的能力，它就会具有一定的稳定性，不至于被对立的习惯倾向所左右，因而每一种德性都具有坚毅的特征。既然是德性，就都有与它概念相称的善，都有公正的特征。由于都是在理性指导下对事物仔细考虑的结果，不会超出应有的界限，因而都具有节制的特征。另外几种德性之间既然存在着明显的区分，明显是推理的结果，具有谨慎的特征，谨慎它是理性的自身，而其他三种只是对理性的分有。在四者都是习惯，德性，道德德性等方面是相同的。

阿奎那还论述了人如何凭借道德德性与上帝沟通的问题。他认为由于在上帝自身中存在着人类德性的范形德性，上帝的神圣思想自身就是谨慎，对自身的凝视就是节制，就像在人类思想中使欲望和理性的判断相一致，上帝也要使他的行为和他的爱、承诺相一致。持续不变性就是他的坚毅，对永恒法的信守和维护就是他的公正。因为人本性上是社会动物，个人只有在与他人的交往中才能生活得更好，既然人是因运用德性处理人类事务而行为得更好，因而凡是有助于实现这个目标的都可称为社会德性。

阿奎那还提及德性如何使人和超越的上帝进行沟通。在对上帝的追求中，人非常需要从一般的人类或社会德性向上帝的范形德性靠近，追求自身德性的层次提升，最大可能地趋向和获得上帝的神圣相似性，这正待完善的德性就可以称为完善中的德性。这时，谨慎只思考与上帝有关的事物，不再考虑尘世的生活，引导灵魂中所有事物都趋向唯一的上帝。谨慎在本性承受允许的范围内，尽可能地忽略肉体的需要，坚毅阻止忽略肉体的需要所产生的恐惧，将人的需求上升到天国的事物。公正则是全身心地按照已经命定的方式行事。

当上诉德性提升到一定层次，如果获得了神圣相似性，就可以称为完善德性。这时谨慎就只观涉上帝，坚毅就再没有欲望，节制就对世俗的欲望毫无所知，公正通过对神圣相似性的摹仿而达到与永久契约的融合。这些德性都来自于上帝的恩典，"在尘世中只属于那些特别完善的人"[28]。

3. 超神学的德性

人借助于自然理性所获得的自然之光，可以培养人对外界分析判断的理智德性和处理人与他人社会关系的道德德性，从而可以过一种世俗的幸福生活。但按照阿奎那的看法，人类意志的恶也非容易消除，真正的幸福并不存在于当前的现实世界，它存在于上帝的那里，但人与神之间的差距是如此之大，是远非人籍由自己的自然本性就可以超越的。在阿奎那看来这并非是一件坏事，"不过对于阿奎那来说，情况恰好相反……因为人对自身根本缺陷的承认，正是他接受信仰、希望、仁爱三美德的先决条件。惟有信仰所提供的那种知识、由希望所带来的那种期许以及由仁爱产生的与他人、与上帝相与为友的能力（仁爱是另两个品德成为真正的美德的前提），才能给我们展示出一条通往善和至善的生活道路"[29]。因而如果人想要认识上帝、追求上帝和趋向上帝，那么获得上帝额外赐予的神学德性就是非常必要的。"效果必须与其原因及根本是相配的……有些道德涵养性及智性德性可由我们的行动获致，但这些德性与向上帝之德不相配。所以，须直接由上帝灌输给我们与之相配的德性。"[30]

---

28 Thomas Aquinas, *Summa Theologica by Thomas Aquinas*，Fathers of the English Dominican Province，Benziger Bros. edition，1947，2-1：61，p. 1139.

29 （美）A·麦金太尔. 三种对立的道德探究观[M]. 万俊人，唐文明，彭海燕等译，万俊人校. 北京：中国社会科学文献出版社，1999：141.

30 （意）多玛斯·阿奎那. 神学大全（第5册）[M]. 刘俊余译. 高雄：中华道明会，台南：碧岳学社联合发行，2008：143.

在阿奎那看来，由于神学德性是超越于自然、超越于人之上的，所以也可被称为非人类的、超越于人的或类似于上帝的德性。"自然就具有的德性的根本，不能超出天性的能力范围。故为达到超性之目的，人需要外加的根本之成全。"[31]对于上帝赐予人这些德性的目的，阿奎那认为并非由于这些德性而使上帝显得有德性，而是通过神学德性，上帝使人成为有德性的，使人向他更加地接近。因而神学德性并不是德性的范形，而是示范性德性，给人以启迪，以超越的上帝为目标。理智德性给予人自然秉赋的能力，完善人的理性和欲望，而神学德性则指向超自然的上帝，比理智德性、道德德性更加完善。

人可以通过德性而完善，由德性指导人的行为达到幸福。但幸福有两种，一种与人的本性相关的幸福，人可以凭借自然本性获得。在阿奎那看来，物质的人是为精神的人做准备的，是精神人的质料，而人要提升自己，必须借助于上帝的恩典，使形式发生改变。另一种是超越人本性的幸福，人只能通过对上帝神性的参与，从上帝那里获得，通过耶稣基督人们参与神圣本性。由于这种幸福超越了人本性能力的极限，因而不可以由人自己的自然本性获得。只能由上帝赐予另外的本性并由此引导到超自然的幸福，而所获得的原则就被称为神学德性。之所以称为神学德性，原因在于这种德性的目标是上帝，通过德性引导，人们转向上帝。其次，神学德性来自于对上帝的分有。第三，这些德性存在于上帝的神圣智慧中，是为了人的得救而设置，但并不为人所知。"除非上帝凭借着自己的恩典，使自己和受造的理智结合起来，并使理智可以理解，受造的理智便不能看见上帝的本质"[32]，得享至福的。

在阿奎那看来仁慈 charity 是爱 love，但爱并不都是仁慈。当说每一种德性都是爱的秩序时，可以有两种考虑方式。通常意义上讲，是指每一种基本德性都需要有秩序的情感，而爱则是每一种情感的原因和根本。从另一角度来理解，其他的德性并非是仁慈，但都在某种程度上依赖于爱。

31　（意）多玛斯·阿奎那. 神学大全（第 5 册）[M]. 刘俊余译. 高雄：中华道明会，台南：碧岳学社联合发行，2008：144.

32　Thomas Aquinas, *Summa Theologica by Thomas Aquinas*, Fathers of the English Dominican Province, Benziger Bros. edition, 1947, 1: 12, p. 70.

人的自然本性引导人去追求自然本性的幸福。人的理性包含通过理性的自然之光所给予我们首要的宇宙原则，它们是理性的起点，不论是对精神事物还是实存事物。通过意愿的善，人自然地去追寻理性所认定的善。

信仰和希望暗示着某种不完善。因为信仰是看不见的事物，希望则是未有拥有的事物。因此，两者都从属于人的能力，与德性相比显得有缺陷。但由于他们是来自于超越于人本性的上帝，因而就超越人所可能的所有德性，因为即使"上帝的软弱也比人坚强"[33]。

不同的德性之间是如何产生、发展的呢，阿奎那从多个角度进行了论述：首先从产生的秩序来说，物质先于形式，不完善的事物先于完善的事物。对同一个目标，信仰先于希望（hope），希望先于爱（charity）。希望和爱并不能驱使欲望、能力去追求任何事情，除非这一事情被感性或理性所理解。通过信仰，理性理解了爱和希望的目标。从另外一个角度来看，信仰先于爱和希望，当一个人爱一个事物是因为理解它是好的。当一个人希望从其他人那里获得、学习些善时，他就把别人身上的善当作自己的善，就会爱他。从这个意义上讲，在个别的行为中，希望先于爱。

其次从完善的秩序来讲，爱先于信仰和希望。因后两者都被爱所加强，并从爱中获得完全的德性实现。因而"爱是所有德性之母和根基"[34]，是所有德性的形式。德性的核心是博爱，就是基督耶稣所强调的对上帝和对邻居之爱[35]，由于人在现世不可能见到上帝，人类的理性自身不可能获得关于超理性的上帝的本真知识，因而爱上帝比认识上帝更重要。爱胜过知识，对上帝的爱引导人的道德活动，使人接近上帝。

在阿奎那看来，爱和希望可以从两个方面来考虑，作为要达到的原则目标，也就是希望获得的善，爱先于希望，因为一个事物在被喜悦爱之前是不会被希望的。若涉及到人，希望从他人那里获得些善，这种情况，希望先于爱，而后随着爱的程度的提高希望也得到增长。

依据阿奎那的观点，每一事物的类从形式获得，个体因质料的差异而有所不同。人的形式来自于人的灵魂，人的质料构成他的肉体。理性灵魂是人

---

33 Thomas Aquinas, *Summa Theologica by Thomas Aquinas*, Fathers of the English Dominican Province, Benziger Bros. edition, 1947, 2-Ⅰ：62, p. 1142.

34 Thomas Aquinas, *Summa Theologica by Thomas Aquinas*, Fathers of the English Dominican Province, Benziger Bros. edition, 1947, 2-Ⅰ：62, p. 1143.

35 车铭洲. 西欧中世纪哲学概论[M]. 天津：天津人民出版社，1982：101.

的类本性，个别的性情是个体的本性。德性使人在善的方面更加完善。既然善的概念存在于方式、类和秩序或数量、重量、长度之中，那么人的善必须借助于某些规则才可以被评估。规则就是人类理性和神圣法律，既然神圣法律是一种更高的规则，适用于更多的事情，因而凡是被人类理性规定的事情，必然也被神圣法律所规定。人类德性是被人类的理性所规定，被人类的行为（它的原则是理性）所引起的。而神学德性引导人趋向上帝，不是来源于人的理性，也不可能被理性所产生的行为所发动，只能被神圣工作所产生，而和人无关，因而，奥古斯丁把神学德性定义为"上帝所施加在我们身上，但却不为我们所知的工作"[36]。

　　由此我们看到在阿奎那的学说里有两种德性，一类是人借助于自然理性通过培养锻炼从后天获得的，另一类则不是个人所能决定的，它来自于上帝的恩典，给予者只能是上帝，"这两种美德通过使人类以两种方式分有神圣的善而完善人类：间接地，通过一种适合他或她本性的善的完满；直接地，通过一种超越他或她自然能力的善的完满。这种对人类善的双重完满（完善的自然纬度从属于超自然的纬度）构成了自我作为一个此世存在者的完全发展。"[37]而且自然的获得的德性和超越的恩赐的德性"这两种学说的结合，意味着古代的那种自我圆满的伦理学和基督教的伦理学结合，自然道德（勇敢、智慧、节制、正义）和基督教的信望爱结合。这两种学说的结合，同时也意味着对信仰生活的新理解：幸福是人生的第一大目的，信望爱的目的不是为了达到宗教的顺从，而是为了实现人生的幸福，古典的人道主义理想和基督教思想得到了完美结合"[38]。

三、尘世生活的正当性

　　基督徒的生活当以天国的追求为最后的目的，但这并不意味着人可以不过世俗的生活，世俗的生活就没有意义。在阿奎那看来，追求尘世的快乐仍有着一定的正当性，他还为怎样才算达到尘世的幸福提出了自己的标准。

---

36 Thomas Aquinas, *Summa Theologica by Thomas Aquinas*，Fathers of the English Dominican Province，Benziger Bros. edition，1947，2-I：63，p. 1146.

37 （美）安德鲁·J. 德洛里奥. 道德自我性的基础：阿奎那论神圣的善及诸美德之间的联系[M]. 刘玮译. 北京：中国社会科学文献出版社，2008：191.

38 黄颂杰，徐卫翔，朱晓红. 马利坦的新托马斯主义和现当代天主教哲学[R]. 2008年6月（国家社科基金项目）. 第40页.

（一）追求尘世快乐的正当性

在阿奎那看来，肉体和灵魂的结合决定了人应适当满足肉体的需要，人的尘世幸福的追求必然需要考虑人肉体的满足。尘世的幸福在于理性的运动，或属于纯粹的理性思考，或属于实践理性，而这两者要能够进行，不可能不通过人的大脑，因而就与人的肉体密切相关。

在阿奎那看来，快乐有时可被看作促进人去努力追求的添加剂。人之所以追求善的满足，除了是为了精神的享受而外，部分原因还在于：在愿望的实现过程中伴随着快乐。就如"由于给报酬，得报酬者之意志遂得以平息"，"我们高兴做的，做的会更经心，更持久。"[39] "上帝的上智，自然界之创造者，也是为了动作而安置了快感。"[40] 不过快乐只是善的一种，是追求其他善的伴生物或后果，因而人不能为追求快乐而去追求快乐。

（二）达到尘世幸福的必备条件

对于达到尘世幸福是否可以有一个大致的标准，阿奎那显然继承了亚里士多德的类似观点，认为可以考虑有几个相关的因素，只要达到了这些因素就可以认为是获得了尘世的幸福。阿奎那归纳出了以下几个必要条件：

首先是意志正直。在阿奎那看来，"正直意志是达到最后目的之必要步骤" [41]。目的和指向目的的具体途径的关系，如同形式和质料的关系，如果没有适当的质料做准备，也就不可能有合适的形式，因而如果没有适当的意志做准备，是不可能达到目的的。另外，人的意志决定着人的行为，但人的理性可以对意志施加影响，意志能否听从理性的召唤，与人内在的行为规则是否成型，德性是否能发挥作用息息相关，就如箭要射向正确的目标，必须有正确的方向一样，个人要想达到最后的目标幸福也需要使意志受理性的制约，而意志正直就显得非常关键。

其次是需要有健全的身体。在阿奎那看来，既然人由肉体和灵魂的结合都属于自然的事情，那么人灵魂的完满性就不会排斥自然的肉体上的完满性，

---

39 （意）多玛斯·阿奎那. 神学大全（第 4 册）[M]. 刘俊余译. 高雄：中华道明会，台南：碧岳学社联合发行，2008：47.

40 （意）多玛斯·阿奎那. 神学大全（第 4 册）[M]. 刘俊余译. 高雄：中华道明会，台南：碧岳学社联合发行，2008：48.

41 （意）多玛斯·阿奎那. 神学大全（第 4 册）[M]. 刘俊余译. 高雄：中华道明会，台南：碧岳学社联合发行，2008：51.

两者应是相得益彰的。如果人肉体有缺陷或不适，就会使人的精神受到影响。奥古斯丁也曾指出："倘若身体难以照顾，像肉那样腐化且加重灵魂的负担，则妨碍心灵在天上的神视"[42]。如果灵魂幸福有余，就会惠及身体，"上帝使灵魂富裕，致能以其洋溢之幸福，使下级天性分有不朽之精力"[43]。阿奎那认为，人的幸福实际上并非肉体上的幸福，而在精神灵魂上的，肉体并非是获取幸福的必不可少的因素，但灵魂的正常运转却与肉体的状况密切相关，它的完好状态应以不应妨碍灵魂的正常运作为宜，如果身体健全，不仅有利于心灵的正常活动，反而可以增加人的完满。

当然外在的必备的财物和友情也是必不可少的。在阿奎那看来，尘世的生活幸福需要一定的外在的东西，有身体上的需要，有精神上的需要等。这些都"不是关于幸福之存在本身，而是似工具辅佐幸福"[44]。友情也是一个重要条件。人们需要朋友的原因在于行善，认为好的事物应惠及他人，帮助别人。另外每个人也都需要他人的帮助，个人不可能在一切事情上自给自足。个人要为别人也能具有善行，或自己也能获取别人的善行而高兴。在阿奎那看来，需要朋友不应为了利益和快乐。

阿奎那还认为，对于统治者所能获得的最大幸福莫过于上帝赐予的荣誉和荣耀。不同于亚里士多德把幸福定性为有德性的现实活动，在阿奎那看来，幸福是美德的报偿，是人通过培养良好德性提升到一定程度之后与上帝密切接近的赐予。任何方面的美德都可以算作使人逐渐完善并且获得好结果的因素。即使是一位作风正派的人也会努力获得自己想要的东西，即获取幸福。幸福可以界定为一切愿望的满足，是愿望的终极目的，也就是达到此目标以后就不再有所需求，才称得上是真正的幸福，因可欲为之善，也就从这个意义上讲，幸福被叫做至善，它本身包含一切值得追求的东西。很显然世俗的任何事物都不能做到这一点，而且，世俗的事情是可以变换的，因而不可能永久满足人们的欲求。

42　（意）多玛斯·阿奎那. 神学大全（第4册）[M]. 刘俊余译. 高雄：中华道明会，台南：碧岳学社联合发行，2008：56.

43　（意）多玛斯·阿奎那. 神学大全（第4册）[M]. 刘俊余译. 高雄：中华道明会，台南：碧岳学社联合发行，2008：57.

44　（意）多玛斯·阿奎那. 神学大全（第4册）[M]. 刘俊余译. 高雄：中华道明会，台南：碧岳学社联合发行，2008：58.

因而世间也没有一种高贵的东西，值得报偿统治者良好的统治。不论是占据高位，或是身处平安或和平，或是镇压叛乱，或是维护和平，都算不上幸福，相反，只有那些"能广施人仁政，乐于惩恶而不欺压人民，为了爱慕永恒的幸福而不是为了贪图虚荣以尽其职责，我们才认为他们是幸福的"。阿奎那还认为：由于统治者满怀希望，他们在今世是幸福的，当他们在来世实现了一切希望以后，也将仍然如此。如果统治者做得好，就会得到上帝的嘉奖，就会成为上帝家族的一个成员，与上帝接近，和上帝在一起，永享天堂的幸福生活。在现世，由于他们的德性，上帝也会把他们不曾设想的世间的荣耀也赐给他。所以统治者就应尽心按照上帝的意志行事，以获得上帝在世间对他的报偿：荣誉和荣耀。

四、人应避免不合理的欲望

（一）避免犯罪

在阿奎那看来，道德的罪和人们分有的神性是不兼容的。但是实际的罪，甚至是道德上的，是可以和已经获得的德性相兼容，因为习惯的使用是从属于人的意志的。一个犯罪的行为并不破坏人已经获得的德性，因为德性是一个习惯而非行为。如果没有上帝的恩典，人就不能避免道德的犯罪，那么由于没有别的选项存在，人就是非自愿的选择，人也就没道德的罪可犯，就没有障碍阻止人获得良好德性，但事实上人在大多情况下，与理性相对的事情上，是可以获得恶。

1. 人应戒除骄傲

在对原罪的分析中，阿奎那提出了人类始祖亚当、夏娃所犯的骄傲的罪，导致对他们及其后代出现极其负面的后果出现：失去人本应有的上帝所赐给的完善状态。

阿奎那认为人是利用上帝赋予的理性去追求超越于属于自身限定的事物，这就是骄傲，不是悖逆，贪欲。阿奎那是这样进行分析的：在给一个罪定性时，往往第一个不正当的成分构成罪的本质，而内心里的不正当的欲念所起的作用又甚于、早于肉体外面的行动。所以人类的原罪只可能来自于人的欲念。在人类被造的初期，阿奎那认为人是处于纯洁无罪的状况，不会出现肉体反抗精神的情形，因而不会出现为追求某种感官的享受而去超越理性的要求。原罪只能来自于不正当的追求精神方面的事物。而亚当、夏娃却在知善恶也即"寂着自己，能预先知道自己将有什么善或不善"，和在自己行动能力方面即认为"只靠自己本性的能力去行动，以获得真福"[45]方面企图和上帝相似，而这些追求都属于神的善，都是超越人作为受造物所应有的本性和限度的，其目的是要抬高自己。而亚当、夏娃宁愿违背上帝的劝告，也要去做上帝所不允许的事情，这就是骄傲。而对上帝的悖逆，对智慧果的贪欲都由骄傲所引发，并在骄傲促进下而形成的。

阿奎那还认为，亚当、夏娃心中企图相似于上帝本身并没有错，只是当人去追求不正当地类似于上帝才是错误的。在阿奎那看来，上帝在创世之初就对每一事物都规定了具体的本性限度，每一种事物都或多或少地分有上帝的善，从而确保了世界的和谐有序的运行，如果某一具体事物企图超越上帝规定的本性，"即超出自己的尺度或范围，便有罪"[46]，这样就将打乱上帝的安排。

由于始祖亚当、夏娃是在原本纯洁无罪的状态下而犯罪的，因而这罪就显得特别重大，使人纯洁无罪的状态发生中断，"整个人性都乱了"[47]，最大的危害就是上帝收回了人可不朽的恩典。阿奎那认为，人由形式的灵魂和质料的肉体构成，质料既然是由混合的物质构成，必然是会朽坏的，因而人肉体的灭亡也是合乎人本性的，但人的肉体毕竟不同于其他事物，它实际上是由众多具有精神的感官所构成，因而按照形式是对质料的规定相配的原则，质料也应是可不朽的会更好一些。工匠可以选用一定的器材制作锯子，让它坚硬耐用，但锯子会生锈，这就是物质的必然性，而不是制作者的有意选择。上帝是万能的，他可以使人不朽，他可以赐予人类始祖肉体免于朽坏，正如高明的工匠可以使自己所制作的锯子可以不生锈一样，但由于人类的骄傲引发的原罪，这种恩典就被上帝所收回。因而作为死亡的惩罚就不可避免，人类始祖的后代就从此不处于上帝的特别保护之中，自身处于腐化败坏的状态。

45 （意）多玛斯·阿奎那. 神学大全（第 11 册）[M]. 胡安德译. 高雄：中华道明会，台南：碧岳学社联合发行，2008：419.

46 （意）多玛斯·阿奎那. 神学大全（第 11 册）[M]. 胡安德译. 高雄：中华道明会，台南：碧岳学社联合发行，2008：419.

47 （意）多玛斯·阿奎那. 神学大全（第 11 册）[M]. 胡安德译. 高雄：中华道明会，台南：碧岳学社联合发行，2008：421.

阿奎那的这种学说较好地解决了原罪到底是什么的问题，以前的有些学者如奥古斯丁认为后代的人之所以会有原罪即或是三岁的幼童也不例外，他们认为是通过血亲之间的遗传，后辈从前辈那里继承了始祖的原罪，罪是因为始祖的过犯，从此他的后代就被注定了罪的宿命。原罪虽然是因为人的自由意志自由选择而造成，但原罪的解除却只能来自于上帝的恩典，所有的人都逃脱不了因原罪必死的命运，只有那些为上帝所拣选预定的人才会在末日审判时免除死亡。而阿奎那通过把原罪解释为上帝恩典的收回，就使后来所有的人不再享有受保护的权利变得自然而然了，而且提醒人们：要想重新获得这种恩典只能靠个人后天的努力，以良好的品性获得上帝的赐福，才可恢复原有的状态。

2. 有德性者也会犯罪

对于罪与德性是否能在同一个主体并存的问题，也就是现实中的人除了原罪而外，如果又增添本罪之后，个人是否还会有德性等良好品质的问题，个人所犯的罪是否会消减他已经具有的德性。对于这一问题，阿奎那的观点是："有德性者能够去犯罪"[48]。原因就在于人有自由意志，有时可以作出违反自己天性的事情。这一点人是不同于非理性的自然物的，"灵魂上的习性与自然物的形式不一样。自然的形式是必然地产生与之适合的行动。故此，相反形式的行动不能与自然之形式并存。"[49]而"灵魂上的习性不是必然地产生动作，而是人愿意时才加以运用"，因而阿奎那对罪过和德性的关系进行了如下的界定："就如恶的行动与好的习性之关系"[50]。

对于犯罪是否有损于人已有的修炼而来的理智德性、道德德性以及由上帝从外界直接灌输的神学德性，阿奎那给出了以下看法：通常而言，个别的具体行动不足以产生某种德性，也不足以消解某种德性。但对于那些由上帝灌输的神学德性，因为它以爱的德性行为为根源，人如果犯一大罪就会消减爱的德性，"就其为德性而言，全被消减"[51]，信和望的德性在大罪后虽仍然

48 （意）多玛斯·阿奎那. 神学大全（第5册）[M]. 刘俊余译. 高雄：中华道明会，台南：碧岳学社联合发行，2008：236.

49 （意）多玛斯·阿奎那. 神学大全（第5册）[M]. 刘俊余译. 高雄：中华道明会，台南：碧岳学社联合发行，2008：236.

50 （意）多玛斯·阿奎那. 神学大全（第5册）[M]. 刘俊余译. 高雄：中华道明会，台南：碧岳学社联合发行，2008：236.

51 （意）多玛斯·阿奎那. 神学大全（第5册）[M]. 刘俊余译. 高雄：中华道明会，台南：碧岳学社联合发行，2008：237.

得以保存。在阿奎那看来，即或"被罚下地狱的人，仍抱有向善的自然倾向，否则他们在良心上就不会有遗憾。"[52]。

阿奎那认为善有着绝对性标准，一个行为不可能同时是善的又是恶的。罪过不能和德性的行动相并立，但能和其习性并列存在。人们在日常生活中讲一个事情从一个角度讲是善的，从另外一个角度讲可能就是恶的，实际上就没有从善恶的绝对性、超越性直接和永恒不变的上帝相联系。为了解决人生中相对性问题必须将问题和上帝的至善联系起来。

人应通过戒除恶习，培养良好行为习惯来培养良好德性。"恶习与德性直接相反，正如罪过与德性之行动直接相反。故此，恶习排斥德性，而罪过排斥德性之物。"[53]因而恶习不被除去，好的习惯就没有形成的可能。

（二）避免不合理的欲望

在阿奎那看来，欲望是善的，没有欲望事物就缺乏前进的动力。因而节制的含义就是控制自己的欲望，使之不能过多或过少。欲望是对可令人快乐者的嗜欲[54]。能导致快乐的事物大体有以下几种：一类是该事物适合于人的天性，符合于事物被赋予的内在法则，如生物对食物、水源的渴求等，这类欲望因而被称为自然欲望，为人和动物所共有。另一类是经人理性的判断，认为是善的而应加以追求的事物，此类欲望为人类所独有，它是在自然欲望的基础上，另外去追求那些个人认为值得追求的事物，是"'特有的和附加的'，即加在自然欲望上的"[55]，习惯上被称为贪欲，因其带有自我选择的成分，因而与自然欲望不同的是，带有理性化的特征。

阿奎那还认为，如果一个人沉溺于尘世的追求，那么他的欲望就是无限的，很难得以满足。通常而言，由于自然的欲望是针对人自身的天性需要诸如吃、穿、住、用等生活必备条件等而言的，人自身器官消化、使用的有限性决定了超过一定的限度的需求就毫无意义，如不可能吃太多的事物，住太

---

52 （意）多玛斯·阿奎那. 神学大全（第 5 册）[M]. 刘俊余译. 高雄：中华道明会，台南：碧岳学社联合发行，2008：395.

53 （意）多玛斯·阿奎那. 神学大全（第 5 册）[M]. 刘俊余译. 高雄：中华道明会，台南：碧岳学社联合发行，2008：237.

54 （意）多玛斯·阿奎那. 神学大全（第 4 册）[M]. 刘俊余译. 高雄：中华道明会，台南：碧岳学社联合发行，2008：304.

55 （意）多玛斯·阿奎那. 神学大全（第 4 册）[M]. 刘俊余译. 高雄：中华道明会，台南：碧岳学社联合发行，2008：307.

多的房子等，类似的需求必定是有所限度的。但由于自然物体存在着类别、样式等方面的无限可能，这些事物又有一定的使用期限，因而，人有时会为确保维持当下的充足而追求无限的自然物。有了食物，还想要另外的食品，在这种情况下人的贪求是无限的，以至于耶稣说："凡喝这水的，还要再渴。"[56]

针对苏格拉底的有了正确的道德知识人就不会作恶的观点，阿奎那进行了否定。阿奎那认为这种说法看似有理，"因为意志的对象是善，或是表面的善；那不是善者，若非理性以为是某种善，便不能推动某种意志。为此，意志倾向于恶的时候，常带有理性的愚昧或错误"[57]。但现实却告诉人们，"许多人行恶是违背他们所有的知识"[58]，因而苏格拉底的话不绝对正确。

原因就在于，人在行动中"受两种知识的指导，一种是普遍性的，一种是个别性的，任何一面的缺点都妨碍行为和意志之正当"[59]。普遍性的知识也就是上帝在创造世界时内置于万事万物中的本性类属和秩序，这些知识可以通过对上帝的思考或研究等获得，但即使一个人具有了普遍的知识，出于多种原因，人却不可能将它和个别性的事情的看法直接联系起来。阿奎那举例说，人们通常都具有不可犯奸淫这样的普遍的知识，但在与他人调情通奸中却并没有认为自己的行为属于此类而不可以做。有时人是确实没有意识到个人的具体行为已经违背了普遍的知识，是由于"缺乏注意力……没有去想他本来能想到的结论"[60]，也就是因为人的无意识的疏忽，并没有将具体的情形和普遍的知识联系起来，就如人们在说世界上有好多日均生活费用低于两美元的贫困人口，却从不将它和自己国家有意识地相对照一样。有时个人不能将普遍知识运用到具体事件中原因在于受到了外界的阻碍，阿奎那认为也可

56 （意）多玛斯·阿奎那. 神学大全（第 4 册）[M]. 刘俊余译. 高雄：中华道明会，台南：碧岳学社联合发行，2008：304.

57 转引自 （意）多玛斯·阿奎那. 神学大全（第 5 册）[M]. 刘俊余译. 高雄：中华道明会，台南：碧岳学社联合发行，2008：318.

58 转引自（意）多玛斯·阿奎那. 神学大全（第 5 册）[M]. 刘俊余译. 高雄：中华道明会，台南：碧岳学社联合发行，2008：318.

59 转引自（意）多玛斯·阿奎那. 神学大全（第 5 册）[M]. 刘俊余译. 高雄：中华道明会，台南：碧岳学社联合发行，2008：318.

60 转引自（意）多玛斯·阿奎那. 神学大全（第 5 册）[M]. 刘俊余译. 高雄：中华道明会，台南：碧岳学社联合发行，2008：319.

能因人"身体上的变化，因而理性不能自由正常发挥"[61]，例如由于人特别困乏，或处于迷醉的状态，人对外界事物的思维就受很大的影响。当然更为主要的是，由于人有时对于一些事情过于专注投入，以至于人的理性被情感所俘虏所淹没。"我们从情极强烈的人身上看出来，他能完全失去理性作用，因为有许多人因了强烈的爱或忿怒而陷入疯狂……情也能使理性在个别事件中背叛其普遍的知识。"[62]

阿奎那把人的行为的获得和实行区分为两个方面，即理性的认可和在欲望驱使下的意志的许可，现实中有众多的事例证明知识并不与好的行为相等同，原因就在于这种对应该进行的行为的发动的判断虽得到理性的认可，但更需要意志把它确定为行为的指导原则，并在具体的处境中运用它，如果意志不采取行动，个人就会在欲望和情感的作用下，倾向于无自制力的行为或无节制的行为。因而阿奎那说人虽知道要勤奋，但心里如果不愿意早起，就不可能勤奋。人应该运用理性使自己不论理性判断抑或意志欲望等都倾向于善。"就如人愿意善又表现为行动更好；同样，人不只按意志动向善，同时也按感官嗜欲动向善，属于人道德上之善的成就。"[63]

61 转引自（意）多玛斯·阿奎那. 神学大全（第5册）[M]. 刘俊余译. 高雄：中华道明会，台南：碧岳学社联合发行，2008：319.

62 转引自 （意）多玛斯·阿奎那. 神学大全（第5册）[M]. 刘俊余译. 高雄：中华道明会，台南：碧岳学社联合发行，2008：319.

63 （意）多玛斯·阿奎那. 神学大全（第4册）[M]. 刘俊余译. 高雄：中华道明会，台南：碧岳学社联合发行，2008：257.

第四章　通过外在的引导和
约束使人趋向至善

　　具有一定的德性，可以使人更加自愿地和有能力去追逐善的生活。但很明显，并不是每个人都会对善有正确的理解和对什么是善的生活有着正确的看法，也并不是所有的人一旦认识了什么是善什么是至善就会自觉地去追求它。为了解决这样的问题，阿奎那就主张有必要把那些对上帝的意旨理解得较好的人的观点公布于众，引导人去遵行，对那些不愿意配合的人，有时可以给以必要的惩罚。他主张外在的规范、法律也是引导人趋向上帝的一个必要途径。

第一节　人在社会中发展和完善

　　人与人之间为什么要共同居住，并以不同于动物那样简单的合群来构成一个混合体，而是以一种社会性的、有等差的、有目的的、不同职责角色限定的、不同的个人而构成的统一有机体。那么社会中的个体，是否如基督教通常的所讲观点人人平等，以及国家的出现是否是如霍布斯所说的由于人与人之间矛盾不可调和的产物呢，阿奎那都给出了否定的回答。

一、人与人之间的不平等

　　从横向上看，由于性别、遗传、天赋、区域等自然的差异，人与人之间存在着显著的差异。男女之间存在着差异：男子通常在体力比女性更强壮，按照流行的观点有着更合理的理性判断能力。有的人天生的体格强壮一些，长相漂亮一些。有些人天生在道德秉赋、能力素质和知识感悟上比别人更优更高更快，因而阿奎那主张，"才智杰出的人自然享有支配权，而智力较差但体力较强的人则看来是天使其当奴仆。"[1] 就将自然中出现的不平等神圣化。

从纵向上看，时间的代钩和渐显也需要一个较长的阶段才能最终抹平和消失。从事物的发展、成熟的过程来看，人的智力、能力、体验等的逐渐发展和完善有一个逐步展开的过程，它需要一定的时间、条件和环境，因而，任何一个特定的时代，都还有许多正待发展的个人或群体，他们处于暂时的劣势。阿奎那在论述人的理智是否能够认识个别事物的时候谈到了类似的观点。在他看来，人们通过推理等途径等获得知识的过程与理智相关，理性"就是运用于实际的行动上——即实践理性的目的，也是属于智德的事。可是，没有一个人能够适宜地把一样东西应用在另一样东西上，除非他兼认识两者：那被应用的东西，以及那应用在其上的东西。"[2]

阿奎那认为，人们借助于自然的理性之光，可以通过对经验事物的归纳总结得出简化的实用的知识，但是由于人受年龄、出身、社会环境等的限制，要想获得这样的经验并加以深化，即使不考虑其他因素，仅就一个人的逐渐成熟而言就需要一个过程，而人在智力、出生上的差异使获得这种认识的时机又不可能一致，有的人虽然年幼但却较早地受到了家庭的灌输熏陶。按照阿奎那的观点，智力较高者或可说是获取应用于社会的普遍知识和具体知识较多的人，应该履行管理他人义务的看法，这些人自然就会处于对其他人进行管辖的地位，而那些因为自身阅历较浅或自身总结不足者，就只能暂时处于被管辖的地位。从阿奎那对苏格拉底的反驳中我们看到，阿奎那并不认为有知识的人就一定有道德上德性，但有了具体处理外部的知识，却是可以使人在处理具体问题时少犯错误，赢得主动，因而就应起领导作用。

人与人之间存在着差异是正常的，原因在于上帝向人指示：人可以努力追求更好，进而认识到最高的等级是上帝。有选项的对比是为了让人有选择的自由。但这种差距不应是人发展的障碍，不应不利于那些有助于人发展的

1　Thomas Aquinas, *Summa contra gentiles*, volume 3: 81, translated by Vernon Bourke, New York：Hanover House，1955-57.

2　（意）多玛斯·阿奎那. 神学大全（第9册）[M]. 胡安德译. 高雄：中华道明会，台南：碧岳学社联合发行，2008：6.

因素出现，人应该正视差异的存在，结合具体的自身条件来选择自己的努力方向。

二、人天生具有社会性

人在社会生活中都必须考虑自己的目标、追求以及如何达到这样的目标。人是被上帝赋予理性的，他可以借助于理性的启发去推动他的行为朝具体的目标迈进。如果人只是希望像其他非理性动物那样，过一种与世隔绝的纯自然的生活，似乎他除了上帝而外就不需要其他的指导者，他自己就是自己行为的主人，但这样的人毕竟少之又少，这样的打算也是与人禀赋的本性相违背的，因为那样就把自己降低到与动物毫无区别的地步。

通常人是有理想的，他的行为有着自己的目标追求。"人天然是个政治和社会的动物，注定比其他一切动物要过更多的合群生活"[3]。在阿奎那看来，人由于不具备类似动物那样的防护自己如爪、利齿等的工具手段，自我防卫逃生的能力较差，就必须要运用人特有的理性为自己创造这些东西，但是单个的人不可能把所有必须的东西都用来只供给自己使用，原因在于任何单个人所创造的物质，都不可能完全满足自己的生活，因而需要与他人共同地交换、互补和生活。

另外在阿奎那看来，其他动物具有天然的本能，知道什么对自己有利什么对自己有害，如羊本能地知道：狼是自己的天敌。人却只是模糊地知道哪些是人生必须具备的东西。人必须借助于理性，从这种普遍的原理过渡到与个人幸福具体相关的事项。在此推理过程中，人自身的本能并不能获得任何必要的知识，不像动物那样有天赋的知识存在。要想获得这样的知识，必须从后天的个人实践中获得，而有时个人自身的经验也是不够的，需要汲取其他人的知识。而随着社会的发展，职业分工越来越细化，个人所得的结论就更加专业，更有参考性，人具有的语言能力又使彼此的沟通成为可能，个人可供推理的凭借就越来越多，获得充分地指导生活的知识就越有可能。因而互相的分工所提供的不同领域的知识对于人超越本能的不足，追求幸福生活是非常必要的。

3　（意）阿奎那. 阿奎那·阿奎那政治著作选[M]. 马清槐译. 北京：商务印书馆，1963：44.

三、社会是一完整的有机体

既然人过群体的生活是自然而必要的，那么如何将不同的人聚合在一起就是一个需要解决的问题。在阿奎那看来，社会共同的生活首先需要某种治理的原则。在社会生活中每个人都有着自己的利益，而通常个人关心自己的利益较其他人的利益为甚，如果没有人愿意遵循维护公共幸福的要求，群体就不能维持，毕竟私人利益不同于公共利益。正如身体的各个部分之所以能够协调统一来自于灵魂的控制一样，多个个体组成的社会也应有一个支配性的力量。不然，"无长官，民就败落。"[4]

因而，"每逢多数人被导向一个目标时，总可以发现有一个人执掌权力，作出指示"。另外，有些在智力、能力等方面较强的人，就会被推举出来，居于领导的地位。阿奎那引用《圣经》的话论证说："各人要利用所得的恩典彼此服侍"[5]。之所以有的人居于统治的地位，并不是由于他们受内心统治别人欲望的驱动，而是"因为他们有着献计献策的义务"，"这是自然体系所规定的，因为当初上帝就是按照这种方式创造了人"[6]。他还认为社会和国家出自人的自然本性，因而也符合上帝的愿望，国家是人按照自然法组成的团体，国家是完善的社会，其根本目的是引导公民达到公共善进而追求上帝。

从上可以看出，阿奎那实际上就把人与人之所以会结合到一起以及权威的必然出现都纳入了神学的范畴，这与霍布斯等人的"狼与狼斗争"后因妥协而产生国家的观点是完全不同的。在阿奎那看来，国家不是由于人的罪恶而被建立，乃是出于神圣的需要。

四、整体的利益高于个体的利益

在个人和社会的关系上，阿奎那也从亚里士多德那里汲取了养分，认可社会的利益高于个人的利益。在亚里士多德看来，"一种善即或对于个人和城

4　（意）阿奎那．阿奎那·阿奎那政治著作选[M]．马清槐译．北京：商务印书馆，1963：45.

5　（意）阿奎那．阿奎那·阿奎那政治著作选[M]．马清槐译．北京：商务印书馆，1963：102.

6　（意）阿奎那．阿奎那·阿奎那政治著作选[M]．马清槐译．北京：商务印书馆，1963：102.

邦来说，都是同一的，然而获得和保持城邦的善显然更为重要，更为完满。一个人获得善值得嘉奖，一个城邦获得善却更加荣耀，更加神圣。"[7]

　　而阿奎那也对社会的利益高于个人的利益从多个角度进行了论述。首先，共同体的维持需要有一个超越于其上的机构的存在来协调各方面的利益，引导人们追求至善的生活，如果各人都坚持自己的利益优先，共同体就会解体。其次，"没有家庭、城邑或邦国的利益，不可能有个人的利益"[8]。再次，个人既然作为整体的一员，部分的配置需要结合整体的要求来考虑，那么就应结合整体来考虑什么是个人的利益，奥古斯丁曾说："任何一个不与整体协调的份子，是一个不良的份子"[9]。

　　那么阿奎那认可整体的利益高于个体的利益这样的观点出于一种什么样的考虑呢？原因就在于：在阿奎那看来上帝虽然赋予了人与生俱有的天性良知良习，但这种天性并不直接地会转化为人可利用的知识，促成人去过世俗的生活，并在此基础上去探究真理追求上帝，这就需要使个人自幼进入一定的家庭、社会环境的熏陶，避免受到与正统教义相违背的思想的干扰，同时由于人在智慧、使命上的差异，个人要想走出单个自我理解可能产生的缺陷必须要与其他信徒紧密接触。当然还有一重要的原因就在于，阿奎那认为既然教会是耶稣基督的传人，那么教会就有责任有能力引导人们去认识上帝追求上帝。而教会利用不变的通行的教义，结合具体的社会实际，给信徒以指导以安慰，就需要在一定形式中也即在一定的团体社会活动中才能实现。在当时的中世纪，阿奎那认为教会的权力高于一切世俗的政府的权力，通过教会的组织，政府和社会都会被动员起来，人们相互探讨交流相互鼓励促进。但对一些异端思想异端分子，在阿奎那看来采取一定的强制措施是必要的，而这也需要权威的出现。不过由于最终对自己末日审判负责的还是自己的行为，阿奎那并不认为个人应当完全地依附国家，是国家的一个附属物，个人应当采取适宜的措施促进国家更好地发展，使国家更好地为个人追求至善创造条件。

7　（古希腊）亚里士多德. 亚里士多德全集（第八卷）[M]. 苗力田主编. 北京：中国人民大学出版社，1992：4.

8　（意）多玛斯·阿奎那. 神学大全（第9册）[M]. 胡安德译. 高雄：中华道明会，台南：碧岳学社联合发行，2008：19.

9　（意）多玛斯·阿奎那. 神学大全（第9册）[M]. 胡安德译. 高雄：中华道明会，台南：碧岳学社联合发行，2008：19.

第二节　人类婚姻应有正当的目的和形式

由于人神之间的巨大差异，上帝创世理念的完全开展，就人类的认识来看，它有一个逐步明晰化的过程。理性认识既然以感性认识为基础，就决定了人的认识的进程，是一个从个别逐渐超越有限进而趋向无限的过程，对上帝的认识也就越来越丰富全面，而这些对单代的人是无法做到的，它只能在一代一代的相续更替中才能日趋完善。因而人类的繁衍就是人类整体逐步完善的一个必要条件，如何繁衍即采取何种婚姻方式就对于文化的传承、真理的认知、对于上帝的追求起着重要的作用。那么阿奎那在婚姻上有哪些观点呢，具体体现在以下一些方面：

一、婚姻的必要性和目的

在阿奎那看来，男女之间建立婚姻关系具有必要性，是人的自然本性使然。因为种类的繁衍需要夫妻生儿育女，还需要双方共同承担起养育、教育孩子的责任，"也使子女达到人之为人的完美境界"[10]。与其他动物相比，人出生后并不能立即寻找食物，或者孩子的生母可以单独抚养他，必须要求父母双方保持一个固定的伴侣关系来共同对孩子的生存、养育和教育负责，这种确切、固定关系的缔结就构成婚姻。它的本质在于两者的结合，原因在于婚嫁，子女是其产生的效果。婚姻本来目的是为了生儿育女和避免犯奸淫，偶然的原因是双方希望通过婚姻所达到的效果，而这是多种多样的，有的是正当的，有的是恶的。两性的结合通常来源于上帝的安排，都是善的，但有时并非出自于上帝，只是结果由上帝所造成，如通奸所产生的儿女，原因是恶的。在阿奎那看来，两性的性别差异也是造成婚姻的必要因素。单独的个人在面对家务时会显得能力不足，在具体的事物中各有适合两性的工作，而两性的结合就会显得相得益彰。

在阿奎那看来，婚姻的主要目的在于生儿育女、教育子女，这是夫妻完全彼此合作所能达到的目的。其他像彼此帮助、避免淫乱等都属于次要目的。婚姻建立在双方彼此信任基础上，双方承诺可以彼此交换身体而合二为一，婚姻实际上是一种契约，规定着双方的权利和义务：如对对方的忠贞等。由

10　（意）多玛斯·阿奎那. 神学大全（第16册）[M]. 陈家华，周克勤译. 高雄：中华道明会，台南：碧岳学社联合发行，2008：339.

于和人的诚信承诺有关，阿奎那称之为"信德"[11]。

婚姻目的的第三点在阿奎那看来，婚姻是圣事，它包括婚姻一旦确定就不可分拆，还包括经由婚姻而产生的各种后果，他们都是上帝所安排的、神圣的。婚姻既然是一种承诺，就不允许中途违约，"夫妻藉着婚约而后永恒地彼此交出自己的权利，势必不能拆散"[12]，所以神圣的婚姻不容分拆。婚姻是人本性的义务，包括婚姻者和婚姻行为两方面。缔结婚姻者需要有正确的目的，子女可以是主要的备选项。婚姻内的行为需要指向一定的对象，这样双方就因此存在着权利义务关系。双方由此从上帝那里获得的子女也是来自于上帝的安排，属于圣事的一部分。

子女是上帝的恩典，是夫妻对上帝公共善的分有，通过子女，人和超越的上帝建立了联系，后来的许多学者也持有同样的观点，阿奎那认为作为个别事物对公共善的分有就是个别恩典。约翰保罗二世用个别的恩典把人和公共善联系起来，并认为它带来了神圣之光。他论述到：事实上，耶稣基督当他向他的天上的父祈祷时，他说："所有的都应成为一体……正如我们一样，他已经打开了神与人相近的可能性，因为他暗示了在和圣子统一的相似性，以及在真理和爱上与神的选民的统一。这种相似性展现给世界上唯一可以自由选择的受造物即人，但人不可能充分的认识自己，除非有来自于上帝的个别恩典"[13]。孩子是上帝给夫妻的一个礼物，因而是公共善。阿奎那也有类似的观点：子女是丈夫和妻子的公共善。

在阿奎那看来，有内在的善和外在的善之分。如对于军队而言，秩序和命令就是它的内在的善，而胜利则是外在的善。对家庭而言，爱是内在的善，而孩子则是外在的善。在约翰保罗二世看来，人之所以能够活下来，就在于有上帝的恩典，也就是上帝的荣耀在里面。阿奎那认为世界的所有事物通过对神圣事情的摹仿而趋向上帝。

11　（意）多玛斯·阿奎那. 神学大全（第 16 册）[M]. 陈家华，周克勤译. 高雄：中华道明会，台南：碧岳学社联合发行，2008：405.

12　（意）多玛斯·阿奎那. 神学大全（第 16 册）[M]. 陈家华，周克勤译. 高雄：中华道明会，台南：碧岳学社联合发行，2008：408.

13　Michael Waldstein, *The Common Good in St. Thomas and John Paul II*, Nova et Vetera, English Edition, Vol 3, No. 3（2005）: 569-578.

二、婚姻建立的条件

基督教的学者在婚姻如何缔结的问题上，显然不同于伊斯兰教所强调的由父母挑选定夺，个人几乎毫无发言权的情况，这与伊斯兰教提倡要信天命，一切由安拉决定，女人从属于男人有关，也许在伊斯兰教宗教学者看来家长的安排也是顺应天命的一部分。我国古代讲究"父母之命，媒妁之言"，也排除女子在婚姻上的选择权。但对于基督教的学者阿奎那而言，他着眼于个人应对自己的行为负责，因而反对在婚姻构建过程中对任何一方进行强迫，他认为婚姻需要双方的完全自愿地认同。为说明这一点阿奎那从以下几个方面作出了论述：

（一）外在随意的同意不能构成婚姻

在阿奎那看来，婚姻是两个人离开父母，在身心两方面达到彼此的合二为一，因而如果一方缺乏内心的赞同，两者就不可能达到真正的合一，婚姻因而对另一方就不会存在。另外正如外在的洗礼与圣洗、圣事有关，同样口头表达的话同样也与圣事有关，如果一个人只是领受外在的洗礼，却不愿意接受内在的圣礼，他就不算真正的受洗。类似的，如果一个人内心没有真正的同意，他也就没有真正地结婚。"因为婚姻似乎是一种永恒的奴役"[14]，如果选择不好，负面效果极大。

（二）他人并不能决定个人的婚姻

子女并非是父母等长者的附属物，他们都是自由的，父母无权决定孩子的婚姻，因为父母没有孩子身体的主权，而只是负有教育的权利。孩子无需要父母的同意，可以自行决定自己的婚姻。

（三）外在的强迫不能构成有效的婚姻

对于人所受的外在强迫，阿奎那把它归为两类：一类是绝对而必然的暴力，即通常意义上纯粹的暴力，不允许思考质疑，必须立即执行，以免不利后果迅速出现的强迫，如风吹得人不得不后退。另一种是有条件性的必然的暴力[15]。人一方面不得不对所遇到的暴力作出反应，同时，又自觉运用自己的

---

14 （意）多玛斯·阿奎那. 神学大全（第 16 册）[M]. 陈家华，周克勤译. 高雄：中华道明会，台南：碧岳学社联合发行，2008：395.

15 （意）多玛斯·阿奎那. 神学大全（第 16 册）[M]. 陈家华，周克勤译. 高雄：中华道明会，台南：碧岳学社联合发行，2008：391.

理智权衡反应的方式、手段等。如当人们为了减轻重量避免沉船而抛弃一些物品，这种抛弃虽情非得已，但却是人的自愿选择或者是一种相对的自愿。

第一种暴力是绝对的，与人的内在选择无关，只是对身体进行限制，那么以暴力侵犯来试图构成婚姻的行为就属于这种情况，它因不可能达到灵魂的统一而不可能构成婚姻。第二种情况下，人的相对自愿的选择来自于对外在条件所造成的心理恐惧，这种恐惧如果大于人的承受能力，个人就不得不去做一些自己所不愿意的事情。"婚姻的关系是永恒的，凡相反这种永恒性的一切，都使婚姻无效。"[16]在阿奎那看来，那外界足以动摇人信念的恐惧，就会破坏婚姻的永恒性。因而出于恶意的、有条件的、以逼迫对方接受的婚姻就是无效的。从今天的观点来看，他的一些看法显得过于理想化和偏执激进。

三、反对多配偶婚姻

阿奎那是反对多配偶婚姻的，原因就在于多配偶婚姻明显是违背婚姻主要目的。在他看来，婚姻有三个目的即儿女、忠信即彼此尽夫妻的义务和圣事。人由于是上帝的形象，人如果污损自己就是污损上帝，信徒之间的婚姻象征着基督和教会的融合。第一个目的，人与其他动物无异，属于人的自然本性；第二个目的使人和其他受造物区别开来，人成为人；第三个目的把普通人和选民[17]加以区分。

一个男子有多个妻子，似乎并不违背婚姻的第一个目的，因为他可以和多个妻子结合，生育多个孩子并共同加以教育。似乎也没有完全破坏第二个目的，因为他可以对不同妻子履行做丈夫的义务，但不可能同时对所有女子尽丈夫的义务，不可能使他的妻子都能相安无事。却完全破坏了婚姻的第三个目的，即象征着基督和教会的合一，因为基督和教会都是唯一的。一妻多夫因使所出生的小孩不知生父是谁，就不可能对小孩给予来自于父母双方的教育，因而明显是违背婚姻主要目的的。所以信靠上帝的人不应去追求一夫多妻或一妻多夫。

在阿奎那看来，上帝事实上也不支持多配偶婚姻。人类的第一对始祖亚当夏娃就是一夫一妻的，这也是上帝所安排并对人加以示范的，而一夫一妻是上帝铭刻在人心里的自然法，它不是以文字或言语来传授的。

16　（意）多玛斯·阿奎那. 神学大全（第 16 册）[M]. 陈家华，周克勤译. 高雄：中华道明会，台南：碧岳学社联合发行，2008：391.

17　这里指顺从上帝，乐意以上帝的要求为自己行为规范的人。

阿奎那也反对离婚、再婚。他认为双方一旦结婚，那么婚姻后的任何事情都不能解除婚姻，即使是一方发生了特别严重的有辱婚姻的事情。这种关系"一旦夫妻还活着，都受婚姻关系的束缚，不是离婚，或是再嫁人所能毁灭的"[18]。阿奎那明确了再婚的可能条件：只能在另一方已经去世的情况下才可进行。一方死了，婚姻关系也就终止了，此后再婚就不在限制之列，而再婚因"丧失去第一次婚姻的所象征的光彩"[19]，所以不是善的。

四、认可个人的禁欲隐修

在阿奎那看来，部分的人禁欲不婚是可以的。他认为由于人的本性，共同的倾向于为了共同的善，个人应承担各自的职责和行为。因而不同的人就以不同的方式从事各种职业，但都是服务于整体的目的，无可指责的，所以有的人选择婚姻生活，有的人选择禁欲、隐修也是可以的，由于总体上前者人数较多，不会导致人类无法继续繁衍的危机。阿奎那还认为最可靠、最迅速的途径，是放弃世俗的生活，追求天国的生活，因而修道院或禁欲的生活是理想的生活。

从阿奎那对婚姻的态度可以看出他强烈地反对社会中出现的纵欲主义及同性恋的倾向，他希望人一旦自愿结合就要信守承诺，只要双方都还活着就不应离婚，他对多配偶制的反对对于引领社会的健康发展起着极其重要的作用。

第三节　经商不可以取利为目的

按照通常的观点，个人必定要在社会中生活才可以成其为"人"，人作为肉体和灵魂的有机体有着本能的各种需求，不论是满足于肉体的吃穿住用等用品，还是满足精神需求的音乐舞蹈书籍等，都是人所需求的且个人并不能自满自足的，必须与他人互通有无，商业也就在这种情况下出现了。阿奎那对于私人物品以及私人物品在不同人之间的流动和交换是一个什么态度呢，我们来看看他的有关论述：

18　（意）多玛斯·阿奎那. 神学大全（第 16 册）[M]. 陈家华，周克勤译. 高雄：中华道明会，台南：碧岳学社联合发行，2008：548.

19　（意）多玛斯·阿奎那. 神学大全（第 16 册）[M]. 陈家华，周克勤译. 高雄：中华道明会，台南：碧岳学社联合发行，2008：553.

一、个人可以拥有自己的财产

在阿奎那看来，对于身外之物，可以从两个角度加以区分。首先，从事物的本性来说，它们与人一样作为上帝的创造物，并不服从于人的管辖，只与上帝有着直接的关联。上帝作为世界的创造者和维持者，他对万物拥有绝对的权力。但另一方面，从它们的用处来看，人则对他们拥有自然的主权。根据上帝创世的规划，人是处于较高的等级，其他自然物都处于相对较低的等级，按照不完善的是为较为完善的所准备所利用的，其他自然物是上帝为人所预备的，人就可以拥有和利用。人作为上帝的肖像，分有一定的理性和意志，可以对外在事物拥有一定的权力，因为它们都是为人所造的，人享有自然的主权。《圣经》上说："我们要照着我们的形象。按照我们的样式造人，使他们管理海里的鱼，空中的鸟，地上的牲畜和全地，并地上所爬的一切昆虫"[20]。

在阿奎那看来，个人可以要求对一些物体归自己所有、支配，主要原因在于：其一，就人的本性来看，人往往对归自己所有的事物关怀的要更多一些，而对公众的事务则往往逃避或推诿；其次，如果各个人都关心追求自己的利益，社会的事物就会按规则有序进行。否则，社会就会杂乱无章。这就如同众多的人聚集在一起打牌，如果每一个参与者都抱着正常的、希望获胜的心理，游戏就能够进行下去，相反如果有人不是这样，游戏就无法进行了。第三，如果每个人对自己所获得的东西满意，社会就会维持安定的局面。当个人劳动就有收获，付出更大努力，收获就会更多时，个人的心态就会充满希望，将自己所得的现状归结到自己的付出、投入上面，而不是怨天尤人愤恨社会。

从上诉的分析可以看出，在阿奎那看来，由于人天性更关心自己的利益，更会照顾好自己的利益，个人荣誉的满足程度都和直接拥有的财物等密切相关，因而人就通过相互之间的约定，使外在事物私有成为多数人认可的原则。由于自然法并没有规定财物公有，因而它并不违背自然法，这样财产私有就是合乎正义的事情。阿奎那的结论是："财产私有并不相反自然法，而是人的理性所增补或附加于自然法的"[21]。《圣经》中摩西十诫其中之一就是要人不可贪恋别人的财产。

---

20 圣经·创世记[M]. 1：26. 简化字新标点和合本. 2000 年 10 月.

21 （意）多玛斯·阿奎那. 神学大全（第 16 册）[M]. 陈家华，周克勤译. 高雄：中华道明会，台南：碧岳学社联合发行，2008：234.

不过从维护人更应向往最后的上帝的角度，阿奎那还是希望人不要过分的看重财物，不要为了它们本身而去追求它们，只是把它们看作服务于更高目的的手段，阿奎那说："如果把非理性的受造物看作我们愿意别人得到的善或利益，比如说我们愿意保存它们是为了上帝的荣耀和人的使用，那么出于爱可以爱它们。"[22]

二、买卖应公平进行

在阿奎那看来，买卖本身是为了双方的利益，彼此需要对方的物品或钱。凡是为了双方的利益而订立的合约，不论是口头的或是书面的，都不应使一方的负担比另一方更重。双方的交易应符合公平原则，也就是所给的价格应和商品实际的价值相当，不能以高于商品的价值卖出物品或低于商品的价值买进物品，过高或过低的交易价格都是有罪的。

阿奎那还认为买卖应诚实进行。如果卖主明明知道自己所卖物品的类别、品质有缺陷而不加以说明，或使用不正当的计量工具以谋取较大利益，就犯了欺骗的罪，因为"给人制造遭遇危险或损失的机会，常是一件不合法的事"[23]。卖方出售有缺陷的商品，他已经给买方造成了将受损失的机会，如果卖方不加以说明，买方遭受损失的机会就会增大。同样，买方也应在交易中诚实不欺，不能因对方的无知把黄金当铜出售自于己就欣喜若狂，应实事求是地指出来。

三、经商并非是件恶事

在阿奎那看来，物品之间的交换分为两种：一种以满足于生活的需要而发生的自然而然的商品交换，或以物与物交换或用钱与物的交换。另一种是商人为追逐利润而进行的商品交换，它专属于商人。第一种交换是值得赞扬的，因为它是为自然的需要服务的，第二种似乎应受指责，因为它是为满足人永无止尽的对利润的贪欲服务的，因而谈不上高贵和必要。但就其本性而言，也说不上罪恶或可耻。如果人们调整自己做生意的意向，如为了维持自

---

22 Thomas Aquinas, *Summa Theologica by Thomas Aquinas*, Fathers of the English Dominican Province, Benziger Bros. edition, 1947, 2-II：25, p. 1714

23 （意）多玛斯·阿奎那. 神学大全（第 16 册）[M]. 陈家华，周克勤译. 高雄：中华道明会，台南：碧岳学社联合发行，2008：336.

己及家人的生存，为了有节余帮助穷苦的人，或为了公共利益等，就使经商有了高贵的目的，经商只是服务于这一目的的一种工具，而应加以认可。

从上述的分析我们可以看出，阿奎那的思想中蕴涵着以下两层意思：一方面，在造物主上帝面前，人和其他事物一样都处于受造的地位，事物之所以能够存在都是拜上帝所赐，因而除了上帝可以对其他事物进行统治支配而外，人其实并没有任何优越于其他事物的方面。阿奎那的这种思想很容易让人想起《圣经·传道书》中"虚空的虚空，凡事都是虚空，人一切的劳碌，就是他在日光之下的劳碌，有什么益处呢"[24]的警语，人即或有所谋略有所获得，又有什么意义呢，因为人并不能决定自己的走向，因为就连性命也是上帝所造的，现实累积的财富再多也并不一定对自己死后升入天堂有所帮助，而这在阿奎那看来才是人在尘世生活最应考虑的。

另一方面，作为受造物中等级最高的自然物的人是其他受造物的目的，按照上帝的安排，其他事物都是为人的生存和发展而准备的，因而人利用拥有外在的物体就是合理的。既然不同人之间因多种原因存在着余缺丰欠的差别，那么相互之间互通有无进行交换就是自然而然的，当然这种交换应基于公平和正义，杜绝坑蒙拐骗和以暴利为目的。阿奎那实际上希望提倡一种团结互利的氛围，反对以取利为唯一目的，否则人就容易在低级、外在的金钱的追逐中忘记了还有更高尚更真实的精神追求也即趋向上帝，不过阿奎那认可经商并非恶事对后世有着重要的影响。

第四节　对背信者应加以强迫

在现代社会中通常强调教会与国家的分离，提倡宗教信仰自由，公民可以自由地选择自己是否信教和信哪一种宗教，以及从一种宗教转换皈依到另一种宗教。作为现代社会的一分子，人们通常会认为宗教信仰自由是个人的私事，其他个人组织包括教会、国家是不去也不能加以干涉的。而阿奎那本人则由于处于由中世纪向近现代的过渡时期，他的思想则处于从提倡无条件信仰教父哲学向提倡个性解放的文艺复兴过渡的阶段，因而还带有宗教不宽容的特征。阿奎那强调人应信仰上帝，并把不信上帝视作一种罪。如果一个人起初信奉了基督教，后来如果想要改变就被认为是一种背信弃义。他认为

---

24 圣经·传道书[M]. 1：2-3. 简化字新标点和合本. 2000 年 10 月.

为了维护正统信仰，就应对与之相违背的学说进行讨伐，更主张对信奉异端思想的人进行惩治甚至于进行肉体的消灭。阿奎那具体的思想较详细论述如下：

一、不信是一种罪

在阿奎那看来，是否信奉上帝与一个人的品德有很大的关系。他认为由于恭敬上帝而做某些事情，属于宗教的事情。人为了表达对上帝的应有尊敬，自愿地去做一些事情，应属于德性的事情。

在阿奎那看来，有两种因不信仰上帝而获得的罪，世人要么属于其中的一种。一种是"那些从未听过有关信德的人所有的不信，没有罪恶的意义，而只有惩罚的意义"，因为没有机会接触到基督教的教义，个人就对它毫无所知，"这种对于上帝之事的无知……受罚而不能得救……假如我没有来，没有教训他们，他们就没有罪。"[25]另一种是"由于骄傲，人不愿使自己的理智服从于信德的规则，以及教父们优良的解释"，不肯听从信仰、蔑视信仰、反对信仰，都可算作人内心里抵触信仰在实际态度上反对信仰。在阿奎那看来有两种情况，"既然不信的罪在于反对信仰，这就可能以两种形式出现：或者在接受信仰之前就加以反对，这是外邦人和信其他教的人的不信，或者在接受之后又反对它"[26]。不信基督教的罪人就包括了那些单纯没有信仰的人，他们其实"没有罪"，和那些接受了异教而不肯悔改的人，还包括虽在教会内部但信仰异于正统教会认定的教义的人如犹太教徒，以及严重偏离正统的异端分子，因这些人违背人的本性，"反对自己内在的本性以及外在宣讲的真理……不信违背人的本性"[27]，而"罪是与本性相反的"[28]，因而他们的不信就是一种罪。这里我们可以看到把那些因没有机会可能接触上帝的人划入虽不可进天国，但实际上并不会因不信而受惩罚的"罪人"行列，把那些不论"接受

25 Thomas Aquinas, *Summa Theologica by Thomas Aquinas*, Fathers of the English Dominican Province, Benziger Bros. edition, 1947, 2-Ⅱ：10, p. 1613.

26 Thomas Aquinas, *Summa Theologica by Thomas Aquinas*, Fathers of the English Dominican Province, Benziger Bros. edition, 1947, 2-Ⅱ：10, p. 1617.

27 Thomas Aquinas, *Summa Theologica by Thomas Aquinas*, Fathers of the English Dominican Province, Benziger Bros. edition, 1947, 2-Ⅱ：10, p. 1614.

28 Thomas Aquinas, *Summa Theologica by Thomas Aquinas*, Fathers of the English Dominican Province, Benziger Bros. edition, 1947, 2-Ⅱ：10, p. 1614.

信仰之前就加以反对"，"或者在接受之后又反对"的人划入应对自己行为负责的罪人行列，那些当前还没有任何信仰的人，因有信的可能，还不能说其有罪，因其并没有否定教义只是还没有对教义进行选择。

而且不信是一种最大的罪。在阿奎那看来，判断一种具体罪的严重程度的标准就在于其背离上帝的程度。"每一种罪，就其形式而论，都在于背离上帝……一个罪俞使人与上帝分离，也俞重大"[29]。阿奎那认为对于没有信的人自然不会有对上帝的知识，对于那些有错误信仰的人，自然也不可能真正认识上帝，因为他所理解的并不是上帝，所以阿奎那的结论是："不信最使人远离上帝……不信之罪比道德腐败之中所发生的任何罪恶还要重大"[30]，"不信是一个死罪"[31]。

二、不信的人仍然可以做善的事情

不信的人是有罪的，那么是否以有罪之身所做的每一个行为都是罪呢？对于这个问题阿奎那给出了否定的回答。

因为人的不信，自然无法认识上帝，分有上帝特别的恩典，在末日审判时无法进入天国，不过"不信者固然没有恩宠，不过他们还有一些本性之善"[32]，没有神圣之光的照入，并不取消影响他们内在固有的由上帝所赋予的自然本性，如趋善避恶等，不信者的自然理性也不会受到破坏，"他们仍有一些真理的知识"[33]，人虽然不可能去做来自于恩典的工作，但还是可以在一定限度内做自然理性之光所揭示的合乎自然本性的事情。这里阿奎那认为，那些不信者因为不信而导致的对上帝的无知，使他们不可能接受到上帝的特别的恩典如直接由上帝施与的信望爱等神学德性，不能因认识追求上帝而获得天国的幸福生活，但并不影响或消弱上帝所普遍赐予的作为人所应具备的本性如

29 （意）多玛斯·阿奎那. 神学大全（第 7 册）[M]. 胡安德译. 高雄：中华道明会，台南：碧岳学社联合发行，2008：148.

30 （意）多玛斯·阿奎那. 神学大全（第 7 册）[M]. 胡安德译. 高雄：中华道明会，台南：碧岳学社联合发行，2008：148.

31 （意）多玛斯·阿奎那. 神学大全（第 7 册）[M]. 胡安德译. 高雄：中华道明会，台南：碧岳学社联合发行，2008：149.

32 （意）多玛斯·阿奎那. 神学大全（第 7 册）[M]. 胡安德译. 高雄：中华道明会，台南：碧岳学社联合发行，2008：150.

33 （意）多玛斯·阿奎那. 神学大全（第 7 册）[M]. 胡安德译. 高雄：中华道明会，台南：碧岳学社联合发行，2008：149.

人的自然理性等，凭借着自然理性人仍然可以认识什么是善什么是恶，在理性的认可下由意志去做一些善事。这实际上回答了为什么在非基督徒里面也有一些特别出众、常行善事的人，否定了没有基督的恩典，人只能在罪中挣扎的观点。

三、不可强迫不信的人信教

阿奎那提倡有限度的宗教自由。通常情况下，他认为应当允许其他人有信仰选择的自由，不能强迫非基督徒信仰基督教或让他们表白他们的信仰。

因为信仰的内容、对象、程度等主要取决于个人的自由选择，"因为相信倚赖于人的意志"[34]，即或用暴力强迫他人，他人仍有不信的可能。在阿奎那看来，允许宗教自由的原因在于，其他宗教虽然是恶的，但因为有了它们的存在却可避免更大的恶，防止了较大的善被摧残。因而，存恶就是非常有必要的。正如阿奎那引用奥古斯丁的话所主张的，"如果取缔娼妓，放荡淫乱的事情就将层出不穷而不可遏止"[35]，其他宗教的活动虽然会产生一些罪恶，但"仍然应该容忍他们，或者因为从此可以产生一些善，或者因为从此可以避免一些恶"[36]。因而，或为了避免某种因压制而引起的冲突，或为了在宽容的环境下给对其他人的拯救以机会，就应当对其他宗教有时甚至是异端或邪教分子也予以宽容。只是要防止那些妨害基督教正确传播的力量。阿奎那认为基督教和其他宗教的战争并不是为了通过暴力传播基督教，而是为了防止其他势力阻止基督教的传播。

四、对于背信者应加以强迫

对于那些起初进入教会接受基督教教会教义，后来又试图改变信仰的对象和内容的人，阿奎那对他们进行了谴责。

阿奎那认为一个人背弃原来的宗教转而信奉其他的宗教，首先是一个道德败坏的问题，"正如许愿是一件自由的事情，而遵守愿言就是必然的事情，

---

34 Thomas Aquinas, *Summa Theologica by Thomas Aquinas*, Fathers of the English Dominican Province, Benziger Bros. edition, 1947, 2-II：10，p. 1621.

35 （意）阿奎那. 阿奎那政治著作选[M]. 马清槐译. 北京：商务印书馆，1963：132.

36 （意）多玛斯·阿奎那. 神学大全（第7册）[M]. 胡安德译. 高雄：中华道明会，台南：碧岳学社联合发行，2008：166.

因而接受信仰是一件自由的事情，一旦人接受了信仰，那么保持信仰就是一件必然的事情"[37]，人一旦接受了基督教就应该无条件地遵守它。其次，为了他人的善，可以采取强迫的手段。针对一些人主张的信不信由人自己选择，即使耶稣基督也没有强迫过谁的观点，阿奎那列举了起初保罗不信耶稣基督，疯狂捕抓基督徒，犯罪甚多，耶稣基督就在保罗去大马士革的路上，使保罗跌倒，使他的眼睛不能看见，使保罗认识到自己所行的恶事，并赐给他圣灵，从此保罗潘然悔改，积极传播上帝福音的事例[38]，然后阿奎那接着说，"耶稣基督首先强迫了保罗然后再教给了他（教义）"[39]。

可能是由于人生大部分的时间都在和激进的奥古斯丁主义及阿威罗伊主义的学说做辩论的缘故，阿奎那认为偏离正统的思想危害极甚，对于同一教内的异端分子，阿奎那表现出了不宽容，认为异端的观点偏离正统信仰，危害极大，比伪造货币更甚，对于异端分子应当将其逐出教会甚至于判处死刑。阿奎那引用杰罗姆的话论证到："腐肉必须割掉，染了疾病的羊子必须扔出羊栏，免得整个牲畜棚全被波及到，大批的羊子受到侵害，成群的发生感染，终于死亡怠尽"[40]。

为了纯洁信仰，阿奎那还认为信教的信徒不应和异教徒结婚。因为父母的重要职责是教育子女让他们心中恭信上帝，如果一方有其他的信仰，双方在教育孩子的意愿上就会出现矛盾，违反孩子的利益，但教徒可以和无信仰的人结婚。

从阿奎那认为不信基督教就是一种罪，以及改宗别教罪行更重，对待异端思想应该坚决铲除的观点来看，他表现出了宗教的不宽容。在他个人看来，作为上帝亲自启示直接言说的宗教人们应当心悦诚服地接受，作为信徒的一分子也应怀有认为这些学说是正确无误应加以全人类推广，而对那些有碍它传播的因素毫不妥协的态度。但考虑到阿奎那强调这种学说应当应用到社会现实就带来了极其负面的效果：认为正统的思想有一现成的标准，其他与此不符合的都是异端，都是应加以反对和取缔的，甚至于不惜使用死亡来进行

37　Thomas Aquinas, *Summa Theologica by Thomas Aquinas*，Fathers of the English Dominican Province. Benziger Bros. edition，1947，2-Ⅱ：10，p. 1621.

38　圣经·使徒行传[M]. 9：1-22. 简化字新标点和合本. 2000 年 10 月.

39　Thomas Aquinas, *Summa Theologica by Thomas Aquinas*，Fathers of the English Dominican Province，Benziger Bros. edition，1947，2-Ⅱ：10，p. 1621.

40　（意）阿奎那. 阿奎那政治著作选[M]. 马清槐译. 北京：商务印书馆，1963：134.

威胁，这与后来出现的宗教裁判所监控封杀异端思想异见人士的做法是本质相同的，不能不说这是其学说中的缺憾和不足。

五、奉献祭物有时也是必要的

在人是否需要奉献有形的祭物的问题上，阿奎那认为人对上帝奉献祭物等并不是因为上帝需要他们，而是通过这种活动表达人们对上帝的尊敬，以求得上帝的悦纳，因"有形的祭献是无形祭献的圣事，即神圣的标记"[41]。

人们尊敬上帝和做善事荣耀上帝，并非这些行为能对上帝的荣耀有什么增加，不是为了上帝，因为上帝是至高无上者无所稀缺，而是为了人们自己，因为人们凭借着上帝的恩典而自愿服从于他，而这种服从有助于身心的完善。"因为每一样东西，都是由于附属于其上者而臻于完善"[42]，如人的肉体因服从于灵魂的调度而逐渐完善。人的身心的活动，为能和上帝相结合，就需要接受外界事物的引导，"利用有形的事物，为使人的心神，因着它们，好像因着一徽象，被激升到那些与上帝结合的精神行动"[43]。所以在阿奎那看来，宗教虽然是内在的精神性行为，但有时也需要某些外在的具体有形的行动。

第五节 要通过法律约束和引导人趋向至善

在阿奎那看来，上帝虽然在人内心中设置了向善的良知良习，经由社会的熏陶懂得了一些必备的善恶知识，但是人出于欲望激情等多种原因，仍然可能拒绝理性的认定，去干一些违背良知伦理道德和违背本性的事情，如果不加以制止就会败坏社会风气，教唆他人依样而行，为保证社会全体向一个具体目标迈进以追求至善，因而通过制定明确的人生行为准则，并通过一定的强制力来加以保证就显得非常重要。而这种有强制力的规则就是法律，不过在阿奎那看来并非任何由统治者颁布的命令都是法律，依据他的观点，法律必须在制订程序上、所要达到的目的上等符合一定的要求才可被认可，到底是哪些具体限制规定呢，我们看一下他的论述：

41　（意）阿奎那. 阿奎那政治著作选[M]. 马清槐译. 北京：商务印书馆，1963：21.

42　（意）多玛斯·阿奎那. 神学大全（第 10 册）[M]. 胡安德译. 高雄：中华道明
　　会，台南：碧岳学社联合发行，2008：20.

43　（意）多玛斯·阿奎那. 神学大全（第 10 册）[M]. 胡安德译. 高雄：中华道明
　　会，台南：碧岳学社联合发行，2008：20.

一、法律的来源和分类

（一）法律的来源

对阿奎那来讲，国家形成于人与人之间的能力等自然差异以及为了更好解决内部的利益纷争，人与人之间的利益关系需要协调，必须从公共利益的角度来制定各种约束，并由特定的人来加以宣布实施，而维持约束人们行为的调节机制规定就是法律。

在阿奎那看来，法律是人行为的规则和尺度，它引导人做某事或限制人做某事。而人类行为的规则和尺度的第一原则是理性，所以法律从属于理性。人类实践活动的目标，或实践理性的对象是人最后的目的，也就是幸福。因此，法律必须要考虑与幸福的关系。既然部分取决于整体，不完善的取决于完善的，个人是完善共同体的组成部分，因而法律就必须考虑全体的人的幸福。"任何力量，只要它能通过共同的政治行动以促进和维护社会福利，我们就说它是合法的和合乎正义的"[44]，共同善是每一法律的目的。

在阿奎那看来，法律的首要任务是对有利于公共善的安排，而这种安排乃是全体人民或代表全体人民的某一个人的任务。因而法律的公布乃是人民全体或赋有保护公共善的个人的事情，这公布法律的人同时也是通过法律来达到公共善的人。如果某个人公布的不是代表全体人民公共善的法律，他就不再具备代表人民公共善的资格。

通常情况下，个人无权强迫其他人去干什么事情，但为了共同的社会生活，必要的法律强制力量还是必不可少的，它不可能由社会中的每一个人来行使，只能交付代表全体人民的负责惩罚的官吏。同时也只有他们才有权利制订法律。由此，阿奎那认为所谓法律就是有关公共善的事项的合理安排，并由负责管理社会的人予以公布的规则。

依据阿奎那的观点，法律的真正目的是引导那些受法律支配的人求得自己的德性。因而如果立法者的目的是为了获得真正的善，即由神所规定的公共善，那么人就会受这种法律的影响，而获取好的德性。反之如果立法者的目的不是为了公共善，只是为了个人喜悦的或与神法相背的目的，它就不可能使人变善。

44　（意）阿奎那. 阿奎那政治著作选[M]. 马清槐译. 北京：商务印书馆，1963：105.

（二）法律的分类

作为基督教神学家，阿奎那对世界的一切思考都与上帝关，对于法律的来源，他明确反对那种认为是不同的人为了利益的妥协而结成一定协约的观点，并不赞同法律是人类社会发展到一定阶段的自然产物，相反，却认为法律是来自于上帝的直接赐予，由上帝颁行永恒法适用于一切事物，通过自然法在人性上添加印记，人通过对自然法的理解将自然法用于解决和规范具体的日常生活就是人法，但这种人对自然法的运用受人本性缺陷的限制，有时就会偏离上帝的要求，且不能对人的内在心理进行约束，因而就需要上帝颁布具体的行为要求那就是神法，神法在耶稣基督那里达到顶点。具体来说在阿奎那看来有以下几种划分：

1. 永恒法

依据阿奎那的观点，永恒法是上帝创造世界指导和推动一切行动和动作的理念。如同一个工匠对他的作品有一个范形一样，在上帝理智里也有一个推动万物以达到它们适宜目标的蓝本，上帝按照这个蓝本对所有创造物进行的合理领导，如同宇宙的君王那样具有法律的性质，永恒法适用于一切事物。

在阿奎那的体系里，永恒法是最高等级的法律，就有着最高的效力，它并不否认其他类型法律的存在和合理性，但是其他法律必须与之相一致，从它产生。就如同较高的统治者将一些事情交付给较低的统治者，后者的权力来源于上级，效力产生必须在与上级要求相一致时才会出现。因而奥古斯丁说，"如果人法不是人们从永恒法得来，那么在人法里就没有一条条文是公正的或合理的"[45]。

2. 自然法

阿奎那认为，所有的事物由于都来自于上帝依赖于上帝，那么就必然受上帝的意志永恒法所支配。但与其他非理性生物不同的是，理性动物以一种特殊的方式受神法所支配：他们可以自觉自愿地而非本能必然地支配自己的行为，因而就变成了神意本身的参与者。他们在某种程度上分有神的智慧，在此基础上产生自然的倾向，以从事适当的行动和目的。这种理性对永恒法的分有，就是自然法，它是人用以辨别善恶的自然理性之光，是上帝之光在人身上烙下的印记。

45　（意）阿奎那. 阿奎那政治著作选[M]. 马清槐译. 北京：商务印书馆，1963：111 页.

3. 神法

依据阿奎那的观点，在自然法和人法之外，人还需要神法的指导，主要包括《旧约》《新约》等。原因在于：首先，人注定要追求永恒的幸福，而这超出了人天赋能力的限制，就需要来自于神所赋予法律的指导。其次，人类自身理性的缺陷使人对自身活动作出多种解释，由此产生不同条文甚至于相反的法律。因而为了使人确凿无误地知道什么是当做的和什么是不当做的，就有必要使行动受到不可能有误的神法的指导。再次，人法是就能加以判断的事项制订的，人的判断对人的内心活动无从判断，只能涉及外在的行为，而完美德性要求人内在、外在都正直，这只能由超自然的神法来规范。再次，人类的法律不能禁止和惩处一切恶行，因为当惩治恶行时，其他的善也被禁止。在阿奎那看来，神法是可以有所变化的，新约替代旧约也是自然的，两者特征不同，"法律引导人去遵守诫命。旧约是通过使人因畏惧惩罚而去遵行，新约是通过耶稣基督所灌注进心里的恩典即爱来使人去遵行，而这在旧约中只有恩典的表征出现"[46]。唯一的上帝为何却有两种不同的赐予出现，原因就在于："就像一个家庭的父亲会对较小的孩子和成年的孩子以不同的规矩一样，同一个上帝在他的国中，也会给那些处在不完善中的人一种法律，给那些经由旧约的引导，已经对上帝之事具备更大能力的人以一种更完善的法律"[47]。

4. 人法

依据阿奎那的观点，人们可以从一些天然获得的不言自明的原理出发，运用推理的方法，得出科学的结论。同样，人也可以从自然法的原则，即那些普遍的不言自明的原理出发，经过推理，获得一些特定适用于人类的规则，这些规则就是人法。

人法来自于自然法。人法的产生在于以下原因：每个人身上都因分有上帝的善，而具有向善的倾向，但这种倾向只有经过后天的培养锻炼才会逐渐完善。人由于自身知识、能力等的缺陷，获得外界的教导、帮助是非常有必要的，因而人与人之间的相互帮助就很有必要。但在阿奎那看来，有一些人

---

46 Thomas Aquinas, *Summa Theologica by Thomas Aquinas*, Fathers of the English Dominican Province, Benziger Bros. edition, 1947, 2-I：91, p. 1337.

47 Thomas Aquinas, *Summa Theologica by Thomas Aquinas*, Fathers of the English Dominican Province, Benziger Bros. edition, 1947, 2-I：91, p. 1338.

性格乖戾，容易作恶，通常的劝告是没有效果的，因而，"必须用压力和恐怖手段使这些人不做坏事。"[48]人法就是用来使这些人产生畏惧，纠正自己的恶行，逐渐地以行善为常事的，只有这样才能保证其他的人享受和平，过一种有德性的生活。

在阿奎那看来，法律是否有效，取决于它是否是正义的。在人类事物中，只有符合理性的法则，我们才说它是合乎正义的，而理性的第一法则是自然法。由此可知，人所制定的法律，如果来自于自然法，就合乎理性，如果与自然法相矛盾，就是不合法的，或是有污损的。

对于阿奎那关于四种法律的划分，也可以归结如下：上帝将自己的作为广布于宇宙之间，无所不在、无所不及、永不更改，是为永恒法。但人却并不能认清其整体意义和内涵，它在理性的人心里留下印记，促使人去思考自身的存在和意义，主动地去加以选择，这就是自然法。上帝通过《圣经》、先知、默示等告知人如何行事的规则，是为神法。人根据自然法即内心的天赋原则构建的自我调节人们各种关系的规则就是人法。这里自然法起着沟通永恒法的颁发者上帝和人法的拥有者的人的作用。而人法虽然产生于自然法，是上帝的启发，是上帝意志的间接的启示，但由于上帝和人在本性上的巨大差异，理解方式以及分析能力等的不对等，因而他们之间的沟通就不可能是直显的、直接的，就需要一定的代理人，摩西等先知就充当了这一角色。由于先知是人，难免也会带有人的局限性，后来耶稣基督道成肉身亲自讲授就避免了人对上帝理解的失误。神法虽出于上帝的直接言传身教，但因人神之间理解层次的不对等，这种传授就如同有知识的人向没有受过教育的要讲明什么，需要借助于初级的甚或不成体系不准确的知识，后者才可理解，因神的知识超越了人的感性体验范围和理性思考极限，所以《新约》替换了《旧约》，对《圣经》真正需要理解的是其启示的内涵，而非具体的条文。

二、法律应具备的四个特点

在阿奎那看来，人们可以从自然法中抽出具体的原则，或将其直接运用于具体的情形而建构人法。如不得杀人是从"不得害人"箴言中获取的。不过两种方法获得的结论的效果不同，前者是自然法也加以认可的，而后者只有人法的效力。

---

48 （意）阿奎那. 阿奎那政治著作选[M]. 马清槐译. 北京：商务印书馆，1963：115.

实在法有万民法和市民法的区分。那些直接从自然法中得出的结论属于万民法，是买卖及社交等类似活动所必须的标准。作为个别运用标准的，就是市民法。

阿奎那还认为统治者应当根据社会环境以及使用对象等的不同在自然法的指导下去制定适宜的法律。在阿奎那看来，人法以公共善为目标，由此，根据对公共善所承担的责任的不同可以制定不同的人法。如在祭祀活动中，统治者、军人等职责存在很大的不同，应有不同的规范与之相适应。人法是支配人类行为的规则，可以按照其处理对象的不同而加以区分，有时以制订者直接命名，人法应由统治者加以颁布。

"任何为了某种目的而存在的东西必须与那个目的相称"[49]。法律的目的是公共善，因而法律的制订不应当仅仅为了特定个别人或集团的利益，而应以公民的全体利益为目的。但由于公共利益由多种不同因素构成，在不同的历史时期会有所变动，因而就需要对不同因素结合不同时期加以不同考虑，制订不同的规定。当然，也应尽可能使这些规定对其他时期也适用。

制订法律时，还应考虑将来要服从法律人们的特殊情况。因为一些自然能力特性等的差异在人群中是客观存在的，如不能要求孩子和大人一样遵守法律。另外，法律是为大多数德性偏离完美德性要求的人而制订的，因而，就不应禁止德性较高的人去戒绝每一种恶行，而只是禁止多数人所能避免不犯的比较严重的恶行，特别是那些损害人的不道德性为。这些行为如不禁止，人类社会就无法存在。只是以公共善为目的的德性，才会由法律所规定。

三、法律的公正性和守法

阿奎那认为，上帝既然没有明确地给出具体情况下应加以适用的具体准则，那么人就应结合自己所在社会的具体情况加以细化，这种具体化既然是为了追求公共善，使人通向天国，至少过一种符合人类本性的幸福生活，就不可能由人随便地加以制定，它必须符合一定的原则，其中正义就是其中必备的要求。

在阿奎那看来，法律要么是正义的，要么是非正义的。合乎正义的法律有以下特点：就目的而言，以公共善为目标；就制订者而言，所制订的法律不超越制订者的权力；就其形式来讲，它使公民所承担的义务是根据促进公

---

49 （意）阿奎那. 阿奎那政治著作选[M]. 马清槐译. 北京：商务印书馆，1963：116.

共善的程度来加以分配的。在分配义务时，能注意适当的比例的法律是正义的，它能使人感到满足。

当法律违反上诉的标准而与公共善的追求相违背时，就是非正义的。如就目的而言，统治者使法律成为人民的负担；就制订者而言，所制订的法律超越了制订者的授权的范围；就其形式来讲，使社会义务与权利不公平。这样的法律就类似于暴力的强迫，不公道的法律不能成为法律。是否需要遵守呢，阿奎那认为在良心上人们没有必要非遵守不可，只是现实中为了避免诽谤和麻烦，人们偶尔可以遵守它。

作为宗教神学的维护者，阿奎那也否定人因骄傲而自以为聪明甚于上帝，认为神法过时或无用的想法，他认为人所制定的法律如果与神法相抵触也是非正义的。这种法律"在任何情况下也不可服从"，《圣经》上也说，"顺从神而不顺从人，是应当的。"[50]

公民有守法的责任。在阿奎那看来，任何部分的优点必须结合它形成的整体来考虑。既然个人是某一个共同体的一部分，如果不能服从于公共的善，也就没有真正的良好品德。如果整体的各个部分与整体不能协调一致，整体也就不会有健全的组织。因而个人就需要使自己的善适应整体的善。能力、知识较差的人，就应当服从较好者的管教，对于实现公共的善是非常有必要的。

阿奎那认可通行的看法：恶法也法，不过对恶法的出发点进行了严格的限制。严酷的法律，以不健全的论断为依据，严格来讲根本不算是法律，或者说是法律的滥用。但如果出发点是人民的公共善，它仍具有法律的性质。

在阿奎那看来，法律也可以看作只是约束行恶或德性较差的人。凡是听从指导的行动都受规章的支配，从这个意义上讲，凡是服从某种权力的人就受那种权力所支配。不过在下诉情况下，人可以免除这种服从：要么人不在受支配的范围时，如不受其他地区的统治者统治；要么或受更高的法律支配时，那么人首先要服从的就是更高的法律，可以不必遵从原来应该遵从的法律。就像一个人受总督的调遣，但对于皇帝调配的事情上可以不必受限。这就为个人可以服从世俗的皇帝，但更应服从教皇奠定了基础。这种情况个人所处的地位似乎是不得不去做对他有约束力的事情一样，从这个意义来讲，只有坏人才受法律的约束，有德性和正直的人不受它的约束。

---

50 （意）阿奎那. 阿奎那政治著作选[M]. 马清槐译. 北京：商务印书馆，1963：121.

　　法律应以公共善为目标，这样它才获得应有的权力和效力，如果缺乏这种目标，就没有要求人人承担义务的力量。由于制订法律时，考虑的通常都是一般的情形，也不可能预料到每一具体的情况，有时就会出现严格遵守法律反而损坏公共善的情况，这时人就可以不遵守。不过阿奎那对个人可以自行决定不遵守法律的条件给予了严格限制：只有在危险临近，来不及把问题向上级统治者汇报时，才可以允许权宜而为，因为"需要临头无法律"[51]。

　　阿奎那看来人法的一个特征在于它是会发生变化的。其一，人的理性认识是逐渐由从不完善到完善的。在思辨科学中，起初人们只是用哲学推理的方式得出一种不完善的学说，再由后继者发展形成较完备理论。在阿奎那看来，在立法上也是如此，那些立志研究如何促进共同善的人本身即或穷其一生也不可能解决所有问题，只是规定些原则，后继者再结合实际加以修剪，保留那些看来缺点较少的部分。其二，法律可以随着适用对象的变化而变化。当适用对象的体力、素质、能力、技能等发生了变化，法律就应发生变化。中国小孩免半票就是一个明显的例证。生活水平提高了，小孩很小就长过一米二，如果把他看作大人是不合适的，就应提高购票的起始高度。

　　但阿奎那认为法律还是应保持适度的稳定性，因为培养人们遵守法律的习惯非常重要，也并不是件容易的事情，所以除非新法包含巨大的好处且带来的好处超越所带来的损害，或旧法明显不公正或带来极大的有害后果，法律是不应当更换的。

　　阿奎那还认为上帝的公正，还体现在对于那些心中存恶但却未能外显的人也给予处罚。通常而言法律的强制性要通过对于惩罚的恐惧心理才发挥作用，既然法律是根据立法者有能力作出判断的问题上，参照已经形成的法律作出的，人法就只能对外在的行为作出判断。而神不仅可以看到外在的人做的事情，还可以判断人内心的心理活动，所以，人的行为不论是显示出来的，还是隐藏的秘而不宣的，都受神法所支配。所以那些心存恶念只是还没有实行的人，仍会受到上帝的惩罚。阿奎那引用《圣经·马太福音》中的话论证这一点："凡向兄弟动怒的，难免要受审判。"[52]

51　（意）阿奎那. 阿奎那政治著作选[M]. 马清槐译. 北京：商务印书馆，1963：124.

52　（意）阿奎那. 阿奎那政治著作选[M]. 马清槐译. 北京：商务印书馆，1963：128.

四、个人对权力的服从

个人是处于具体的社会当中，他有着肉体方面和精神方面两个层次的需要，分别对应于世俗的政府和超越的教会，如何来面对这两方面的管辖呢？当同时面临着两种权力的服从应以哪一种为优先选项呢？阿奎那认为两种权力有不同的来源，不同的管辖范围，不同的效力，因而人应对的态度方式自然应有差异。我们来看看他的论述：

（一）人应服从上帝的意志

按照阿奎那的观点，上帝是万物的创造者和第一因，作为万物的第一推动者和终极因，自然事物服从于自然规定的秩序，以一种自然的必然，服从于上帝的管辖；而作为有理性意志的人，也遵循上帝规定的、公正的某种必然，服从于上帝的管辖。

（二）人应该服从长官的权力

阿奎那使用类比的方法来说明人应服从于合法的权力。在自然物体中，一个物体凭借上帝所给予的更高的能力来推动下级的事物，如水冲击木头使之运动，人类的行为来自于意志的发动，因而如同自然物的运动一样，也应有高级者凭借着上帝给予的合法权力去推动在下者，用理性和意志去推动就是命令。在阿奎那看来，自然物中下级的事物服从于上级的物体的推动乃是由于上帝"所定的自然秩序"，而人类行为中下级服从于上级，"是由于自然律和神律的规定"[53]。

（三）基督徒也应服从世俗的权力

按照阿奎那的观点，不信基督教是一种罪，那么沐浴神恩的基督徒是否应当服从于可能由"罪人"担任上级官员的世俗政府的官员的管辖呢？阿奎那认为基督徒也应服从于非基督徒的管辖，原因在于：首先，正义的秩序要求在下的服从于自己的上级。人因信仰上帝而得到的是对未来的坚信，是正义的根源和原因，不因基督徒对未来的确信而取消现在不完善的社会，相反，欲使正义的秩序更加巩固，人若不服从世俗的权力管辖，世间的良好状态就无法维持。

---

53 （意）多玛斯·阿奎那. 神学大全（第 10 册）[M]. 胡安德译. 高雄：中华道明会，台南：碧岳学社联合发行，2008：305.

其次，在现世上，人可因上帝的恩典而免于灵魂的陷落，却不能免于肉体的缺陷。基督徒可以摆脱精神方面的奴役，却不能摆脱肉体上的奴役，因而必受现今世俗的管辖。因而在《圣经·罗马书》中有这样的话："以心智去服从上帝的法律，而以肉性去服从罪恶的法律"[54]。在具体人类事务上，人必须服从于他的上级，如军人在战争时服从于司令。

对于基督徒是否应当服从非基督徒的管辖，阿奎那认为应当从两个角度来考虑。其一，应当坚决避免这样的事情发生，原因就在于"在别人权下的人，很容易受其上司的影响，服从他们的命令，除非在下者修有很大的德性"，为了免受非基督徒长官的影响，本质上不允许"不信者获得统治信徒的权力，或者在任何职务上位于信徒之上"[55]。但从另一个角度而言，管辖和统治来自于人法的规定，而信徒和非信徒的区别则来自于是否对神法的信奉，人法也是凭借神的永恒法在人心上的印记即自然法的基础上制定出来的，也来源于神法，因而"神的法律，也即恩宠的法律，并不废除人的法律，即自然理性的法律。为此，如果就其本身而论，信徒与不信徒之间的区别，并不废除不信者对信徒的管辖和统治。"[56]教会允许基督徒服从非基督徒是为了树立好榜样，而不是要误导民众，"以免上帝的名号和道理被人亵渎"[57]，阿奎那举例说，耶稣基督本来不必要纳税，但为了不至于带了坏头，他还是命人替他交税。

（四）一些情况下人可不服从世俗的管辖

在世俗的管辖下是否一切都应听从政府的命令呢，阿奎那认为并非如此。第一，下级没有必要事事都服从于自己的上级。有两种情况可以考虑。一种是接到了更高上级的命令。那么第一应当服从的就是更大权力者的命令。例如总督应听从皇帝的命令，皇帝应听从上帝的命令。第二种是由于在灵魂上，人并不属于自己世俗的长官，所以如果上级所要求的超越了肉体之事的限制，

54 （意）多玛斯·阿奎那. 神学大全（第 10 册）[M]. 胡安德译. 高雄：中华道明会，台南：碧岳学社联合发行，2008：319.

55 （意）多玛斯·阿奎那. 神学大全（第 7 册）[M]. 胡安德译. 高雄：中华道明会，台南：碧岳学社联合发行，2008：163.

56 （意）多玛斯·阿奎那. 神学大全（第 7 册）[M]. 胡安德译. 高雄：中华道明会，台南：碧岳学社联合发行，2008：163.

57 （意）多玛斯·阿奎那. 神学大全（第 7 册）[M].. 胡安德译. 高雄：中华道明会，台南：碧岳学社联合发行，2008：184.

人就可以不加以服从，而应只服从于上帝。就人本性而言，所有的人都来自于上帝，因而是平等的。在婚姻、守贞洁等方面人也同样不必服从于自己的上级。

第二，如果长官的权力不是合法获得的，或发出的命令是违反正义的，人就可以不服从。如统治者的权力是通过欺骗、掠夺获取的，或者长官命令人去干不义的事情如偷窃、杀人等，民众都可以不服从。

（五）教会的权力高于世俗政府的权力

阿奎那认为每一类较高等级的事物是较低等级事物的形式和更高等级的质料，因而在阿奎那看来，自然与神恩、自然的人和基督徒、哲学与神学、物质与圣礼、国家与教会、国王和教皇都是工具和目的、质料和形式、潜能和现实的关系。

阿奎那把教会和世俗政府的关系比做灵魂和肉体的关系，形式和质料的关系，他认为正如灵魂控制肉体以及形式对质料进行规定、引导一样，教会也应对政府进行控制、规定和引导，神权是世俗权力的来源和保证，神权高于政权。他还从其他角度加以论述：

第一，从需求层次的满足来看，只有上帝才能给予最后愿望的实现。人类生活的最后目的不仅是通过培养良好的德性，过一种有意义的世俗生活，更在于依靠上帝的恩典来直观上帝，达到幸福的境界。而这必须要借助于既是人又是神的耶稣基督才能实现，而"这个王国的职务不是交给这个世界的统治者，而是交托给神父……，并且特别是，这个职务是委托给祭祀长、彼得的继承者和教皇、罗马教皇的"，所以，"基督教世界的一切君王都应当受他的支配，像受耶稣基督本人的支配一样"，"因为，那些关心人生次要目的的人们，必须服从他这个关心最高目的的人，并受他的命令指挥"[58]。

第二，从教会和世俗政府的统治权的来源来看，政府的"统治权来自于万民公法，而这种公法是一种人为的法律"[59]，它是人对自然法在实际生活中的适用，它的效力应符合自然规定的基本原则，自然法来自于永恒法，而信徒的信仰则来自于上帝的法律，人法由于人自身的缺陷而不可避免地会出现

---

58 转引自申林. 论阿奎那整体和谐的政治观[DB／CD]. 托马斯_阿奎那吧. http://tieba.baidu.com/p/2014273856.

59 （意）多玛斯·阿奎那. 神学大全（第7册）[M]. 胡安德译. 高雄：中华道明会，台南：碧岳学社联合发行，2008：184.

错误，因而需要神法的指导和纠正。由此人与人通过相互的协定构建起来的政府必应受神法的拥有者支配。阿奎那认为一个世俗的统治者如果背弃信仰，就会对下属的信仰产生误导，"背弃信德者存心不良，常蓄意惹事生非，使别人背离信德"[60]，所以在阿奎那看来，当一个统治者背弃了基督教信仰，并被教会取消教籍，那么他的属下就没有必要遵行他的命令。

　　不过针对当时教会和世俗政府之间存在的抗争，阿奎那也认为两种权力应有各自的领域，必要时甚至于教会也可以作出妥协。在明确了教会在权力上的优先地位的前提下，可以合理划分两者各自的管辖范围。人有世俗生活的需要，也有道德提高的精神诉求，因而就需要两种不同的权力与之相适应。政府处理人的世俗追求，维护公共的幸福并有着在这一领域相应的权力，教会则关注教徒的精神引导，并有着在这一领域相应的权力。两种权利应在各自的领域内行使，不互相逾越。"凯撒的物归给凯撒，神的物当归给神。"[61]

　　但另一方面，为了调和教会和政府的矛盾，阿奎那认为教会也可以服从于世俗政权的决定，但这种服从是出于自愿地服从，和两者等级的高低并没有关系，就像一位长官也会听取下级的意见一样，上级的身份并不会因此受到影响或改变。世俗政府的权力由于低于教会的权力，因而不可以强迫教会去服从它的命令。"公断人既然不是上司，本身就没有充分的权力强迫人们实行他们的决定"[62]。

五、自由意志和法律的关系

　　上帝赐予人以自由意志，上帝也会约束自己不去剥夺去干预，否则人就算不上拥有真正的自由，法律也就因只有义务而没有权利而成为单纯的奴役人的工具。人神之间的互动似乎可以看作是一个游戏，上帝作为游戏规则的制定者，首先必须建立规则，而不是破坏规则。这样，上帝自身要有规则（永恒法）。其次，上帝要展现其规则（自然法和神法）。再次，上帝要让人能够意识到规则（如让人处于一具体的社会环境之中；有着各种自然物、社会事

60　（意）多玛斯·阿奎那. 神学大全（第 7 册）[M]. 胡安德译. 高雄：中华道明会，台南：碧岳学社联合发行，2008：186.

61　圣经·路加福音[M]. 20：25. 简化字新标点和合本. 2000 年 10 月.

62　转引自申林. 论阿奎那整体和谐的政治观[DB／CD]. 托马斯_阿奎那吧. http://tieba.baidu.com/p/2014273856.

物的变动；人与外界的多样互动等），向人展示遵循与否所可能导致的不同后果（如农作物的种植规律、生物的饲养规律、昼夜的更替、人的生存之道等），使人有可能遵循规则（如人被赋予理性和上帝的直接启示等），使人有意愿、自愿地遵循规则（功利的心态：求得现世的物质或精神上的报偿，避免大恶等；非功利的心态：塑造良好品行、积善行德、追寻理想或上帝等），使人有能力遵循规则（如通过理性的认知规范自己的行为倾向，重复、固化好的方面，培养良好德性，在家庭、社会生活中不断修正自己的观念体系，上帝通过启示、梦兆、赏罚等直接干预等）。这些条件的具备就使游戏的进行有了保障。

在游戏进行的过程中，每一位参与者都是为了发挥自己的最大潜能，获得最大的报偿，因而在遵守游戏规则的前提下，就会考虑如何实现利益最大化的方式、途径，这时如何操作就成为需要考虑的重要问题。规则主要强调游戏如何进行，确保游戏的方向、目的，而操作主要考虑具体情况下如何应变，以求得最大利益。永恒法、自然法和神法可以看作是确保游戏顺利进行的规则本身，而人法则是为获取最大利益即完善不同个人、群体自身，追求至善幸福的具体操作方式，因而人法具有很大的地域性、时效性和变易性。人法也只有在遵守永恒法、自然法和神法的前提下才是有效的。因而，人的自由意志必须是在上帝的约束下的发挥，才会获得承认并取得良好效果。

第五章　阿奎那伦理思想的特质

　　托马斯·阿奎那的学说自 13 世纪就已经成为其所在的当时多米尼克修会的主导思想，经历后世各种官方提倡、学校宣传、社会自觉认同，无论对个人的行为方式选择，抑或是社会心态意识走向，还是国家政府定性定位，都起到了重要影响。而这种影响确实与其对宇宙生成的根本界定也即是超越化的上帝、教会高于政府、人与人的互补共同构成社会的和谐，以及尘世生活诸多方面对人进入天国意义优先的设定有关。

　　阿奎那作为经院哲学的集大成者，对基督教思想的诸多方面进行了阐述。很多方面的教导被教会所提倡，在学校被教授，在民间被信徒所认可，从而成为西方社会相当长时期的主流社会意识形态。民众在长期的浸润习染之中，就会将其当作理所当然的思考前提，解决问题的根本原则。逐渐成为传统积淀下来，对社会思想转变会起到巨大的作用。

　　如果拿中国宋代儒家重要代表人物朱熹的观点与其同时代的基督教学者托马斯·阿奎那相比较，就会发现这两人生活的时代比较接近，都有为最高领导机构（朝廷或教会）服务的经历，都有为推广自己学说而到处讲学的经历，在其死后都曾遭遇短暂的批评排斥然后享受持久的后世历代的赞扬和推崇的经历。两者的学说有着众多异曲同工之妙，仅就认识论而言，它的内容不同、对后世影响各异，因而对今天的启迪也颇有值得深究之处。

　　基督教和佛教都对现实世界的非永恒性、非目的性、非至上价值性给出了自己的界定。基督教在其经典《圣经·传道书》中，提到"虚空的虚空，虚空的虚空，凡事都是虚空。人一切的劳碌，就是他在日光之下的劳碌，有什么益处呢"，[1]告诫人们看淡世间的各种物质财富、名利地位以及情感执着等。

1　圣经·传道书[M]．1：2-3．简化字新标点和合本．2000 年 10 月．

佛教则通过万事皆空，"色不异空，空不异色；色即是空，空即是色"，[2]告诉人们不要过于执着，不要把本身虚空的自身、事物当做有价值的事物而执迷不悟去追求。那么对人生意义的理解到底有没有差异呢，它两者的不同究竟在那里呢？

拿阿奎那的思想和中国的儒家朱熹的思想以及和在世界广泛流行的佛教思想相比较，更能发现阿奎那思想的特质，以及由此导致的潜在影响和实践径向。那就是：上帝是世界的最初来源、万物形成的根据、世界发展的动力；超越的天国追求应当是人所追求的目标，但在现实世界是不可能获得的；虽然尘世诸多事物与天国永生相比意义不大，但人还是应抱积极态度去主动面对。

第一节 阿奎那凸显了人格神上帝在世界形成中的重要作用

关于世界最初本体的界定关系着了后续理论推演的基础，如果没有关于最初本体的设定就显得学说体系不够严密，似有支离破碎之嫌。由此也就明白了为什么中国学术界将儒家学说的繁荣鼎盛时期界定为宋明阶段。因为这一时期出现了更加精细化、体系化、超越化、哲理化的程朱理学和陆王心学。学者在他们学说中都有世界最初最高本体的设定，并以之作为其本体论、认识论、伦理学等思想观点生发的基础。

那么这个最高本体是自然之物抑或是人格化的上帝，它被动地抑或主动地参与世界的形成发展，对世间伦理法律的构建关系重大。

中国人则对鬼神并没有太多的敬畏之心，很多时候只是将其看作是自然的流行，即或提倡因果报应，也只是从伦理道德的角度来加以理论的构建，类似于适应形势需要的圣人设教，荀子讲的通过后天的方式让人心存恐惧，以化性起伪。或者类似墨家墨翟讲的尚志明鬼，其目的是要人产生崇敬之心。儒家创始人孔子劝人把注意力集中于尘世的现实生活，至于超越的未能验证之事不要太放在心上，未能侍人，焉能事鬼。未知生，焉知死。后来，只是为了解释个人际遇的不寻常不如意，以及出于对社会个体提倡避恶扬善的需

---

2 出自《心经》，转引自觉云居士著《心经奥义》[M]．北京：宗教文化出版社，2007：
1.

要，他才引进天命的观念，但也更多将之看作一种主观的情感，说祭如在如神在，对这些不可在感性经验中明晰化的事物要敬而远之。

而阿奎那通过理性论证信仰的结论，给超越的、不能在感性生活中加以验证的上帝进行了合法化说明，更加砥定了其在信徒信仰中的地位，为信徒据此安排人与超自然的上帝、人与他人、人与社会、人与政府等关系，奠定了根本基础。

朱熹认为，"人所以生，精气聚也"[3]将人归结为自然之气凝结的产物。与阿奎那"人体的第一次形成不能是由于某受造物的力量，而是直接由于上帝"[4]，与阿奎那关于人的来源设定相比，朱熹学说消解了人从超自然力量那里可能获得的神圣性。既然人的形成、发展乃至最后的走向和超自然的力量没有多大的关系，自然人就应将关注的视线从天上拉回到地面，在现世生活也更关注现实的事物，因而儒家提倡要人修身、齐家、治国、平天下，个人应当追求服务于社会的立德、立言、立功三不朽，甚至像张载所说的个人应在现实中奋发有为，力求为天地立心，为生民立命，为往圣续绝学，为万世开太平。

由于将最高本体设计为不能运动感应的抽象原则（如朱熹的理），就不像基督教那样，人可以求助于他，向他祈祷，与他互动。因而人如果遇到问题，就将会视线转向现实世界，寄希望于或许比自己高明的他人，寄希望于有着完好德性人的恩赐，寄希望于天降伟人来扭转乾坤。而儒家寸有的有天生的智慧人、天生的圣人的观念就催生了圣师合一，乃至于演变为君师合一的人物出现，他们可以指点人、教化人、引领人、规范人。

在中国和西方相续经过文艺复兴，重塑作为个人的感性欲求在人本质中的地位和作用，进而进入现代化的进程阶段之前，我们会发现两者都经历了一个思想观点闭塞，伦理道德至上，人们各方面生活普遍处于压抑状态。当我们讲我们已经"走出中世纪"的时候，隐隐含有些须的自豪和幸运之时，就有必要的回过头来反思为什么会出现那种对人过于压抑的局面。

谈到中国和西欧的中世纪状况，不得不涉及到两种境况之所以出现的原因，其中文化层面的因素特别是儒家学说和基督教的学说起着很大的作用。

3　朱熹. 朱子语类·卷一 理气上[M]. 朱子全书（第 14 册）. 上海：上海古籍出版
　　社，合肥：安徽教育出版社联合发行. 2010：116.
4　（意）多玛斯·阿奎那. 神学大全（第 3 册）[M]. 刘俊余译. 高雄：中华道明会，
　　台南：碧岳学社联合发行，2008：240.

而对当时主导伦理理论的构建、人际关系规范的设定，特定社会风气的形成、理想人格内涵的塑造、社会终极追求的指向等等产生重要影响的尤其要提到两个人——朱熹和托马斯·阿奎那，他们无论在时代背景，人生经历，还是理论旨趣，后世影响等都有着众多相似点。

比较两人的学术观点的异同，找出背后出现这些问题的原因对于今天理解中西文化的进路，推演的立论基础，更好地观察分析当今的西方社会，加深对西方的了解有着重要意义。如果说两人的学说因为被当时的统治者吸纳利用，而成为意识形态而对社会产生重要影响，统治阶级利用他们的学说尤其是伦理道德的学说作为统治世界的工具有着历史必然性的话。那么要深入理解他们的伦理道德学说，必须向上追溯深入分析他们的伦理道德构建的基础即宇宙生成论。如将儒家的伦理搁置在佛家及道家的宇宙观之上，认为宇宙之构成包含无数之因果关系，而人之能为善，与"天理"相符[5]。从而追求个体心性超越自身的有限感性存在，以达到"参天地"的不朽的形而上本体。这个本体是伦理的又超伦理的，程朱理学发展的极至就是"存天理、灭人欲"。

一、最高的本体范畴

朱熹上承中国的孔孟之道，汲取董仲舒的天人合一思想，吸收张载的气论，继承两程的理学，吸收了儒家前期的诸多思想，集以往理学之集大成，构筑了以"理""气"为核心的庞大体系，形成了个人独特的理论形式，把儒家学说发展到"新儒学"的高度。朱熹把"理"作为世界的最高本体，理具有以下特征：

首先，理具有超感官超时空特征。理乃形而上之物，"形而上学者，无形无影是此理；形而下者，有情有状是此器"[6]。理是自有永有不生不灭的，"未有天地之先，毕竟也只是理。有此理，便有此天地；若无此理，便亦无天地。无人无物，都无该载了。有理便有气流行，发育万物。"[7]即或"且如万一山河

---

5 黄仁宇. 中国大历史·第十二章 西湖与南宋[DB／CD]. 读书网. http://www.dushu. com/showbook/101161/1041071.html.

6 朱熹. 朱子语类·卷九十五 程子之书[M]. 朱子全书（第17册）. 上海：上海古籍出版社，合肥：安徽教育出版社联合发行. 2010：3185.

7 朱熹. 朱子语类·卷一 理气上[M]. 朱子全书（第14册）. 上海：上海古籍出版社，合肥：安徽教育出版社联合发行. 2010：114.

大地都陷了，毕竟理却是在这里"[8]，理先于万事而存在，"未有这事，先有这理，如未有君臣已先有君臣之理；未有父子，已先有父子之理。不成元无此理，直待有君臣父子，却族道理入在里面。"[9]理是便成了世界的最初本体。

其次，理是世界万物得以产生的来源。朱熹抛开了用具体的物质来解释世界万物的作法，而用特别抽象的理来解释世界万物。在朱熹看来，世界上的事物虽然千差万别，但无一不来源于理，理内在渗透于万事万物之中，任何自然事物中都蕴藏着理，"天地中间，上是天，下是地，中间有许多日月星辰、山川草木、人物禽兽，此皆形而下之器也。然这形而下之器之中，便各自有个道理，此便是形而上之道。"[10]。由此理在朱熹那里获得了物质来源的本体的地位。

再次，在朱熹看来，理不仅是万物的来源，而且也是人世间一切事物自然属性的根源，"而凡生于天地之间者，又各得之以为性"，"马则为马之性，又不做为牛的性。牛则为牛之性，又不做为马的性，物物各有理。"理也是事物发展的可能限度。四季的轮回为理所定，"所以为春夏，所以为秋冬"；动植物的生养育萎为理所规，"甚时胎，甚时卵"[11]；甚时种，甚时收，地之肥，地之碗，厚薄不同，此宜植某物，亦皆有理。乃至事物所要展现的结果也是理所导致的结果，也是社会应然规则伦理道德属性的来源，理"其张之为三纲，其纪之为五常，盖皆以此理流行，无所适而不在。"从而使"理"具有了贯通自然与社会，沟通人伦与天道的本体伦的功能。

在阿奎那的体系中，同样有一个最高的万物的来源那就是上帝，两人都从自身的理论体系出发，对为何有这样的最高本体存而不论，认为理所当然。朱熹就直接告诉就有一个理存在，它就是一切推演的根源，从而赋予理以超验的超时空特征，成为天、地、人、物的根源。阿奎那从基督教信仰的前提出发对上帝的存在也是深信不疑，同样也赋予上帝在时空形成之前就已经存

8　朱熹. 朱子语类·卷一 理气上. 朱子全书（第 14 册）[M]. 上海：上海古籍出版社，合肥：安徽教育出版社联合发行. 2010：116.

9　朱熹. 朱子语类·卷九十五 程子之书[M]. 朱子全书（第 17 册）. 上海：上海古籍出版社，合肥：安徽教育出版社联合发行. 2010：3204.

10　朱熹. 朱子语类·六十二 中庸一[M]. 朱子全书（第 16 册）. 上海：上海古籍出版社，合肥：安徽教育出版社联合发行. 2010：2024.

11　朱熹. 朱子语类·六十二 中庸一[M]. 朱子全书（第 16 册）. 上海：上海古籍出版社，合肥：安徽教育出版社联合发行. 2010：2021.

在，内在支撑万物的超验的超时空特征，不过为了反击异教徒对上帝的怀疑才进行符合世人理性的推理，这就是后人熟知的"五路证明"。

与朱熹相类似，阿奎那的上帝同样也自然万物的来源，只不过是通过创造。作为一名基督徒，阿奎那同样认可《圣经》中的上帝创造万物的说法。

上帝也具有超越时空超越于人的感性范围。阿奎那还详细地论证了上帝的一些特性，如上帝的全能，全在，全善等。

阿奎那认为上帝是万物得以存在的根据，没有上帝的支撑万物就不可能存在。在阿奎那看来上帝作为万物的第一因、推动者对物体施加着自己的影响，万物的存在都是上帝的能力维持而产生的效果，"就像为太阳所光照的空气或天空，只要天空继续有光，就是太阳在形成这光"[12]，一物体能存在多长时间，必定有上帝按照它应有的方式维持它存在多长时间。因而上帝的支撑就内在于具体事物之中，一刻不离地维持着事物的存在。万物既然都是上帝的能力的效果，那么离开了上帝的支持万物也就一刻也不能存在，实际上就否定了摩尼教所主张的有质料的有形物游离于上帝的控制之外的观点。

阿奎那同样认为上帝存在于万物之中，只是这种存在不同于朱熹的太极内嵌于事事物物，这种存在或可以说是支撑或管辖。

对于上帝是否存在于万物，是否处处存在的问题，当时人们有着不同的看法，在双重起源论的摩尼教看来，"精神体和非形体物属于上帝的能力之下，而有形可见的形体物却属于与上帝对立的本原或根源的能力之下"[13]，对此阿奎那认为这个观点是错误的。在阿奎那看来，上帝对万物的临在，好比"行动者或工作者临止于所做之物"，做工的人必须使他和他要工作的对象相联，或者以某种能力达到所要加工的对象。

但在现实生活中人们通常认为一物存在于他物内有两种情况，一种是内在的固定拥有，如树叶之绿色是依附在树叶上或在树叶内的，一种是外在空间的占有或充满，如物体被放在某处。阿奎那认为，"不论在哪一种意义上，上帝都在每一个地方，因而也就是处处存在"[14]，原因就在于，作为万物的来

12 （意）多玛斯·阿奎那. 神学大全（第1册）[M]. 高旭东，陈家华译. 高雄：中华道明会，台南：碧岳学社联合发行，2008：92.

13 （意）多玛斯·阿奎那. 神学大全（第1册）[M]. 高旭东，陈家华译. 高雄：中华道明会，台南：碧岳学社联合发行，2008：97.

14 Thomas Aquinas, *Summa Theologica by Thomas Aquinas*, Fathers of the English Dominican Province, Benziger Bros. edition, 1947, 1: 8, p. 46.

源，上帝赋予事物以存在能力和运动，他内在地支撑维持引导着万物，存在于物体的内部。就第二方面而言，上帝不同于具体有形的事物，他附加在事物上并不像形体物之间的在同一空间的相互排斥，上帝存在于某个地方，却并不排斥其他事物的存在，"东西之形式是在东西内的，而愈是最先知和最普遍的形式就愈内在；而上帝自己是万物中之普遍性存在之原因，这存在是东西中最密切的因素；因而上帝是以最密切的方式在万物内动作"[15]。

在阿奎那看来一般情况下在一物体对另一物体作用的过程中，通常需要一定的时间，施加作用物的能力越大，所需要的时间越少，由于上帝有着无限的能力，任何事物接受其作用的时间为零或根本不需要时间，一切物体都直接源源不断地接受着上帝的作用。另外被思考的事物在思考者之中，从上帝的意志的角度，"不是上帝在万物内，而是万物在上帝内"[16]。

阿奎那还从另一角度对全在进行了分析，上帝是至善是一切事物中最好的。类似于人间诸多的行医者，最好的医生应当不仅通晓疾病类属的共通的普遍原理，也应当详细掌握具体个别的特殊情况。类似的，"上帝既是圣善之本身，凡归属于上帝的都是最好的一面……所以该说，上帝对一切事物，连对极为微细的个别事物，也都有治理之理路或措施"[17]。

上帝同样也是事物包括人类内在秉性的来源，阿奎那认为通过自然法的嵌入，每一事物都分享着上帝的形式。人类社会所制定的法则都有上帝的内在参与。作为基督教神学家，对于法律的来源，阿奎那认为法律是来自于上帝的赐予：由上帝颁行的永恒法适用于一切事物，通过自然法在人性上添加印记，人通过对自然法的理解将自然法用于解决规范具体的日常生活就是人法，但这种人对自然法的运用所制定出来的人法不可避免的会受到人自身本性缺陷的限制，就会偏离上帝的要求，且人法不能对人的内在心理进行约束，因而就需要上帝颁布具体的行为要求那就是神法，神法在耶稣基督那里达到顶点。阿奎那认可奥古斯丁的说法"如果人法不是人们从永恒法得来，那么

---

15 （意）多玛斯·阿奎那. 神学大全（第3册）[M]. 刘俊余译. 高雄：中华道明会，台南：碧岳学社联合发行，2008：369.

16 （意）多玛斯·阿奎那. 神学大全（第1册）[M]. 高旭东，陈家华译. 高雄：中华道明会，台南：碧岳学社联合发行，2008：98.

17 （意）多玛斯·阿奎那. 神学大全（第3册）[M]. 刘俊余译. 高雄：中华道明会，台南：碧岳学社联合发行，2008：346.

在人法里就没有一条条文是公正的或合理的"。[18]由此在阿奎那体系思想中，上帝取得了与朱熹体系中理类似的特征，既是自然万物产生的源泉，也是社会伦理道德的内在基础。

二、一理何以众殊

提出一个最初的本体只是标明它是万物的来源，但它与万物如何建立关联却是一个仍待明确的问题，因为如何由它源出万物就决定着本体和万物的关系。对最高的范畴如何转化为世间的事事物物，两人的解释却有着不同的路径。朱熹采用了"理一分殊"的学说，而阿奎那则采用了形式质料学说。不同点在于，在朱熹的学说里万物都完整地分有了理的形式，或者说事事物物都有理的完整形式即太极的存在。而在阿奎那的体系中，事物并非完全地分有上帝的形式，而是部分分有，分有的程度也存在着不同的等级差别。如果说朱熹的"理一分殊"可以用虽然不同的河水中都有一个月亮但其实不过是同一个月亮也即"月映万川"来类比的话，那么阿奎那的形式质料学说则可以用"照摹拶粉造物"[19]来比附，用的摹子不同，以及用的材料不同所造的事物就有不同。

朱熹在解释单一的"理"何以演化为世界上性质有着极大差异的万物时，又引入了"气"的概念，认为气是理的产物，"天道流行，发育万物，有理而后有气"，[20]，从而赋予气从属于理的地位。太极，理也；动静，气也。气行，则理亦行，二者常相依，则未尝相离也。对于"理""气"两者的关系，朱熹进行了如下的解释，"理也者，形而上之道也，生物之本也；气也者，形而下之器也，生物之具也。是以人物之生，必禀此理然后有性，必禀此气然后有形。"[21]他把理看作是宇宙生成万物演化的根本，具有形而上抽象性的特点，而气则是事物之所以为某事物的关键，它是形而下的，具有有形，

---

18 （意）多玛斯·阿奎那. 神学大全（第 16 册）[M]. 陈家华，周克勤译. 高雄：中华道明会，台南：碧岳学社联合发行，2008：391.

19 当然依照阿奎那的本意，这里的摹本应被理解为上帝创世的理念，粉应该被理解为构成具体事物的质料，它是可以从无中创造出来的。

20 朱熹. 朱子语类·卷三 鬼神[M]. 朱子全书（第 14 册）. 上海：上海古籍出版社，合肥：安徽教育出版社联合发行. 2010：157.

21 朱熹. 朱子文集·卷五十八 答黄道夫[M]. 朱子全书（第 23 册）. 上海：上海古籍出版社，合肥：安徽教育出版社联合发行. 2010：2755.

有型，有情的特点，它是万物的材料，它通过和理的聚散合分构成万物。任何事物都是理和气（质料）的统一体，两者的结合构成万物化生纷繁流行的局面，"有理便有气流行，发育万物。"[22]由此朱熹建立了理气相分相合虚实相间的二元论哲学。

在处理万物和一理的关系问题时朱熹引入了"理一分殊"的概念，在他看来理只有一个，但分布于事事物物之中，每一事物都完整地分有整体的理。

为了论证的方便，朱熹又时常将"太极"和理相提并论，认为太极是理的总和，是终归的一，万物"虽然又自有一理，又却同出于一个理尔。如排数气水相似：这盂也是这样水，那盂也是这样水，各各满足，不待求假于外。然打破放里，却也只是个水"，[23]正如月映万川，一月照万川，万川总一月。这样，朱熹用理气来解释自然社会的形成过程首先提出了一个充塞宇宙无形无体的理，它是世界万物的基础和根本，规定着事物的本质和发展趋势，是事物的规律和人伦的来源。而气则是构成事物的质料，是事物得以区分差别的原因，理先气后，理主气从，理和气的结合构成了事物的成型，规律的运行，人的产生，社会的开展，从而建立了一个较为精巧圆润的宇宙生成论。

阿奎那认为，上帝以其大能直接从无中创造出诸多的事物，让其他事物分享自身的存在美善，也就使得事物由潜能变成现实。但他并不愿意将所有美善集中于个别的事物，因而他创造了多样的有差别的各种事物，每一种事物都不同程度的分忧其美善，事物因有所得而具有自身不同于其他事物的特性。上帝的创造并不需要借助于具体的他物，他的不需要借助类似朱熹那里"气"的中介物质。

阿奎那认为可见事物都是由形式和质料构成。形式规定了事物的特性、动力和目的，而质料则提供了事物借以存在的基质。一个事物所包含的形式越多，等级就越高。由此阿奎那就将事物区分为纯粹的质料，质料和形式的混合物包括各种感性事物，纯粹形式包括天使和上帝。后一类事物比前一类事物等级要高。

---

22 朱熹. 朱子语类·卷一 理气上[M]. 朱子全书（第 14 册）. 上海：上海古籍出版社，合肥：安徽教育出版社联合发行. 2010：114.

23 朱熹. 朱子语类·卷十八 大学五[M]. 朱子全书（第 14 册）. 上海：上海古籍出版社，合肥：安徽教育出版社联合发行. 2010：606.

形式是不同事物的目的和发展方向。"由于质料以其为质料而言，是处于潜能状态。"[24]带有不完美性，形式是质料运动的原因，是潜能的实现。因而事物所包含的形式越多，质料越少，事物就越加完美。"第一质料根源必然是处于最广泛的潜能状态；如此则是最不完美的。上帝被举为第一根源，不是质料方面的第一根源，而是成因之系列中的第一根源；而此一根源应该是最完美的。"[25]由形式和质料构成的事物其完美性则介于两者之间。有生命之物比没有生命之物完美，天使比人完美，"上帝是自立的存在本身，他不可能缺少任何存在的完美"[26]，是最完美的。

由于上帝是纯粹形式，是形式中最完善者，是至善。事物都追求着自身的类属形式，较低级形式的事物追求着较高级的事物，最终都归向上帝那里。由此上帝是万物内在发展的动力。万物分享其美善而存在。

上帝具有客观的现实性，存在是其特性，万物因分有其美善而获得存在。事物之所存在，存在多久就在于上帝的内在支撑。如果上帝撤去这种支撑，事物就会归于虚无。对最初的本体如何转化为世间的事事物物，朱熹采用了"理一分殊"的学说，而阿奎那则采用了形式质料学说来加以说明，他们之间的差异如果简单而言，那就是最初本体存在于所有事物之中，还是所有事物因与最初本体相关而在最初本体之中。从某个意义上阿奎那的看法也可以说是，"不是上帝在万物内，而是万物在上帝内"。[27]

但上帝作为一种超越的灵，他并不被特定的事物所拥有，他仍以外在的方式而保持自己的存在。也就是上帝内在的支撑万物，但上帝并不停驻在具体事物之中，类如人的感官遍布身体各个地方，但具体地方并不能说就是灵之处所。

人是特殊的事物，人也是形式灵魂和人的质料肉体结合的产物。但人的灵魂不是所有人共同分享一个理智，而是每一个人都单独的拥有一个灵魂的

---

24 （意）多玛斯·阿奎那. 神学大全（第1册）[M]. 高旭东，陈家华译. 高雄：中华道明会，台南：碧岳学社联合发行，2008：52.

25 （意）多玛斯·阿奎那. 神学大全（第1册）[M]. 高旭东，陈家华译. 高雄：中华道明会，台南：碧岳学社联合发行，2008：52.

26 （意）多玛斯·阿奎那. 神学大全（第1册）[M]. 高旭东，陈家华译. 高雄：中华道明会，台南：碧岳学社联合发行，2008：55.

27 （意）多玛斯·阿奎那. 神学大全（第1册）[M]. 高旭东，陈家华译. 高雄：中华道明会，台南：碧岳学社联合发行，2008：98.

形式，肉体使得形式个体化。人的灵魂是自立的独立存在，并不依赖于物质的肉体。上帝创造了具体的事物，但不会让所有事物都具有同样的特性，"那分有存在之物，不必一定分有存在的一切方式。"[28]，

实际上基于阿奎那的观点，上帝作为世界秩序、万物来源的订立者，同是也是万物得以由潜能变为现实的制造者；上帝以其完善分施于各种事物；但事物具有潜能必定是经常变化的，他们的存在发展就带有很大偶然性；上帝创造万物是为展现其美善，创造多种的有差别的事物，是因为单个的事物所分有的美善不足以显现它的美善，惟有众多的事物才可以显示。如果和希腊哲学类似的观点相互比较，就更凸显了基督教在创始观上的特质。"在希腊：宇宙永恒地被赋形、被推动；在天主教，宇宙由于创造而开始。在希腊：宇宙在可理解面和变化面而言，皆为偶性的；在天主教，则宇宙在存在上为偶性的。在希腊：诸有内在的秩序中有其内在之目的性；在天主教，则有天意的超越目的性，天意一方面创造秩序之存有，同时亦创造有秩序之万物。"[29]

三、世界的形成过程

世界的形成和发展，人的思想和实践的变化以及人类社会的运动和变化等等这一切是否是自然而然的，朱熹和阿奎那都给以了否定的回答。如果世界的生成和发展变化背后有动力的推动，那么动力来源于何处，是在事物内部，抑或是来自于外在超越力量的推动？朱熹和托马斯·阿奎那都给予了超自然力量推动这一答案。

对于理是如何创生万物的，朱熹有自己的独到的解释。他改造了周敦颐的太极学说，认为世界最初来源于无极，无极并非无物，发展到一定程度，无极而太极。"盖其所谓太极云者，合天地万物之理而一名之耳。以其无器与形而天地万物之理无不在是，故曰无极而太极。"[30]太极是理的总体，"总天下万物之理，便是太极"[31]，"至于太极，则又初无形象方所之可言，但以此理

28　（意）多玛斯·阿奎那. 神学大全（第1册）[M]. 高旭东，陈家华译. 高雄：中华道明会，台南：碧岳学社联合发行，2008：55.

29　转引自（法）吉尔松. 中世纪哲学精神[M]. 沈清松译. 台北：台湾商务印书馆，2001：72.

30　转引自唐琳. 朱熹易学太极观的哲学内涵[J]. 中国哲学史，2010（2）：83.

31　朱熹. 朱子语类·卷三 鬼神[M]. 朱子全书（第14册）. 上海：上海古籍出版社，合肥：安徽教育出版社联合发行. 2010：163.

至极而谓之极耳。"[32] 理就以太极的形式存在于事事物物之中与万物建立了关联，"太极非是别为一物，即阴阳而在阴阳，即五行而在五行，即万物而在万物，只是一个理而已"[33]。这样就与中国传统的道家学说建立了联系，这也可以看作是援道入儒的事例了。

理与气是紧密联系在一起的。理和气其实并没有时间上的先后关系，不能讲先有理然后有气，但两者却存在理本气末的关系。"有是理偏有是气，但理是本"[34]对于理和气如何结合，朱熹又说："或问：'必有是理，然后有是气，如何？'曰：'此本无先后之可言。然必欲推其所从来，则须说先有是理。然理又非别为一物，即存乎是气之中；无是气，则是理亦无挂搭处'"，[35]理蕴藏于气中，两者密切结合在一起，原初的理气混合在太极之中。

朱熹认为"太极未动之前须静，静之前又须是动。推而上之何见其端与始。"[36] "阴静是太极之本，然阴静又自阳动而生。一静一动，便是一个辟阖。自其辟阖之大者推而上之，更无穷极，不可以本始言。"[37]一切处于混沌之中，不能向上推到一个起点，这里面就包含了宇宙无始无终的观点，不同于阿奎那从基督教学说出发所主张的自然世界有开始（被创造），有结束（末日审判）。混沌到一定程度，"动而生阳"，拥有阴阳两端，形成阴阳两气，但阴阳两气并非一气，实际上是一气，在他看来随着阴阳的推移，一气出现消长，长时为阳，消时为阴，阳的一面发展到顶峰，就盛极而衰，开始消退，转变成阴气，不是说阳气尽了，又出现了另一质地的阴气来代替它。正如人的呼吸，虽然是一气之进出，但名称有别，出时为呼，进时为吸。事物总是阳了又阴，阴了又阴，如此循环往复。"天地之化，往者过，来者续，无一息之停，乃道

---

32 转引自陈张林. 从"存有之理"到"存在之理"——牟宗三对朱子天理观的分析 [J]. 陕西师范大学学报（哲学社会科学版），2009（5）：47.

33 朱熹. 朱子语类·卷九十四 周子之书[M]. 朱子全书（第17册）. 上海：上海古籍出版社，合肥：安徽教育出版社联合发行. 2010：3122.

34 朱熹. 朱子语类·卷一 理气上[M]. 朱子全书（第14册）. 上海：上海古籍出版社，合肥：安徽教育出版社联合发行. 2010：114.

35 朱熹. 朱子语类·卷一 理气上[M]. 朱子全书（第14册）. 上海：上海古籍出版社，合肥：安徽教育出版社联合发行. 2010：115.

36 朱熹. 朱子语类·卷九十四 周子之书[M]. 朱子全书（第17册）. 上海：上海古籍出版社，合肥：安徽教育出版社联合发行. 2010：3129.

37 朱熹. 朱子语类·卷九十四 周子之书[M]. 朱子全书（第17册）. 上海：上海古籍出版社，合肥：安徽教育出版社联合发行. 2010：3116.

体之本然也。然其可指而易见者，莫如川流，故于此发以示人。"[38]因而所谓"有理便有气"而后流行发育万物的流行，不是阳气阴气的更替而是一物内部的不断分化，阳气运行到极点就会转化为阴气，阴气运行到极点又会转化为阳气[39]。两气的不断变化，乃产生万物，"太极只是一个气，迤逦分做两个：气里面动底是阳，静底是阴。又分做五气，又散为万物。"[40] 至于具体的形成过程，朱熹也有所论及："天地初间只是阴阳之气。这一个气运行，磨来磨去，磨得急了，便拶许多查滓，里面无处出，便结成个地在中央。气之清者便为天，为日月，为星辰，只在外，常周环运转。地便只在中央不动，不是在下。"[41]

阿奎那对世界形成的解释与朱熹的有关观点有异曲同工之妙。阿奎那同样引入了两个等差有别、次序有先有后的两个概念用来解释万物的构成和演化、事物的本质和特性、伦理的产生和变化，那就是形式和质料。虽然两人都认为在具体事物形成过程中，离不开一个使事物具有本质特征一个使事物具体化的两概念成分要素的参与，但在阿奎那的思想中却更强调有纯粹的形式存在，那就是与质料完全脱离的纯粹形式也即形式的形式，在阿奎那看来那就是上帝，一个有着思想情感且人格化的上帝。对世界的由来，阿奎那则采用了上帝创造的学说，上帝包涵世界一切的形式，他通过形式的创造而使世界成形。而朱熹的理更多的是自然的人化，虽也有天人感应，但他所谓的天与阿奎那的上帝相比更准确的说是各种因素的汇集，是诸种应然理想状态[42]的综合。

在阿奎那看来，上帝万物的来源，他有一个特性在于他的单纯性：即不是形体物[43]，不可能是由形式和质料组合而成的，原因就在于"质料是处于潜

---

38 朱熹. 论语集注·卷五 子罕第九[M]. 朱子全书（第 6 册）. 上海：上海古籍出版社，合肥：安徽教育出版社联合发行. 2010：144.

39 陈来. 朱熹的阴阳变化观[DB/CD]. 陈来的博客. 20130302. http://blog.sina.com.cn/s/blog_4a03de990101dyrn.html

40 朱熹. 朱子语类·卷三 鬼神[M]. 朱子全书（第 14 册）. 上海：上海古籍出版社，合肥：安徽教育出版社联合发行. 2010：163.

41 朱熹. 朱子语类·卷一 理气上[M]. 朱子全书（第 14 册）. 上海：上海古籍出版社，合肥：安徽教育出版社联合发行. 2010：119.

42 尤其是一些儒家伦理道德的应然状态。

43 （意）多玛斯·阿奎那. 神学大全（第 1 册）[M]]. 高旭东，陈家华译. 高雄：中华道明会，台南：碧岳学社联合发行，2008：34.

能中者。而上帝却是纯粹的或全面的现实，没有任何潜能……凡是由质料和形式组合而成的事物，其完美和善皆来自形式；是以，这个组合物之为善，必然是分有的善，这是由于其质料分有形式。而第一个善及至善者，即上帝，并不是分有的善"[44]。从而论证了上帝的特性是没有物质的纯粹形式，与朱熹的需要凭借具体的形而下的气来实施创生功能的理拉开了距离，在阿奎那看来上帝并不依赖于其他事物而存在，他的运行并不需要一个载体。

那么上帝是如何实现世界的创造的呢？我们发现阿奎那有以下几点不同于朱熹：

首先，宇宙的生成是否是最高实体借助于他物而实现，在这问题上朱熹认为理需要借助于气才可展现，"盖气则能凝结造作，理却无情意，无计度，无造作"[45]。但在阿奎那语境中的上帝没有任何潜能，一切都是现实，从某个意义上讲，世界上的一切都按照上帝的创世理念而展开，由形式到物质，"上帝由无中产生万物，而使它们存在"[46]。

其次，就创造的过程而言，两人也存在着差异。朱熹把宇宙的生成归结为理控制下的气的分化聚散，可以看作是按照一定的规则而自然而然的循环转化的过程，而阿奎那则给它铭刻上了神学的色彩。上帝不仅在人可以理解的时间（七天）内创造万物，而且上帝自身内部三个位格还有着密切分工。与阿奎那承接的三位一体的信仰相一致，他认为三位位格的上帝都具有创造世界的能力，"圣子由圣父而获得了它，圣神则兼由两者而获得了它"。在世界创造发展过程中，他们也发挥着不同的作用，"尤其是创造时，显现出归于圣父的德能；所以，将「造物主」归于圣父。主动者藉着理智藉以行动的智慧，归于圣子；所以，关于圣子，说：「万物是藉着他而造成的」。使万物达到应有目的的管理，所属的美善，以及赋予生命，则归于圣神"，[47]给上帝如何创造世界给以了神学的描画。

---

44 （意）多玛斯·阿奎那. 神学大全（第 1 册）[M]. 高旭东，陈家华译. 高雄：中华道明会，台南：碧岳学社联合发行，2008：36.

45 朱熹. 朱子语类·卷一 理气上[M]. 朱子全书（第 14 册）. 上海：上海古籍出版社，合肥：安徽教育出版社联合发行. 2010：116.

46 （意）多玛斯·阿奎那. 神学大全（第 2 册）[M]. 陈家华，周克勤译. 高雄：中华道明会，台南：碧岳学社联合发行，2008：14.

47 （意）多玛斯·阿奎那. 神学大全（第 2 册）[M]. 陈家华，周克勤译. 高雄：中华道明会，台南：碧岳学社联合发行，2008：25.

四、世界形成的动力来源

如果说理只是规定了事物发展变化的可能和方向的话，那么又是什么推动了事物由潜能向着现实发展呢？朱熹引入了辨证发展的观点。他认为理寓于有形可以凝聚的气中，气的积聚分散可以化生出万事万物，从而为抽象的理的现实化、具体化做了铺垫。问题关键在于气可以的化生出万事万物的积聚分散是什么因素影响的，朱熹认为动力来源于气的阴阳两端的不断变化，一气盛则为阳，盛极而衰，转变为阴，阴至极处，又开始上升，再转变为阳，如此循环往复。"阴阳有个流行底，有个定位底。一动一静，互为其根，便是流行底，寒暑往来是也。"他还认为理作为恒定不变的事物的本质规定，主静，气作为幻化万千具体事物的材料，主动，"一动一静，循环无端。"[48] "天地之化，包括无外，运行无穷，然其所以为实，不越乎一阴一阳两端而已。其动静屈伸，往来阖辟，升降浮沉之性，虽未尝一日不相反，然亦不可以一日而相无也"。[49] "盖天地之间，只有动静两端，循环不已，更无余事"。主静的理如何内在于气并与变动的气结合呢，他提出了"人骑马"的比喻。他说："阳动阴静，非太极动静，只是理有动静。理不可见，因阴阳而后知。理搭在阴阳上，如人跨马相似。"[50]又说"太极，理也；动静，气也。气行则理亦行，二者常相依而未尝相离也。太极犹人，动静犹马；马所以载人，人所以乘马。马之一出一入，人亦与之一出一入。盖一动一静，而太极之妙未尝不在焉。"[51]他认为理作为万物的决定性因素，内在于事物之中，理本身没有时间空间范围内的运动变化，它是通过气的阴阳变化而展现出来，理就如同骑在马上的人，随着马的不断运动而在保持不动的情况下随处运动。这样就把世界万物的产生运动归结为在理主导下的气的两端的分散聚合。而这根源则在事物的内部，气在盛衰矛盾两者之间相互转化。

当然为了解释事物的复杂性，朱熹又在此基础上发展了二程"无独必有对"的思想，认为任何事物都有其相对立的一面，"天下之物，未尝无对，有

48 朱熹. 朱子语类·卷九十四　周子之书[M]. 朱子全书（第 17 册）. 上海：上海古籍出版社，合肥：安徽教育出版社联合发行. 2010：3124.

49 朱熹. 朱子文集·卷七十六　金华潘公文集序[M]. 朱子全书（第 17 册）. 上海：上海古籍出版社，合肥：安徽教育出版社联合发行. 2010：3665.

50 朱熹. 朱子语类·卷九十四　周子之书[M]. 朱子全书（第 17 册）. 上海：上海古籍出版社，合肥：安徽教育出版社联合发行. 2010：3126.

51 朱熹. 朱子语类·卷九十四　周子之书[M]. 朱子全书（第 17 册）. 上海：上海古籍出版社，合肥：安徽教育出版社联合发行. 2010：3128-3129.

阴便有阳，有仁便有义，有善便有恶，有语便有默，有动便有静"[52]，并且"对中又自有对"，如眼前一物，有背有面，有上有下，有内有外，这样"阳中又自有个阴阳，阴中又自有个阴阳。"如此推理朱熹就可以通过把任何事物区分为存在着对立的两极，而这两极共处一体，因为有动有静，盛衰相易从而推动着事物的发展变化。

在鬼神的本性问题上，朱熹认为鬼神是气的产物。《中庸》中有"子曰：鬼神之为德，其盛矣乎"。朱熹对之的解释为

"程子曰："鬼神，天地之功用，而造化之迹也。"张子曰："鬼神者，二气之良能也。"愚谓以二气言，则鬼者阴之灵也，神者阳之灵也。以一气言，则至而伸者为神，反而归者为鬼，其实一物而已"[53]。认为鬼神实际上是气的伸缩，就是气"发扬于上为昭明"的"百物之精"。既然气遍布于宇宙，那么鬼神也"体物而不可遗"，存在于事事物物之中。可以看出朱熹的鬼神观有一些自然神论的倾向。而这与阿奎那的具有独立存在人格化的上帝是有明显区别的，朱熹把鬼神也归结为自然的某种产物。

如果仔细推究的话，朱熹的事物的动力与其说来自于事物的外部，超验的理是最终决定力量，倒不如说是来自于事物的内部：在一事一物中固有的矛盾的推动（理具体化后的气的两端，按照理的规定运行），这与马克思主义承认的各事物各有其自身独特的运行规律是不谋而和的。

如果说朱熹把宇宙运行的动力仅仅归结给阴阳相易还显得有些粗浅的话，那么阿奎那的理论则在服务于神学目的的情况下，显得更加圆润精致的一些，他把世界自然人类社会的产生和发展都归结给他体系中最高实体上帝，是人格化的上帝范型、导引、创造、推动着世界的生成和发展。

第二节 阿奎那的理论促进了社会的自治和个人的平等

阿奎那和朱熹都主张控制个人的欲望，追求最高本体所预设的境界，两

---

52 朱熹. 朱子语类·卷六 性理三[M]. 朱子全书（第14册）. 上海：上海古籍出版社，合肥：安徽教育出版社联合发行. 2010：264.

53 朱熹. 四书章句集注·中庸章句 中庸章句[M]. 朱子全书（第6册）. 上海：上海古籍出版社，合肥：安徽教育出版社联合发行. 2010：41.

者的思想作为官方或教会的主导思想对社会进行熏陶引导很多年。但何以两方并没有出现专制五权一统天下，个人丧失独立自主思考可能的局面呢？不得不推究两者认识论的异同及其实际影响。

朱熹以"存天理，灭人欲"的道德宣教对南宋以后中国主流的思想走向产生了重要的影响，他认为朝代的振兴、风气的醇化皆有赖于人欲的控制、私心的去除，在他看来只有克胜私欲，复明天理，那么理想的社会才能更好地到达。这种思想对我国儒家学说中，必定会出现一个最高理想社会以及一个最完美的圣人的观念，从而要求人不断向那个方向努力、靠近的思维模式奠定了重要的理论基础，但朱熹在具体理论的论述中，又往往以建构现实的理想王国为最终依归、目标，没能保持理想与现实之间必要的张力，而往往造成理想与现实被人为的宣传等同从而使社会失去对比、参照、选择的对象，使社会被动地去接受、认可、服从特定社会和个人的局面，为社会独裁、个人专制的出现预留了空间。今天我们通过对比反思不同的认识路径，试图找寻一种既能保持个人独立，又能维护共同信念的认识路线就显得非常重要。

一、朱熹与阿奎那的认识论

朱熹的理论虽出于中国特定的土壤环境，但思想精髓却并非孤案独曲，其所诉内容西方基督教学者托马斯·阿奎那也从不同侧面有所涉及，但同异之处也显而易见。

朱熹和阿奎那两人在认识论上有着众多共同的地方。首先，两人学说中都有最高本体的设定，认为它是万物的来源、事物变化的根据、世界发展的动力。朱熹认为，理是世界的本体，"未有天地之先，毕竟也只是理。有此理，便有此天地；若无此理，便也无天地。"[54]在阿奎那看来，上帝是一切的基础，"一切事物都是由那具有至上、同等、永不改变之善的三位一体的神所造成的。"[55]

其次，两人学说中都设定了这最高的本体会以一定的方式为世界万物所分有，因而具体的事物因为自身的不够完善而去追寻能够自洽自足的最高本

---

54 朱熹. 朱子语类·卷一 理气上[M]. 朱子全书（第14册）. 上海：上海古籍出版社，合肥：安徽教育出版社联合发行. 2010：124.

55 西方哲学原著选读（上卷）[M]. 北京大学哲学系外国哲学史教研室编译. 北京：北京商务印书馆，1981：219页.

体，从而使他们的宇宙论带有强烈的目的论的特点，而对外界的认识一开始就打上道德提升的色彩。朱熹认为天理，"其张之为三纲，其纪之为五常，盖皆以此理流行，无所适而不在。"[56]阿奎那看来，世界万物的存在都与上帝的支撑有关，"就像为太阳所光照的空气或天空，只要天空继续有光，就是太阳在形成这光。"[57]

再次，两人学说中都设定了获取知识的有效途径包括对外在事物进行观察思考，这就为后来排除一味的空谈进行实证研究、科学实验以获取知识预留了空间。"致知只是就认识实践在主体方面获得的知识成果而言，没有即物穷理，主体自身是无法扩充知识的。"[58]阿奎那认为，感性体验是人加深对上帝认识的一个重要途径。"（自然物）是他的效果并依赖于他的推动，我们从这些事物的引导而认识到他是否存在，认识到他是万物的第一因超越于由他引导的万物之上，以及所有必定属于他的品质。"[59]

另外，两人学说中都确立了相比观察外物获取知识更为重要的内容那就是通过向内的自我反省，达到超越的理想境界天理或天国。朱熹指出，"致知工夫，亦只是且据所已知者，玩索推广将去。具于心者，本无不足也。"[60]阿奎那认为，"自然理智之光因白白得来的恩典之光的灌输而得以增强"，[61]人会在默想祈祷等神秘体验中达到出神境界，可能与上帝相遇。

很明显，两人由于不同的旨趣，学说中在具体含义、细节上也存在着诸多的不同。首先，两人对最高本体的定性不尽相同。一个是自然永存的"自然"，朱熹的理是一客观化的按照必然要求运行的自然规则，而阿奎那的最高存在则是一个是有着思想情感可以与人沟通呼应并对人进行报应惩罚的人格化的上帝。

56 朱熹. 朱子文集·卷七十 读大纪[M]. 朱子全书（第 14 册）. 上海：上海古籍出版社，合肥：安徽教育出版社联合发行. 2010：484.

57 （意）多玛斯·阿奎那. 神学大全（第 1 册）[M]. 高旭东，陈家华译. 高雄：中华道明会，台南：碧岳学社联合发行，2008：92.

58 陈来. 宋明理学[M]. 上海：华东师范大学出版社，2004：140.

59 Thomas Aquinas, *Summa Theologica by Thomas Aquinas*, Fathers of the English Dominican Province, Benziger Bros. edition, 1947, 1: 12, p. 78.

60 朱熹. 朱子语类·卷十五 大学[M]. 朱子全书（第 14 册）. 上海：上海古籍出版社，合肥：安徽教育出版社联合发行. 2010：463.

61 Thomas Aquinas, *Summa Theologica by Thomas Aquinas*, Fathers of the English Dominican Province, Benziger Bros. edition, 1947, 1: 12, p. 79.

其次，就最高的事物是如何被具体事物分有而言，两人也有着截然不同的解释。在朱熹看来，太极存在于一切事物之中，理的全体为每一事物完整分有。"太极只是天地万物之理。在天地言，则天地中有太极；在万物言，则万物中各有太极。"[62]只是因为，秉的气有昏浊偏全等不同而存在着聪明贤愚等差别。"以其理而言之，则万物一原，故无人物贵贱之殊；以其气而言之，则得其正者通者为人，得其偏且塞者为物；是以或贵或贱而有所不能齐。"[63]而在阿奎那看来，每一事物所分有最高事物的只是其本质特征——存在，而且具体分有的程度也不尽相同，按照阿奎那的看法，存在着非生物、植物、动物、人类、天使等多个类别的差异，分有的程度逐次升高。

再次，对于人为何能够具有对外界进行观察思考，从外界获取知识的能力两人的看法也有差异。在朱熹看来，太极存在人体里面，自然而然人就具备了辨别是非的能力。"人自有生即有知识，事物交来，应接不暇，念念迁革，以至于死，其间初无顷刻停息，举世皆然也。"[64]而在阿奎那看来，不仅人是上帝的形象，而且这种能力的获得来自于最高事物的精心设计，上帝创造出永恒法，命定一切事物的发展趋势，并将之在人心灵中铭刻下烙印，从而使人潜在的具有辨别事物的各种知识。但人不同于动物的是并不天然地具有识别敌友的能力，所以人必须要借助于具体的环境、体验将潜存的知识激发出来，使之明晰化具体化。这里我们看到的是，在朱熹那里人获得的是全部事理和能力，而在阿奎那看来人所获得的只是潜在的可能。"有时人只是勤能性的认知者，无论是在感官方面，或是在理智方面。人从这种潜能（的认识）达到现实（的认知），需要靠感性物对感官之作用而有感觉，和需要靠学习和思索而有领悟"[65]。

再次，对于如何获得最重要最正确的知识，两人的看法也不尽相同。在朱熹看来，人们可以通过格物务尽来去除因为观察不完全所获得的知识片面的弊端，从而达到获取正确无误的与心中一致的正确知识。"儒者之学，大要

62　朱熹. 朱子语类·卷一 理气上[M]. 朱子全书（第14册）. 上海：上海古籍出版社，合肥：安徽教育出版社联合发行. 2010：123.

63　朱熹. 朱子语类·卷四 性理一[M]. 朱子全书（第14册）. 上海：上海古籍出版社，合肥：安徽教育出版社联合发行. 2010：186.

64　朱熹. 晦庵先生朱文公文集·卷三十 与张钦夫[M]. 朱子全书（第21册）. 上海：上海古籍出版社，合肥：安徽教育出版社联合发行. 2010：1315.

65　（意）多玛斯·阿奎那. 神学大全（第3册）[M]. 刘俊余译. 高雄：中华道明会，台南：碧岳学社联合发行，2008：146.

以穷理为先。盖凡一物有一理，须先明此，然后心之所发，轻重长短，各有准则。"[66] "退而验之于日用之间，则凡感之而通，触之而觉，盖有浑然全体应物而不穷者。"[67]而在阿奎那看来，获取知识还有另一个重要途径，那就是接受上帝的启示，它能够超越人类思维水平能力的局限，也就是说，最正确的知识是来自于上帝的赐予，并不先天地存在于人的心灵里。"灌输给人的东西有两种：一种属于人的天性，自然法律就是这样灌输给人的法律；另一种是靠恩宠的赠予，附加在天性上的。新法律就是这样灌输给人的，它不只告诉人该做什么，而且助他完成。"[68]

对于使人能够思虑运动的灵魂，两人都承认与身体有截然不同。对于魂魄的作用，朱熹认为，"人之所以能运动，都是魂使之尔。"[69] "人之能思虑计划者，魂之为也；能记忆辨别者，魄之为也。"[70]阿奎那承秉亚里士多德的形式质料学说，认可物质的肉体只有由形式的精神即灵魂的推动才能有生气才能思虑，又不同于奥古斯丁认为肉体完全是被动的，认为肉体的健康有助于精神的灵魂更好地发挥作用。

朱熹虽认为"体魄自是二物"[71]，但他认为精神性的灵魂实质上也是气的产物，"阴阳之始交，天一生水。物生始化曰魄。既生魄，暖者为魂……人生初间是先有气。既成，是魄在先。"[72]对于精神的成分，朱熹认为，"鬼神只是气。屈伸往来者，气也。"[73]魂魄也是气，"暖气便是魂，冷气便是魄。"

---

66 朱熹. 晦庵先生朱文公文集·卷三十 与张钦夫[M]. 朱子全书（第21册）. 上海：上海古籍出版社，合肥：安徽教育出版社联合发行. 2010：1314.

67 朱熹. 晦庵先生朱文公文集·卷三十 与张钦夫[M]. 朱子全书（第21册）. 上海：上海古籍出版社，合肥：安徽教育出版社联合发行. 2010：1315.

68 （意）多玛斯·阿奎那. 神学大全（第6册）[M]. 刘俊余译. 高雄：中华道明会，台南：碧岳学社联合发行，2008：245.

69 朱熹. 朱子语类·卷三 鬼神[M]. 朱子全书（第14册）. 上海：上海古籍出版社，合肥：安徽教育出版社联合发行. 2010：164.

70 朱熹. 朱子语类·卷三 鬼神[M]. 朱子全书（第14册）. 上海：上海古籍出版社，合肥：安徽教育出版社联合发行. 2010：165.

71 朱熹. 朱子语类·卷三 鬼神[M]. 朱子全书（第14册）. 上海：上海古籍出版社，合肥：安徽教育出版社联合发行. 2010：165.

72 朱熹. 朱子语类·卷三 鬼神[M]. 朱子全书（第14册）. 上海：上海古籍出版社，合肥：安徽教育出版社联合发行. 2010：164.

73 朱熹. 朱子语类·卷三 鬼神[M]. 朱子全书（第14册）. 上海：上海古籍出版社，合肥：安徽教育出版社联合发行. 2010：163.

⁷⁴阿奎那认为灵魂是由上帝所赐予，每个人的灵魂都由上帝所赋予，彼此不同，且不像诸多自然事物那样容易朽坏，即或是人死亡之后，也会一直存在等到上帝的复临接受审判，从而将其神秘化。

另外，虽然两人都设定了社会、个人努力追逐的方向，但其涵义却存在着截然不同。朱熹的天理虽也为一超越的存在，但他讲要灭人欲，存天理时，天理实际上就减弱了它超越于世俗、政治的成分，变成了对特定封建社会理想的一种阐释，甚至就是当时社会稍加改观的再版。而在阿奎那看来，最高事物是超越的上帝，人的最终目的就是为了获得他接近他，而这是没有终止的过程，而人类社会不过是为此创造适宜的条件的场所。那么在朱熹那里，所追求的天理不过是人间的盛世，而在阿奎那那里，则是超越的天国。

二、不同理论对人思维方式的影响

回顾中国几千年的历史，封建社会居于相当长的历史时期，它有着不同于西方的自身特征。在社会政治制度层面，中国基本上不存在着与世俗封建政权分庭抗礼的教会，也不存在着因为分封而具有自治、自主、独立性质的小型社会阶层；在社会的文化思想层面，中国也没有树立起每个人都有自身的弱点不可能十全十美的意识，也没有形成自己只要负责以及每个人都可选择自己的道路的观念，那么出现这些现象的根本原因是什么呢？

其实这与中国主流的理论的特定框架设定有着密切的关系。首先，这些理论设定了一个最高的应然的本体，认为一切事物都源出于它，因而它就成了人们应当向往、追逐甚至至死不渝的对象。不论它是人们的幻想，还是可以通过努力可以实现的理想，总之它已经获得了评价人是否道德倾向的道义基础。朱熹认为，"人之性皆善。然而有生下来善底，有生下来便恶底，此是气秉不同。"⁷⁵即或天生人的秉性有差异，也不影响人自己主动去追求最理想境界。"须知气秉之害，要力去用功克治，裁其胜而归于中乃可。濂溪云：'性者，刚柔善恶中而已。故圣人立教，俾人自异其恶，自至其中而止矣'。"⁷⁶朱

---

74 朱熹. 朱子语类·卷三 鬼神[M]. 朱子全书（第 14 册）. 上海：上海古籍出版社，合肥：安徽教育出版社联合发行. 2010：164.

75 朱熹. 朱子语类·卷四 性理一[M]. 朱子全书（第 14 册）. 上海：上海古籍出版社，合肥：安徽教育出版社联合发行. 2010：198.

76 朱熹. 朱子语类·卷四 性理一[M]. 朱子全书（第 14 册）. 上海：上海古籍出版社，合肥：安徽教育出版社联合发行. 2010：198.

熹认为只要加强心性修养到达一定境界，格物精熟，便会"别识得天理人欲分明，尽去人欲，全是天理"，[77]对于是否有人明知该怎样做却不去做甚至明知故犯，朱熹认为，"此只是知之未至"，[78] "今人知未至者，也知道善之当好，恶之当恶。然临事不如此者，只是实未曾见得。若实见得，自然行虑无差。"[79]

其次，朱熹不仅认为这应然的对象超越于现实，而且还认为它就可以转化为现实，条件就在于人主观努力的程度。人心具众理，只是因为社会物欲使之容易受社会蒙蔽而不能清晰照见印现，因而需要加强后天的学习。"心惟虚灵，所以方寸之内体无不包，用无不通，能具众理而应万事。但以气秉物欲之私有以昏之而不得全其虚灵之本体，故理之在是者遂有所蔽，而应事接物亦皆杂以私欲，不尽出于义理之正，是无以具众理而应万事矣。学者之学，恐只是求去其气禀物欲之昏，以复其虚灵之全体。"[80]简言之，朱熹认为，私欲尽除，天理自现。

当把应然等同于人们稍加努力就可实现的实然时，人们的怀疑对象就会从实现对象的客体转向实施行为的主体自身，从是否有实现的可能转向为实现而采取的行动是否足够，"人之一心，天理存，则人欲亡；人欲胜，则天理灭，未有天理人欲夹杂者。学者须要于此体认省察之。"[81] "天理人欲，几微之间……天理人欲常相对。"[82]很多时候它往往以特定条件、特殊事物能够实现的特例来要求他人，从而使理性的宣教、号召变成了道德的要求、胁迫，必须时刻对自己进行心理的严加约束，"人各有偏，非见彻克尽，所不能免"，[83] "言修身，则曰随事省察之，以审其当然之则……日用间觉得直须谨操持、

77 朱熹．朱子语类·卷十五 大学二[M]．朱子全书（第 14 册）．上海：上海古籍出版社，合肥：安徽教育出版社联合发行．2010：484.

78 朱熹．朱子语类·卷十五 大学二[M]．朱子全书（第 14 册）．上海：上海古籍出版社，合肥：安徽教育出版社联合发行．2010：484.

79 朱熹．朱子语类·卷十五 大学二[M]．朱子全书（第 14 册）．上海：上海古籍出版社，合肥：安徽教育出版社联合发行．2010：485.

80 朱熹．《晦庵先生朱文公文集》卷十 答李孝述继善问目，《朱子全书》．上海古籍出版社、安徽教育出版社．2010 年，25 册，4805 页.

81 朱熹．朱子语类·卷十三 学七[M]．朱子全书（第 14 册）．上海：上海古籍出版社，合肥：安徽教育出版社联合发行．2010：388-389.

82 朱熹．朱子语类·卷十三 学七[M]．朱子全书（第 14 册）．上海：上海古籍出版社，合肥：安徽教育出版社联合发行．2010：389.

83 朱熹．晦庵先生朱文公文集·卷三十 与张钦夫[M]．朱子全书（第 21 册）．上海：上海古籍出版社，合肥：安徽教育出版社联合发行．2010：1452.

勤检点"。[84]最后自身能够达到的程度成为检验是否真正努力的标准，"欲知知之真不真，意之诚不诚，只看做不做如何。真个如此做底，便是知至、意诚。"[85]

我们看到朱熹的本意是希望自己的学说有助于社稷社会，是出于感召他人的良好愿望，但一旦被作为主流主导思想来对社会进行约束、管理、引导时就具有排他性、权威性和威慑性乃至于强制性。朱熹理学的"'人欲'概念是如此宽泛且含混，囊括一切生存欲求……这样，实行'存天理，灭人欲'，实质上也就意味着将人的生存条件最大限度地压缩……将'无私'与'无欲'牵合附会，其逻辑必然由'人欲'方面的'去蔽'导致认识'天理'上的'去心知'，最终落入反智的境地。此外，权势者将'欲'与'私'化约为一，其目的在于凭借'无欲'的无欲的要求来否定弱者的地位，借口实行天下至理的'大公'而使自身的'大私'横行无忌。"[86]这时存天理就不再是个人道德理想的崇高方向和个人自觉自愿的努力选项，而变成不如此就与天理背道而驰的逆伦违经的恶行，不尽灭人欲就变成个人不积极主动甚或有意与天理相疏远相背离。"天理人欲即是一个公私义利之辨，主体在进行一明一灭之际即是在做功夫之时。因此学者即应时时分别人欲天理，刻刻革尽人欲复还天理。"[87]

之所以中国封建思想久盛不衰，独裁专制思想绵延不绝，关键的原因有以下几点：首先，在根本的思维方式中有一个最高事物存在，它是一切事物的根本，它的原则适用于一切相关事物，由此一切事物都在该原则面前顺服而不应有所违背。故而对于一些"先知者"而言，由其发现的最好的原则就不仅仅只是适用于我，它对其他人也照样适用。虽然中国有古谚教导"己之不欲，勿施于人"，但又讲人同此心，心同此理，本性相通，基于对他人的关爱就应"己之所欲，当施于人"，"己欲立而立人，己欲达而达人"。如此，

84 朱熹. 晦庵先生朱文公文集·卷十　答李孝述继善问目[M]. 朱子全书（第 25 册）. 上海：上海古籍出版社，合肥：安徽教育出版社联合发行. 2010：4806.

85 朱熹. 朱子语类·卷十五　大学二[M]. 朱子全书（第 14 册）. 上海：上海古籍出版社，合肥：安徽教育出版社联合发行. 2010：485.

86 胡建. 现代性价值的近代追索——中国近代的现代化思想史[M]. 上海：上海人民出版社，2008：140.

87 杜保瑞. 朱熹谈本体功夫的项目与义涵[C]. //吴震主编. 宋代新儒学的精神世界——以朱子为中心. 上海：华东师范大学出版社，2009：94.

个人的思想特别是权势人物的思想就有了向外扩张的势头。其次，它的理论体系中又假定人们是可以实现、追逐到最高的理想目标的，就把应然当作了实然。这样就漠视了理想的实现所需要跨越的条件限制、以及它所适用的对象是否仅仅只是少部分个体。更重要的是因为混淆了可能性与现实性的关系，消淡了只在特定个体、特定条件下才有实现可能与普通个体通常条件下难以达到的事实差距，就使得是否去追求这样的目标变成是对个人主观意愿的一种检验，而态度倾向却历来被视为大是大非问题的试金石。所以朱熹讲欲严男女之大妨，是否赞成或是有选择的松动就是一个无须考虑辨别的唯一选择题，是或否，因为它是想从源头上来防微杜渐，以至于把任何事都提升到心性是否审核认可的角度，这也就难怪会有"饿死事极大，失节事极大"的违背人伦的论点出现。再次，我们发现理论上设定有对所有人适用的共同理论，并且这种理论是众人通过努力是可以去实施的这样的观点，它也只是为走向强迫专制提供了理论的基础，要想使这些观点真正发挥其影响力，还需要借助于权威的力量来加以推广，否则它仅是众多理论中一个可供选择的选择项。朱熹的学说能够发挥出其现实影响力，来源于官方的认可并通过取仕在社会树立其学说指导原则的地位；学校教育的推广；文人、社会宣扬其要义宗旨，从而使之内化为人们行为处世的方针标准。这样就使具体个人一开始就被置于了这样一种氛围之中，顺从天理是理所当然的，否则既不道德也会危及自身。那么个人只能接受唯一的选项：除了顺从就是服从。

如果我们考虑西方社会的演进，我们会发现西方也有与中国类似的强调顺从、思想压抑的中世纪，但在西方却并没有出现王权一统天下，人们丧失独立自主思考的局面，原因何在呢？

我们还可以结合阿奎那的思想来探讨出现这种差别的原因。在阿奎那的体系中，同样存在着一个最高的本体，它是确保万物呈现某种一致性、可类比性的源泉，这一点无疑与朱熹并无差别。这一最高的本体同样也是人向往努力的最终归宿，阿奎那区分了精神和肉体的属性，提出两者的分立，将之归于不同的管理者，凯撒的归凯撒，上帝的归上帝，并通过形式的精神教权高于质料的肉体王权确立了教权的优越地位，并通过两种契约的区分，使世俗王权专制大打折扣。阿奎那明确提出，上帝的法律高于世俗社会的法律。如果认定这些法律不公平合理，就可以不加遵守。"非公平合理的法律，不能称为法律。故这些法律对良心没有约束力"。那些违反上帝诫命的规则，"超出了上帝所赐给人的权限。人也没有责任遵守。"当然，"除非为了避免更大的害处或恶表"，人们还是可以自愿遵守。[88] "一个王国建立时有两个契约：一是上帝与王和人民的'神约'，另一个是王与人民的'政约'。前者表明：王和人民在上帝面前平等，任何一方亵渎神灵，另一方都有权加以干涉和制裁，以维护上帝的权威和神圣；后者规定：王以承认正义为统治人民的条件，如违反这一条件，人民可以行使废黜、惩罚之权。"[89] 人民从终极层面可以不理会世俗的要求，一切以灵魂得救及教会训导为行为准绳。

阿奎那讲要回归上帝，朱熹说要灭尽人欲，复明天理。但对于最高本体既是应然是否也有可能成为实然却看法迥异，朱熹认为只要人尽心尽力，人欲尽除，天理自现，达到干任何事循理不逾矩之时，或者讲天理已与我统一。但在阿奎那看来，由于人与最高事物在本质上的差异，人始终不能够完全与它相似，只能趋近、接近于它。所以在两者的理论中我们就会发现，以朱熹的观点，既然圣人已经为我们树立了接物待人的榜样，那么普通人所应做的就是排除万难去依样模仿，攻到成处便已成君成圣。在阿奎那看来，既然"人的理性是变化无常和不完美的"，[90] 人始终无法像最高事物即上帝那样完美，针对不同的层次，阿奎那明确提出要有不同的对策，不强求每一个都成为圣人。"人为的法律是要使人成为有德之人，但不是要一蹴而就，而是慢慢地。所以不要求不完美的大众，像有德性的人一样，立刻戒绝一切恶事。"[91]

人所能做的就是反思自己，通过同类身上所具有的优点来认识上帝的完美以及自身的不足和缺陷。明白了自身的不足，那么人群的聚集、国家的产生无非是为使人更好地弥补不足，完善自身进而与上帝靠得更近而创造条件，排除了人世间的自然事物或人为事物成为最终应然价值追求的可能性。"针对情感之准备，福音中含有轻视世界的文字，使人因此轻视而能接受圣神的恩

88　（意）多玛斯·阿奎那. 神学大全（第6册）[M]. 刘俊余译. 高雄：中华道明会，台南：碧岳学社联合发行，2008：66.

89　胡建. 现代性价值的近代追索——中国近代的现代化思想史[M]. 上海：上海人民出版社，2008：40.

90　（意）多玛斯·阿奎那. 神学大全（第6册）[M]. 刘俊余译. 高雄：中华道明会，台南：碧岳学社联合发行，2008：72.

91　（意）多玛斯·阿奎那. 神学大全（第6册）[M]. 刘俊余译. 高雄：中华道明会，台南：碧岳学社联合发行，2008：62.

赐。"[92] 在阿奎那看来，世俗的法律等只是工具，是服务于创造人向天国靠近的条件。他讲，"法律上的一切训令，特别是针对他人的训令，目的是为使人彼此相爱。"[93] "新法律与旧法律没有差别，因为两种法律的目的是同一个，即使人服从上帝；而旧约与新约的上帝是同一个。"[94]

从两人有关最高事物是否实然的观点中，呈现了向最高事物靠近的两种向度。就朱熹而言，私欲尽除，天理自现，所以为了成为完人圣人，为了治国平天下人所需要做的就是向内诉求，克制私心杂念，抛开一切不符合天理的思想念头。而就阿奎那来讲，要想与上帝接近，当然个人的独处冥想、祈祷呼求固然重要，但人毕竟生活在群体之中，个人各种知识体验的获得均来自于所生活的社会，人的理性难免会出现错误，"在道德上，关于自然法律的最普遍的训令，理性不会全然地错误；但是由于不良的习惯，在个别事件上能受到蒙蔽。至于由自然法律之共同原理所引申出之结论，许多人的理性陷入了错误，以至将本来恶的事情认为是容许的。"[95]因而创造一个有利于个人更好向最高事物趋近的社会环境同样也是非常重要的，既然每个人都存在着这样或那样的不足缺陷，那么为了达到一个更好环境创造的目的。对自己他人都进行必要的限制约束就显得非常必要。这里实际上依据的是以下前提：每个人都是有缺陷的；每个人都应受到约束；为了一共同目标，每个人都应遵守最基本的原则。

阿奎那也否定了官员具有最好的德性与理性的看法。他认为，"一个国家最好的长官制度，是由一个有德之人领导大家；在他下面有一些有德之长官领导他人，但是这个政府是属于大家的，一是因为大家都有选择权，也是因为每个人都有被选择权。"[96]强调官员必须有德性高尚者来担任，但他有明确指出，"有完美德性的人很少"，官员自身的缺点如天性残忍，爱

92 （意）多玛斯·阿奎那. 神学大全（第6册）[M]. 刘俊余译. 高雄：中华道明会，台南：碧岳学社联合发行，2008：245.

93 （意）多玛斯·阿奎那. 神学大全（第6册）[M]. 刘俊余译. 高雄：中华道明会，台南：碧岳学社联合发行，2008：227.

94 （意）多玛斯·阿奎那. 神学大全（第6册）[M]. 刘俊余译. 高雄：中华道明会，台南：碧岳学社联合发行，2008：255.

95 （意）多玛斯·阿奎那. 神学大全（第6册）[M]. 刘俊余译. 高雄：中华道明会，台南：碧岳学社联合发行，2008：95.

96 （意）多玛斯·阿奎那. 神学大全（第6册）[M]. 刘俊余译. 高雄：中华道明会，台南：碧岳学社联合发行，2008：220.

财如命等容易使之陷于霸道。[97]否定了官员天然的具有统治人民的资格。由人特别是官员制定的法律，由于人类理性等的缺陷难免存在诸多问题，因而需要根据上帝的永恒法来矫正，否定了由人所设定的世间法律的终极价值。"人为之法律所定的训令只是关于正义之行动的……但是上帝的法律所针对之社会，是人与上帝之社会，或在现世，或在来世。"[98]因而对于世人有更大的约束力，因其不仅关注人外在的行为表现，还深入涉及到人之内心之动机。

三、我们在认识论上所应具备的正确观念

我们从外界获取知识究竟对我们有多大的用处，是否能如同朱熹所讲的，拂去思想上因为久居俗世而积落的灰尘和纠正我们因诸多原因所造成的对正确知识的蒙蔽，还是如阿奎那讲的，明确最高造物主的伟大从而领悟人生的真实意义，我们从两种学说导致的不同径向中是否有所收获呢？

通过以上的分析，对今天构建既有群体意志集中又有个体自由发挥的和谐局面有着重要启示，具体而言，以下几点显得尤为关键：

（一）应当建立不同群体能够交流沟通共同的认识基础

儒家和基督教都是完善论者都把人自身的完善作为价值追求的目标。儒家提倡要修身，但最终指向却是有能力有担当的为社会服务即齐家治国平天下。基督教则在另一个维度去让人们去追求完善，即提高自身道德素养，努力获得上帝的青睐，更靠近上帝。我们实际要吸取的教训在于，"那些以人的自我完善为目标的人生观又常常把对现实利益的超越错误地当成了对现实利益的否定和弃绝，人的自我完善与人的利益追求水火不容，于是，'超越'就变成了'对立'"。[99]我们看到儒家和基督教在后世的发展中呈现出了两种不同的径路，儒家在朱熹之后愈加封闭，变本加厉地突出两者的对立性；基督教一直在调整，突出物质欲求与自我完善的不矛盾性，甚至认为其是个人自我完善程度的标志。

97　（意）多玛斯·阿奎那. 神学大全（第6册）[M]. 刘俊余译. 高雄：中华道明会，台南：碧岳学社联合发行，2008：221.

98　（意）多玛斯·阿奎那. 神学大全（第6册）[M]. 刘俊余译. 高雄：中华道明会，台南：碧岳学社联合发行，2008：108.

99　崔宜明. 道德哲学引论[M]. 上海：上海人民出版社. 2006：255.

当前社会，有关对外界物质世界认识的视角多种多样，有关社会发展研究的理论千差万别，不同的理论以不同的论据为支撑，从多个角度进行着自己观点的言说阐释，从特定意义上来看似乎每一理论都有着一定的合理性。但是否因为公说公有理，婆说婆有理就否定了社会中不可以有一种相对更加正确因而占据优势的理论呢？答案显然是否定的。

人们可以对自然界进行多种的解释，但依据马克思主义的观点，如果我们承认了世界的客观性、物质性，那么世界就有其自身发展的独立实在过程，那么正确的解释就只会是一种，尽管人们可以从多个角度对这一事件本身进行评述。人们可以对人类社会中出现的某个事件进行多原因的解释，但如果我们承认了世界的自然物质性，那么社会的发展就变成了客观的具体历史事件过程所构成的集合，我们可以将事件的诸多要素都放在显微镜下一一进行解读，尽管一些的原因是那样的复杂常常容易让人联想归结给超自然的因素，而这些因素在马克思主义看来是来源于人被人所对象化反过来又压迫人，实际上是并不存在的。

由此，如果我们承认了世界有着共同的物质基础，有着不以人为转移的规律客观存在，那么我们对世界的分析体认就有了共同的理论基础。类似的，以其他的能获得更多共识的理论为基础，人们也会获得不同群体得以开展共同对话评判的基础。

（二）应当允许人们基于自身理解保持自身的独立性

由于多种的因素，具体个人的兴趣、爱好、特长、阅历、认识、表现方式等存在着种种差异，因而应当允许不同的人在遵守基本的共同底线的原则下保持自身的独立性。

即或是我们找到了可以以之进行沟通协调的凭借，也必须注意到，这共同基础所指向的理想的实现也不是无条件的适用于一切对象一切条件的。这里有必要进行如下的推论：

如果这种共同的理想是可以实现的，那么是否有权利要求其他人按照自己已经达到的程度来要求他人。显然，即或我们论证说我们秉持的理念是超越于具体个体的差别放之四海而皆准，我们仍必须面对一个普遍承认的事实：其他人仍有他自我选择的权利，我们没有道义强迫的权力。因为一旦我们确认了自己对别人拥有强加的权力也就承认了他人有对自己强加的权力，而这与每个人天生是自由的基础相矛盾。

　　如果这种理想并不具有实现的可能，但可以用来凝聚人心确证自己的合法性，我们是否有权利要求别人无条件的追随自己的思想呢？答案仍是否定的。当我们把远不可及的事情说成是现在时，实际上我们已经消解了原有理想的神圣性、完整性，当人试图用不完整不完美的现实来印证已有的理想时，这种巨大的反差就会摧毁人们对远方理想的美好期待及自身由理论架构所赋予的合法性。一些极端教派用末日审判对他人相威胁，以建立人间天国对他人相利诱，宣称自己的组织就是天国在人间的样板或通往理想境界的唯一介质，如是宣传就是拿眼前不完善不完美的社会状况去比附远高于此的理想社会，当人们猛然认识到它带有极大的缺陷时，其宣介理论自身的威信就受到了影响。

　　要承认人的欲望发展满足的合理性，要顺应它节制它而不是无原则的压抑它。两人学说都包含着对现世物质追求的否定，因为过度的物质追求在儒家看来会腐蚀人的内心，使人在私欲中不能自拔，而忘却自身的道德修养，人多欲而物质精神等供给物并不充足，由此导致社会的动荡，导致社会的混乱。而基督教认为人的精神层面的追求高于肉体物质层面的追求，肉体终究是要朽坏的而人的灵魂却可以长存，人应关注灵魂的得救更甚于肉体的满足，奥古斯丁甚至认为肉体会拖累人的灵魂，阿奎那在一定程度上肯定了物质肉体的满足对精神的意义，即精神的功能的实现需要以物质为基础，他只是建议要把物质的欲求放在最低的限度。但后来的加尔文则认为人在现世获得的物质财富等是上帝显现其恩赐荣耀的方式，获得的越多，就愈加显示上帝的恩宠。这样对物质的追求就不再像奥古斯丁所认为的那样是一种原罪，不像阿奎那所主张的那样必须被控制在仅仅维持生存的限度，而是可以光明正大积极去追求的事情了。

（三）应当在道德伦理实然和应然之间保持适度张力

　　即或人们认为自己的看法具有更多的合理性，我们也应当尊重其他人保持自己愿望的权利。中国古代由于存在着伦理道德的泛化，将一切纳入到道德评价的范围，由此造成政治与道德评判的融合，由此统治的王权逐渐与教化的精神引导权合而为一，皇帝既是权力的最终拥有者，同时也是拥有对民众精神道德加以控制引导示范纲纪的圣人，既要作之君，也要作之师，这种情况在西方是不存在的。而公私领域的界限不明，就使得"在中国人的政教混同体的权力结构底下，确实是不能有'公'与'私'之分的，因为它除了在国法的范围内去管理老百姓之外，要要越出这个范围内去管理他们的良知。"[100]历代统治者所提出的教化，塑造新民，不过是以居高临下的姿态去驯养他们眼中的草民。"'亲民'有具有'新民'的意思，亦即是说，统治者有义务去转变'人心'……统治者搞的是'明明德'，是'致良知'，而必须'听话'的百姓则成为了'作新民'的对象。"[101]但是，"在具有政教之争背景的西方，就很难出现这种情形。因为，每一个人只有在国法范围内是属于国家管辖的，在'良知'问题上则由教会打理。"[102]

要看到社会多样性的存在对社会所具有的积极意义。社会中差异化的存在提供了不同视角相互沟通的可能，彼此可以互通有无，相互借鉴学习。因为很难确定一种学说信仰其最终被证伪或证实的时空、方式、途径会在哪里、会是什么。"传统的道德化作为同一化过程，它在训练人们舍弃个体的经验、接受一般道德规则和标准化行为模式的同时，否定了个人的个性，甚至在制度上设立整齐划一的标准，将个人的天性、特长等列为'怪癖'而要求自我客服掉。在这一过程中，个人的道德化过程本身也就成了人寻求与他人相一致而无个性的过程。"[103]这种追求绝对的一致，抹杀差别个性的方式应当予以克服。

要消除单独个人、团体可以垄断真理，解释一切的幻想。真理会有其显现的方式，不同的人从其自身的视角会获得一定的认知，但特殊的切入视角、特定的价值取向、特定的时空坐标以及作为类属的种族假相等都会给人的探究附加有色之镜，使我们对外界的认知感悟理解界定，带上有色眼镜，可能与真实世界的应然状态实际状况不一致，对此我们应当谦虚谨慎，不能想当然的认为某个判断就是终极的，当下就应实行的。

要通过制度建设，消除人为的可以把个人意志强加给社会的氛围机制。首先要制定多层次的道德规范。应当承认社会的差异性，在道德要求上，分层次，多维度进行，不可整齐划一，否则就会造就因为标准过高，人们就不得不形式遵守而实际违反，明里遵守暗中违反，出现人格分裂的现象。要求太高也会造成人人都时刻自惭形秽而郁郁寡欢，而不能品味生活的美好。我们一些时代往

100 孙隆基. 中国文化的深层结构[M]. 桂林：广西师范大学出版社，2011，311-312.
101 孙隆基. 中国文化的深层结构[M]. 桂林：广西师范大学出版社，2011，313.
102 孙隆基. 中国文化的深层结构[M]. 桂林：广西师范大学出版社，2011，312.
103 丁大同. 国家与道德[M]. 济南：山东人民出版社，2007：247-248.

往树立一个崇高的道德理想，这个目标往往遥不可及，出离世俗的社会的日常人类要求，将人变得毫无私心和杂念，惟有此才与道德理念相符合。正因为它过于超越，就使得日常人拿它来对照自己的行为就发现自己有诸多不符合，时时处处在违反，就成为了不道德的人，是一个与当时主流道德意识不一致的需要被修正者。在赎罪者和卑微者的双重心态下，人们只好在自惭形秽中谨言慎行甚至一言不发，而把社会的改革和建设的权力交由尚未发现不良行为的高尚者，一些人在自觉地矮化的同时想当然地将离自己更远了解更少的人提升拔高认为其掌握着道德的解释权居于道德的制高点。"由于新中国成立后在相当长的时期里，我们实际上倡导的是革命型或政治型而非生活型的道德，把最高层次的最高境界的善，从而也只有少数人能够践行的道德作为对大多数人普遍性的要求；把最终要实现的道德理想当作过程中应当实现的目标；把特殊时期的极端性要求当作解决日常伦理生活矛盾的标准。最终导致道德理想性有余而现实性不足，先进性有余而广泛性不足。"[104]

同时规范政府等组织，划定其权力限度，为公共领域预留空间，不在外部形成民众时刻被监视时刻将被惩罚的氛围。我们可以结合社会的实际兼顾到社会发展趋势制定全社会应当遵守的伦理道德的底线，符合它就不是伦理道德所谴责的对象；我们也可以制定政府社会管理领域的负面清单，划出不可违背的禁止事项，没有违背它，就是遵守法律的公民。虽然底线道德要求不代表社会发展的方向，但至少它有助于应对社会的多样性现实，维护社会的包容稳定和和谐。要通过制度建设划定私人活动空间，公权力行使规则，避免个人的无理由恐惧从而能够理直气壮地行使自己的权利，只有个人有了明确的公私意识：这是个人的领域，即或是个人的思想行为与他人看法、社会要求有差别，也只是自己的事情，就不会有罪恶感和负罪感，就不会又抛弃独立的自我，盲目从众。

第三节 阿奎那的理论教导人以中介的心态看待尘世中的事物

阿奎那承秉基督教基本教义，认为尘世世俗的生活意义不大，人所追求的很多只是在个人看来是善的事物，甚至主张人们可以进入修道院专注进行

---

104 黄明理. 社会主义道德信仰研究[M]. 北京：人民出版社，2006：49.

灵修，摒弃世人所看重的金钱、财富、荣誉、地位等。阿奎那一生著述颇多，积极参与各种教会事务，可以说为他心中的理想在不断努力。但即或如此，他本有的写作计划却没有进行下去。在他去世之前，据说他见到了奇迹，他说他已经完成的所有的著作与上帝的启示相比，不过是一根稻草，一文不值。那么如果说将世俗的众多事物都看作无意义的，那么人生在今生尘世还有何寄托牵挂？生活的意义在哪里？

佛教也谈论人在世俗社会中遇到事物的无意义，也号召人们不要将金钱、财富、荣誉、地位、情感、理念等甚至生死都加以轻视看淡。那么两者是否有些区别呢？

既然阿奎那的学说成为西方基督教社会的主流思想影响了众多的信徒，佛教学说也在世界广泛加以传播，通过佛教的映衬对比，我们更能窥探理解有阿奎那思想所开创影响的基督教思想的特质。

基督教虽然降低乃至在一定程度上贬损世间事物的意义，它并不如中国道家老庄通过齐万物、齐是非、齐生死那样泯灭世间人可欲追求一切事物的意义，它还是设定了人应将事物的价值等级进行排列，应追求更有意义最有价值的事物；它颁布、宣讲了人间的规律的律法，确立了基本的伦理道德观念，并不让人将一切看作相对的、无意义的而任意皆可，现实生活中以两行处之；它反复告诫人的质料的肉体会朽坏死亡，人应当看重和追求形式的精神层面的不朽和得享上帝。

它也不同于佛教，否定一切事物的独立性和自在性，用因缘的和合推导出人的人格的不稳定性，而是告诫即或人死后，人的灵魂仍有其不变性和连续性，从而警醒人要在现世中谨言慎行；它也不像佛教那样宣布人所做的一切都毫无意义，人的行为既不由当下决定，也不由自身决定，它却明确宣告个人拥有着独立的形式灵魂和质料肉体的结合，拥有着自由意志，必须自我去进行有意义事物的选择；它也不像佛教那样宣扬完全地逃避远离世俗，而是在对之进行价值界定、降级后的有限地，有时甚至于作为目的来追求的参与。

总之，由于阿奎那的学说作为主流思想的流行推广和在信徒日常生活多方面的渗透，其逐渐成为了人们的思维方式的重要组成部分，从而影响塑造着特定的人群，使得他们对尘世的生活有了不同于佛教、道家等观点的看法。由此，赋予信徒将现世的生活以独特的对待：与最高的上帝相比，他们意义有限；但正是认识到他们的限度，人们才应采取中介的态度来对待他们，从而坦荡地走完尘世的旅途，顺利地向天国过渡。

这里仅就佛教有关人生意义的看法拿来和基督教进行对比，来一窥由阿奎那开创的学说在人生追求上的特征。

尽管基督教和佛教都提倡人应看淡尘世的事物和秉持的情感，把世界中诸多追求看的意义不大，但由于理论基础等方面的甚大差异，两种"空"论还是存在诸多不同。具体来讲，主要表现在以下方面：

一、"空"的内容不同

基督教和佛教虽然都谈论"空"，但对此问题分析切入的视角存在着显著差异，而且对与空境相对的理想状态的设定也呈现出明显不同。

（一）基督教从价值论而言"空"

基督教所谈的"虚空"是指世间事物与精神的信仰永生相比是毫无意义的，因而人应追求更有意义的事物即向上帝趋近，可以称之为因为领悟而对更有价值、意义事物有所认知，可称之为"悟空"。

基督教通常从形式与质料关系分析，认定精神的不朽追求更优于更高于物质的追求。基督教学者奥古斯丁在论及人的肉体和灵魂时借鉴柏拉图的观点，肯定精神的绝对意义，把现实感性肉体看作精神的牢笼，他认为由于亚当夏娃人类始祖所犯的原罪，后来的人无不处于罪恶的挟制之中，除非得到上帝的恩典，获得信仰之光，否则人就时刻意欲去干邪恶的事情，因而人的一生重要的目的就在于控制住自身的肉体欲望，去追求永生。

托马斯·阿奎那则承接亚里士多德的有关伦理学观点，肯定肉体和精神的同样实在性重要性，认为肉体的追求和精神的追求两者可以相互促进相得益彰，如果人肉体有缺陷或不适，就会使人的精神受到影响，他引证奥古斯丁的观点论证道："倘若身体难以照顾，像肉那样腐化且加重灵魂的负担，则妨碍心灵在天上的神视"[105]。如果灵魂幸福有余，就会惠及身体，"上帝使灵魂富裕，致能以其洋溢之幸福，使下级天性分有不朽之精力。"[106]在此

---

105 （意）多玛斯·阿奎那. 神学大全（第 4 册）[M]. 刘俊余译. 高雄：中华道明会，台南：碧岳学社联合发行，2008：56.

106 （意）多玛斯·阿奎那. 神学大全（第 4 册）. 刘俊余译. 高雄：中华道明会，台南：碧岳学社联合发行，2008：57.

基础上主张两种幸福，即尘世的幸福和天国的幸福。"人在现世能分得一些幸福，但不能有那完美和真正的幸福。"[107]不过幸福基于被界定为一切愿望的满足，是愿望的终极目的，也就是达到此目标以后就不再有所需求，才称得上是真正的幸福，因可欲为之善，也就是从这个意义上讲，幸福被叫做至善，它本身包含一切值得追求的东西。很显然世俗的任何事物都不能做到这一点，都只能作为工具中介而存在，而且，世俗的事情是可以变换的，因而不可能永久满足人们的欲求，传道者所罗门也是从这个意义上来谈虚论空的。

从事物的等级来看，人们追求的事物等级上有差异。阿奎那认为世界上所有事物都是善的，没有完全不善的事物，每一事物之所以存在都是因为或多或少分有了上帝的至善。正因为分有上帝至善的多少程度不同，就使得不同事物的形式不同，由形式和质料构成的事物就形成了一个由四种元素、植物、动物、人、天使、上帝这样的等级序列，在这一系列中，上一等级的最低存在物和下一等级的最高存在物相类似，可以相互联系。在由质料构成的物体中，每一类的具体个体都会腐败死亡，存在着生灭变化，但它的类却不会消失，因而事物就追求类的不朽，低一等级的事物追求包含其形式的更高的类的事物，如此逐级向上，最后，必然追溯到总摄一切的上帝那里，因为在上帝的理智里包含一切事物之所以可能的基础---存在。在《圣经·新约》中耶稣更是提出了建房两种基础的比喻，是将房建在流沙上，还是建在磐石上，以此来提醒人们自觉对比世俗追求和天国追求孰轻孰重哪个意义更大。

（二）佛教是从存在论而言"空"

而佛教的"空"是"性空"，指任何事物都没有自性，都是由地、水、火、风四大因缘和合的结果，不会永久存在，"由于万法是缘起的，是在关系中确定的，因此是'无我'性，即没有自性，没有实体性，也就是本性、本质上是空的。"[108]"空是否定构成万法的恒久的实体存在，空不是纯然虚无。空是空却、排除对实体的执著，空本身不是实体。中观学派讲空，还

107 （意）多玛斯·阿奎那. 神学大全（第4册）[M]. 刘俊余译. 高雄：中华道明会，台南：碧岳学社联合发行，2008：65.
108 方立天. 中国佛教哲学要义（下卷）[M]. 北京：中国人民大学出版社，2002：1211.

含有否定一切成见、定见的意思。"[109]因而人不应过于偏执，否则会导致太多麻烦，人应因为万事万物的偶然性、不确定性而应追求那种随遇而安无欲无求的理想境界。空可分为人空和法空两个方面。人空又称我空，是指个人的我无自性，指任何个人都不具备不依条件而生灭的主体性和持久存在的实体性，是由四大元素，结合"识"而产生的。法空是指一切事物现象都没有自身的本性，必须依因待缘而生，根据其他条件而存在。华严宗提出的无尽缘起论认为，"一切都是暂时的，没有永恒不变的自性，不存在任何独立自存的实体或事物，任何事物都依赖其他事物，都在一定的条件、关系（缘）中生成、突现（起）。宇宙本是造化流行、浑灏流转，此刹那显现为此存有者。"[110]

空还可从真谛和俗谛两方面进行区分。事物从本质上是空的，但在现象上并非不存在，而是以不同的样式聚合显现，并且还暂时具备各种的特性，因而相是不空的。"'空'并不是简单地否定客观事物'有'或'无'的现象存在，而只认为无论'有'或'无'的现象存在，都是不真实的。"[111]类如人见到的镜中的影像或实际情景中的海市蜃楼，并非不真，而是不实，所以有自性空而非相空，理空而非事空的说法。

空的内容主要表现为：一切诸行皆悉无常，一切诸行苦，一切诸行无我，涅槃休息。[112]华严宗提出理法无碍。"理是指世界万物同一理性，真如平等，无有差别。是说客观世界物质的客观性与主观的同一性无别无异……理是心意识抽绎出来的，无形无相，全在事物之中，与万事万物互为存亡，互不相碍……理由事显，事中含理，宇宙万法因其'无自性'而能缘起。"[113]谈及空有无碍，相依相持。

（三）离"空"超越追求的理想境界不同

基督教追求的是尘世之外的天国，力求达到永生，人在追求中达到一种

---

109 方立天. 中国佛教哲学要义（下卷）[M]. 北京：中国人民大学出版社，2002：1212.

110 罗嘉昌. 从物质实体到关系实在[M]. 北京：中国社会科学出版，1996：28-29.

111 王路平. 大乘佛学与终极关怀[M]. 成都：巴蜀书社，2001：137.

112 中国佛教文化研究所点校. 增一阿含经（卷十八）[M]. 北京：宗教文化出版社，1999：281.

113 冯学成. 心的世界[M]. 广州：南方日报出版社，2008：137.

内在神秘体验，直观地得见上帝，获得永福。[114]而佛教追求的实际是自然的原初应然状态，是一种超脱生死轮回之后的寂灭境界。

如果说基督教希望人们追求超越的神圣的生活，那么佛教则提倡的是一种自然而然的顺性生活，是回归万物本性的本来面目的真如状态，也就是涅槃状态般的空境，"从现起而言，空境是不生（生起）不灭（消灭）的，从时间而言，是不常（恒常不变）不断（断绝不续）的，从空间而言，是不一（同一）不异（差异）的，从运动而言，是不来不出（去）的。"[115]

基督教认为尘世的生活是短暂的，而死后的生活才是人们更应关注的重点。追求死后得到永生，得到上帝的赐福，是基督徒在现实社会生活追求的努力方向。而从早期佛教教义而言，并不认为有一个超越的神存在，释迦牟尼起初并不被认为是神，只是一个对世界本质有最深理解的最早觉悟者，按照佛经说法是首个大彻大悟的人。但他主张世间的一切都按照一定的方式因缘际会，幻化成大千世界，因而人所追求的成佛不过是成为一个通达世界真谛而大彻大悟因而无欲无求的人，所谓的进入涅槃西方极乐世界，不过是达到无欲无求、心如止水、无忧无虑、超脱世间通常情感的完美状态，这种状态实际不过是世间的一种清修生活方式罢了。基督教中的天国在尘世中是不存在的，而佛教的极乐世界是排除各种欲求后的无欲状态，苦海和极乐世界就在一念之间，可谓前念一断，即为成佛，当下就是极乐世界，不必非要死后才能探求。

基督教要想达到理想的境界只能寄希望于人死后进入天国，在现世是不能实现的；而佛教基于其轮回转世的说教，实际上并不存在死亡，人的神识一直永远存在，不生不灭，只是因为人的偏执不开悟，因而不得不在不同生命过程中轮回。人只要在现世中清除业障就可即刻抵达涅槃的境界。所以有世间与涅槃不二、凡染与圣净不二、色不异空、空不异色、色和空性并不有异，心和外景并无二致的认识。

基督教中的上帝能够以其超越的力量对人施加拯救，能够通过梦兆、默示、启迪直接或间接指出人们的迷恋，甚至直接施加影响，将人从虚妄的追求中解脱出来。原始佛教并不认为释迦摩尼是具有无上法力的神，只是一个

---

114 张传有. 幸福就要珍惜生命——奥古斯丁论宗教与人生[M]. 武汉：湖北人民出版社，2001：39.

115 王路平. 大乘佛学与终极关怀[M]. 成都：巴蜀书社，2001：129.

觉者，信徒对他就如学生看教师，老师会给学生指明前行的路，但学生是否愿意躬行以及能达到何种程度，关键在于个人。佛陀只是传授彻悟世界清净人心的法门，信徒能否领悟以及是否愿意实践关键就在于信徒个人。因为佛陀并非基督教中的全在全善全能的人格神。佛教说的鬼神，也是轮回中的一个归宿和环节，与人平等无异，并不是超越的神。

二、"空"的论证不同

对"空"何以"空"的论证、基督教和佛教基于不同的理论基础、伦理观点，推演论证理路也是有所不同的。

（一）基督教认为世间事物不如上帝那样能够对人的追求自满自足

基督教大学者托马斯·阿奎那曾经详细分析了世间诸多事物都不具有终极意义。人们一直追求的至善、最后目的到底是什么时，阿奎那进行了精彩的否定性论述。首先，首先至善不应是如财富、健康、德性、荣誉等的物体，因为，这些物体自身不是人们追求的目的，人们追求他们是为了达到其他的目的。其次，至善不应是低于它自身的事物，应该是在现实性上高于自身的事物，因为最终的目的要比现实引发目的的事物更高。另外，至善不应是需要加以节制的事物。如快乐之类如果不加以节制就会造成负面效果，因而它就需要依赖其他的事物条件，是一种有缺陷的善。另外，至善不应是从属于机遇的事物。"完善应该完全地排除恶劣"，所以具有或善或恶倾向的荣誉、权利、财富等因其可用于恶的目的，就不可能被认为是至善。[116]至善不应是短暂的事物。"人的至善应当是在人的行为中最持久的，因为只有一个无限持续的善才会自然地被人所向往"，[117]因而，如名声荣誉等不稳固可变的事情就不可能是人最终的追求目标。

而基督教设定了一个不变的人格存在。按照阿奎那的观点，每一个人其实都是由特定的形式（灵魂）和质料（身体）混合而成。具体到每一个人，他的灵魂和形式结合以后就是独特的，即使在世间死亡以后，灵魂仍然不会消失，在世界末日审判来临时，灵魂会和肉体重新结合接受审判。也就是说，

---

116 Thomas Aquinas, *Summa contra gentiles*, volume 3：28, translated by Vernon J Bourke, New York：Hanover House, 1955, p. 57.

117 Thomas Aquinas, *Summa contra gentiles*, volume 3：29, translated by Vernon J Bourke, New York：Hanover House, 1955, p. 57.

基督教认可每一个体的人都被上帝赋予了独特的存在，这种存在的人格会一直存在，每一个人必须为自己生前的行为负责。每一个人为了在即将来临的审判中获得好的评价界定，所以必须在生前有意识地去追求能给自身带来永生的生活，那就是看淡尘世的生活，追求灵性的生活。也就是，其他事物之所以无意义，为空，主要在于其与能够为世人带来的永生相比价值不大，过多的沉迷于此反而使人丢掉永生。加尔文派主张节欲过简朴的生活，坚持预定论，这种预定使得"得到上帝恩宠的人就永远不会失去这一恩宠，而上帝拒绝赐予恩宠的人也就永远不可能获得这一恩宠。这一教义因其极端的非人性……带来一个重要后果，即每个个人所感到的空前的内心孤独……生活中至关重大的是他自己的永恒得救，他只有独自一人走下去，去面对那个永恒的早已为他决定了的命运，谁也无法帮助他"。[118]这种孤独感使得"清教徒对文化、宗教中的一切诉诸感官和情感的成分都采取彻底否定的态度，因为这些东西无助于得救，而只能平添些感伤的幻想和偶像崇拜式的迷信。"[119]尽管主张否定尘世事物的价值，但信徒还是要以抱着为上帝添增荣耀的心态去积极参与世俗事务，"整个尘世的存在只是为了上帝的荣耀而服务……上帝要求基督徒取得社会成就……尘世中基督徒的社会活动完全是为增加上帝的荣耀"。[120]

（二）佛教认为诸事物的因缘和合使其自性空

佛教则指出，世间万物都是各种因缘的偶然聚合，每一事物的存在都以其他因缘条件的具备存在为条件前提，都没有自身实体的本性，没有常存恒在不变的事物，任何事物都不能掌控自身的命运，因而避免不了随其他因素变化而转瞬即逝的结局。由此，任何偶然性短暂性的事物，人都没必要过多地给予关注，倾注太多的心血。

佛教认为，事物在产生之前并不存在，在消失之后也不存在，即生前灭后均不存在；即或是人们通常可感可触的物质性存在，也不过是各种因缘的

---

118 （德）马克斯·韦伯著. 新教伦理与资本主义精神[M]. 于晓、陈维刚译. 北京：三联出版社，1987：79.

119 （德）马克斯·韦伯著. 新教伦理与资本主义精神[M]. 于晓、陈维刚译. 北京：三联出版社，1987：80.

120 （德）马克斯·韦伯著. 新教伦理与资本主义精神[M]. 于晓、陈维刚译. 北京：三联出版社，1987：82.

和合集聚，是人的意识将众多偶然因素归并集合到一块，是人们想当然地认为其有独立的稳固的存在。僧肇曾谈及为何因缘和合会是非真有非无，他讲道，"中观云：'物从因缘故不有；缘起故不无。'寻理，即其然矣。所以然者，夫有若真有，有自常有，岂待缘而后有哉？譬彼真无，无自常无，岂待缘而无也？"[121]意图说明不能自存就为非真，即为无自性，即为空，因为任何事物都是待缘而有，缘散而无，每一物的存在消失都不是自身可以决定，都依待他物，"此有故彼有，此生故彼生，此无故彼无，此灭故彼灭"。[122]

这一点最难为世人所接受。人们通常认为感性所见的事物为真，坚持眼见为实的常识，人们根据从现象更替的经验中总结出日常生活处事的规则，如果这些现象规则都不真实，人们生活何以凭借？但在佛教看来，这一切并非真实存在，因其不空而不过是假有，是人为的一种幻像。就如人认可一本书存在那里，其实书是有写书者、统稿者、印刷者以及纸张制造者、购买者等多种因素共同造成的，而其中的任何一个因素的和合都带有极大的偶然性，比如纸张的来源是木头制作的纸而非莎草制作而成的，木料是寒带的树木而非热带的树木等等诸如此类，任何偶因的缺失都会造成事物不会发展成如此这般样式和质地。另外所谓事物，不过是人的一种归类罢了，带有了人极强的主观色彩，至于为什么把这些因素而非那些因素聚到一起，不过是人按照已有想法观念所谓的逻辑拼凑而已。如书不过是能够传递信息的载体，所以古时与竹片、文字、绳子相关联，当下与纸张、文字、装订物想关；最近的电子书则只与文字、内容想关。可见所谓事物不过是人基于自我理解而强行对外界因素做出分割归并，并想当然地将其固定化、形式化而已，实际上并没有自性的独立不变的能与其他事物做出区分的实体存在，有的只是人的联想、界定、分类和命名、定型。如果想对事情的前因后果有清晰的把握，这样的想法也是荒谬的，因为各种因素相互纠缠，彼此勾连，处在无尽的循环轮回之中，"在这因果相续的过程中不可能找出第一因，这是因为它形成了一个圆圈，即'生命之轮'……它就是不断的重复、无尽的延续。"[123]"每个生

121　冯友兰. 中国哲学史[M]. 北京：商务印书馆，2006：285.

122　中国佛教文化研究所点校. 杂阿含经（卷十）[M]. 北京：宗教文化出版社，1999：216.

123　（英）哈玛拉瓦·萨达提沙著. 佛教伦理学[M]. 姚治华、王晓红译. 上海：上海译文出版社，2007：18.

命都决定其自己的行为，由于这一循环已进行了无数年之久，因而看不到这一过程的开端。"[124]

（三）都主张排除对个人自我的执着

世人对自己的执着，很多时候来自于对自身能力非凡、德性高尚、能做巨大成就、能自我把握和规划掌控自身前途命运的自信，在此基础上产生极强的自我认同和依恋，就如儒家所言要通过立德、立言、立功来为天地立心、为生民立命、为往圣续绝学、为万世开太平，不自觉中似有世界的存在与发展没有自己就会出现差错的感觉，个人太重要了，但这实际上就产生了对个人自我、自我情感、自我能力等的执着，不利于个人去追求与俗世无涉、超越的天国或涅槃，因而基督教和佛教都主张排除对个人自我的执着。

基督教通过原罪说设定了每一个人的身份界定那就是"罪人"。圣经上讲没有一个义人，尽管每一个人都以自己为义，但判断的标准却掌握在上帝那里。原因就在于因为亚当夏娃因为骄傲，不愿意遵从上帝的意旨，违逆地去偷吃了禁果，从此受到上帝的责罚，使其后代处于不再受保护的状态，因而人的贪欲就在人内心潜伏一有机会就会伺机而动。

其次，上帝是万物的来源，是纯粹的形式，是永恒的灵，是本质和存在的统一体，他不含有任何质料和潜能，与形式质料相结合的、具有多种潜能的、有生灭变化的、被造的物如人存在着本质的差别，而这种差别是形式类属上的差别，依靠人自身是无法改变的。如果和儒家学说中只要去除私欲，让天理自见，满街都可成为圣人的观点相对比的话，那么就会发现，基督教认为人远远达不到上帝的高度，与最完善的状态存在着无限远的距离。阿奎那认为，"按度和量来说，宇宙所具有的美善比有灵之受造物所具有的完备"[125]。

世人是否可以凭借着自身对自身能力、德性、资源等的把握而掌控自己的命运呢，对此圣经教导说，"不要为明日自夸，因为一日要生何事，你尚且不能知道。"[126]阿奎那认为上帝按照圣灵创造世界，已经安排好世人的一切，既然如此，个人的命运走势绝非后天人力可为。路德通过因信称义的论证，

---

124 （英）哈玛拉瓦·萨达提沙著. 佛教伦理学[M]. 姚治华、王晓红译. 上海：上海译文出版社，2007：19.

125 （意）多玛斯·阿奎那. 神学大全（第3册）[M]. 刘俊余译. 高雄：中华道明会，台南：碧岳学社联合发行，2008：259.

126 圣经·箴言[M]. 27：1. 简化字新标点和合本. 2000年10月.

将个人的事功与是否得救相剥离。加尔文通过神召的职业观学说，也把个人是否属于得救的行列的问题交由上帝的预先安排，人只能根据是否世俗成功等表象加以确信。这些论述都说明了人无论是作为类属还是作为个人的局限性，个人只有把自身和无限的上帝紧密相联，才能获得更好的回报，应抛弃在现世依靠自身建功立业获得最终价值的观念执着。

　　基督教和佛教都力图指出人在世间忙碌的无意义无价值。基督教认为人在现实的追求与超越的天国永福相比显得无意义；佛教指出不仅追求的主体没有自我实体性存在，而且所追求的其他事物也避免不了随缘而变的命运。佛教中人空包涵个人际遇的不停变动，使得人的执着追求显得毫无意义。首先，人自身不能把握自身的存在趋向，就使得个人在诸多的时候的追求并非来自于个人的愿望，不过是前世因缘的投射结果，个人的选择就有被外力推动的感觉，这与个人的认可向往的求我所愿就相冲突，似如被线操控的木偶，即或表情丰富运动剧烈也不过是一种无心无情无欲的应景表演罢了；其次，人会在不同世间如天、人、饿鬼、牲畜等转世轮回，不同世道就有不同的具体面向，也就有了不同的价值标准，人所欲求的毕竟不同于牲畜，那么今世的追求对于生后的更长的轮回毫无帮助，就似在猫鼠之间轮回，不同境况决定身不由己的互为仇敌，奢求站在一致不变恒定的立场而不从自身现实境遇去谈友爱是不现实的；更主要的因素在于，人因不明了世界的本空本质，而妄动私念，就会引发行动，这最终会导致自身不能去迷得悟，离苦得乐，不可避免地陷入六道轮回之中，追求因无明而引起的我执、法执即理性所向的所谓幸福，但这种追求却使人内心不得平静，且所追求的不过是转瞬即逝的虚幻之物，类似人去争相赶乘即将沉没的舰船。

　　佛教认为世间事物都取决于因缘的变化而变化，也就是随着外在的际遇的转变而转变，没有不以他物的改变而自身不随之变化永久保持不变的东西。就如人们所构建的概念，似乎内涵准确外延清晰实际上也是有问题的。不加怀疑地相信其实也是一种偏执。如大和小，表面上好像两者存在着截然明了的区分，但仔细推究起来，何为大何为小单独却并不能加以界定，必须相互比较在对比甄别中才能显现出来。既然任何事物只有在相对比中才能对自身加以界定说明，那么任何事物都不过是个居间者，无所谓美丑高下了，彼此无甚差别了。也就是说，如果执着于心中的什么特定理念，也有可能是荒谬的，没有认识到世间事物都是同一不二的。

佛教认为万事皆空，包括人生其实并没有太多的实际意义，值得人去追寻留恋，其并非是将这些人间的亲情、利益、荣誉、地位等看作不存在，而是认为既然一切都不过是各种因缘和合的产物，作为具体的个人也不过是各种前定的因素聚集后的结果，早已经被前世的因素所安排所限定，不过似一个随风而舞的风筝，或者类似一个并不能决定自身会呈现什么的被人可以随意涂色的白板。既然自身尚且不能决定自身下一步的演变，也就无力掌控自身的发展和命运，因而也就没有自己的自性，不能不如一叶浮萍，随各种因素的因缘际会而此起彼伏。这种情况下，再把自身可遇的一切看得过重就显得荒谬可笑了，因为自身下一步的际遇尚且不能预知把握，还想获得其他就更没有意义。

三、从"空"中解脱的方式不同

空观的不同决定了人们为人处世的不同，基督教和佛教都把不过分看重世俗社会生活的意义作为自身的追求，但对于如何离空返本达到理想的境界，途径方式到底是什么，两者却有着自身不同的理解。佛教主张看淡否定一切，潜心修行而追求理想境界，而基督教则告诉人们要以精神的天国作为着重点。

（一）对世间律法规则的态度不同

基督教认为尘世不过是向天国过渡的中介，因而在此过程中必须有一些适当的形式来规范民众的行为，避免人自身的局限妨碍其向天国的趋近。因而国家和法律法规等等，就被认为是上帝为引导众人向天国进发的必要凭借和途径。"在群众中，大家若不听贤明的人管理，就会秩序大乱……即使无罪的纯真状态或境界，也不排斥人类的这种不平等"[127]。所以《圣经》中耶稣甚至说，"莫想我来要废掉律法和先知；我来不是要废掉，乃是要成全。我实在告诉你们，就是到天地都废去了，律法的一点一画也不能废去，都要成全。"[128]

而佛教要破除世间一切我执，打破一切禁忌，主张彻底的出世主义，认为一切法律都是人为构成的，因而主张一切外在事物都不具有重要意义，法律等人为构成的事物最终也会烟消云散。佛教为了让信徒耐得清净，避免各种干扰，也制定了修心的必要法门。在中国，众多的僧侣聚集在一起，为了

---

127 （意）多玛斯·阿奎那. 神学大全（第3册）[M]. 刘俊余译. 高雄：中华道明会，台南：碧岳学社联合发行，2008：249.

128 圣经·马太福音[M]．5：17-18. 简化字新标点和合本. 2000年10月.

共同扶持，同心修渡的需要也制定了丛林规则，这些完全是为了使僧众一心修行，避免外在诱惑干扰的需要，规则是不得已而为之。

对于国家机构及其工作人员，基督教认为，虽然对上帝律法的信仰和遵守优先于对世俗法律的认可和遵守，但为了给世人以表率以及不引起纷争，信徒还是应当服从于当时的统治者。毕竟官员的权力最终还是从上帝那里来的。而佛教则主张人们以成佛为人生目的，主张避开尘世的纷纷扰扰，仅仅拜佛，而不必敬拜官长，不必尽忠。

（二）对人间亲情的态度不同

基督教和佛教都力图在人间亲情上施加影响，通过自己学派教导的方式引领信徒达到最理想的状态。基督教认为民众今世的行为决定着末日审判时的待遇，提倡人要爱上帝，爱世人。"爱是所有德性之母和根基"，[129] "真正爱上帝的人，就必然会彼此相爱，因为爱上帝意味着秉承了爱的真谛和生命，他自己在爱中就在上帝中，自然就会爱他人……神爱由之成为人爱的本体论基础"。[130]耶稣不断告诫信徒要用爱来化解仇恨，消弥人与人之间的隔阂；主张加强人与人之间的感情，主张爱人如己，自然包括对父母尽孝。

而佛教则认为，情感等因素其实也是偏执的一种表现，容易误导人去追求各种事情，以情乱性，不明白感情也不过是各种偶然因素的集聚，带有不确定性，偶然性，因而各种亲情就不能太当真，甚至母亲这样的十月怀胎生育之恩，则在某些僧侣看来，也不过是暂时寄居，因为之所以孕育也是多种前世因缘和合而成。"众生生命之所以能从过去、现在延续到未来，佛学认为就是阿陀那识在父精母血（卵）结合时能够执取它们并与他们和合而开展出新生命。"[131]而佛教主张以慈悲为怀，觉悟者将个人所悟的事物真实法相冷静直率地告诉他人，帮助他人破除对各种俗世事物的执迷，从各种感情羁绊中解脱出来，抛却三千烦恼，进入无情无挂的境界，个人应以避世修行作为第一要务，出家当和尚，无需孝敬父母。

---

129 Thomas Aquinas，*Summa Theologica by Thomas Aquinas*，Fathers of the English Dominican Province，Benziger Bros. edition，1947，2-Ⅰ：62，p. 1143.

130 田薇. 信念与道德——宗教伦理的视域[M]. 北京：线装书局，2011：229.

131 冯焕珍. 回归本觉:净影寺慧远的真识心缘起思想研究[M]. 北京：中国社会科学出版社 2006：248.

（三）对死亡的态度解释不同

佛教认为人死后会轮回转世，人应为自己已有的行为负责。佛教认为人死后会在天道、人道、修罗（神）道、傍生道、鬼道、地狱道六道轮回，因而人一旦死亡，身前特质即完全消失，即刻就进入到下一个循环阶段，重新生死，在每一道中福报冲抵之后，下一个生死又重新开始。佛教认为任何事物都是因缘和合的产物，在因缘未形成之前事物就不存在，因缘离散之后事物就泯灭。唯有人道是能造业并承受福报的，因而如何轮回是上升还是下坠关键就取决于个人的现世的选择。只有彻底超脱，才能摆脱轮回之苦。佛教认为轮回的待遇与前世的个人行为密切有关，进入哪一道遇到什么境遇都与前世的身、口、意所造的业密切相关，这些业力会持续存在下去，影响来世的境遇与修为。

而基督教不认可轮回，认为人死后仍然保持自身的自我认同，个人的本性，一直等着神的最后审判。基督教认为每一个人都有自身独特的形式灵魂，虽然人死亡时肉体会毁坏，但形式即灵魂不会修坏，它会一直保持自身的同一性，等待上帝的最后审判。在阿奎那看来人与动物的灵魂存在着差异，"禽兽的魂不是本然自立的东西，只有人的（灵）魂是自立体"[132]，人的灵魂在人肉体朽坏之后仍能继续存在，"质料之所能获得现实的实在或实际存在，是因了它获得形式；而其所以有腐朽，是由于形式与它分离。但是形式不可能与自己分离。所以自立的形式不可能停止存在"[133]。死后复活时并不娶不嫁，而是以新的身体出现。基督教主张人的生命只有一次，死后肉体朽坏，灵魂会一直存在，等待着世界末日的上帝审判。它号召信徒应看重死后的待遇，甚至要把死亡看做获取死后天国奖赏的凭借，圣经上说，"那杀身体不能杀灵魂的，不要怕他们；惟有能把身体和灵魂都灭在地域里的，正要怕他。"[134]预言一些信徒会因信仰的缘故而被迫害。

（四）对摆脱现实困境时所报的态度不同

佛教认为人生始终充满痛苦，人生的各个阶段无不充满痛苦，从大的宏观层面来看，人不得不处于五浊（劫浊、众生集结浊、命浊、烦恼浊、见浊）

---

132 （意）多玛斯·阿奎那. 神学大全（第3册）[M]. 刘俊余译. 高雄：中华道明会，台南：碧岳学社联合发行，2008：13.

133 （意）多玛斯·阿奎那. 神学大全（第3册）[M]. 刘俊余译. 高雄：中华道明会，台南：碧岳学社联合发行，2008：14.

134 圣经·马太福音[M]. 10：28. 简化字新标点和合本. 2000年10月.

浸染滚煮的社会环境之中，各种混乱、矛盾、斗争、成见以及个人的宿缘、缺陷等使人不得不受到多种痛苦的洗涤；而从微观个人层面而言，因无明而引起的十二因缘遍布人生各个阶段引发各种痛苦，如生老病死、苦怨憎会苦、爱别离苦、求不得苦、五蕴熬煎苦等。这些在佛教经典中就被归入苦集之中。既然认识到一切皆苦，那么生活的意义就在于想办法通过一定的途径跳离苦海，一劳永逸地解脱。这些在经典中以集谛体现，其实质是要求人认识到世间的苦，而通过多种途径去解脱。

基督教虽然也主张看淡尘世生活，但却认为人在此生的所作所为直接关联着个人最终何种待遇的获得，人在聆听了耶稣的福音之后，应时刻以喜乐的心情去面对生活，争取以积极的心态回应上帝的呼唤。特别是在耶稣基督降临颁布新的约定，用爱来串联契合每一位信徒以后，基督教就强调信徒要靠对上帝的爱来加强对世人的爱，并且论证说世间每一个人都是上帝身体的一份子，是应当抱着期盼愉悦去寻找的九十九只之外的那一头羊。世人要爱人如己，要好好表现，要以喜乐做善事迎接上帝的再次复临。后来的加尔文新教又进一步将世俗生活神圣化，把每个人日常的工作看做是上帝预定交付的天职。"用今生今世就已预定为上帝的圣徒的贵族精神来代替僧侣们那种出世、超世的精神贵族。"[135]马丁路德的因信称义更使得个人可以结合个人的理解，因着信而在日常生活中去追求超越更有价值的上帝。

（五）对恶产生的原因及消解的方式解释不同

佛教认为现实中存在各种恶。恶产生的原因在于人过于偏执，没有看到世间万物一如，互涵互摄，相即相入，本无所谓变化。天台宗有"三界唯心，万法唯识"的教义，其重要论证就是一念三千，三谛圆融。念头是有根的，就是藏在第八识中的种子，"就是真如，念头在真如中生起、显示，又消失、潜藏在真如之中。"[136]"主观意识的改变可以使自己所处的'法界'得到相应的转变"[137]，因而一心生一切法，一念包涵三千世间，"包容了宇宙中的一切存在，包容了过去、现在和未来。"[138]由此，消解恶的途径在于：不要把任

135　（德）马克斯·韦伯著. 新教伦理与资本主义精神[M]. 于晓、陈维刚译. 北京：
　　　三联出版社，1987：93.

136　冯学成. 心的世界[M]. 广州：南方日报出版社，2008：129.

137　冯学成. 心的世界[M]. 广州：南方日报出版社，2008：130.

138　冯学成. 心的世界[M]. 广州：南方日报出版社，2008：131.

何事物看作真实常在不坏的事物，看淡世界一切，破除我执和法执，力求进入无欲无求的状态；由于六道轮回，个人必须抱着忏悔赎罪的意识为自己的所做恶事而忏悔，或做法事超度，或吃斋念佛，或做善事积德消灾。

而基督教并不认为恶事实上存在，认为恶是善的缺乏，现实中的恶来自于本该具有的品质的缺失和人们把本来顺性的追求变成逆性的追求。如一个正常人应当具备视力，能够凭借其看见外界事物，当一个小孩天生是盲人时，也就意味着他应有的某种善即视力的缺乏，出现了恶；一个人应当基于求善的本性去做维护生命健康的事情，但他却去杀人害命，也就产生了恶。基于阿奎那的观点，恶的出现既然有先天的因素，就有其存在的合理性，如一种善的被剥夺是为了成全更大的善，如牛羊的被杀死为人的存在提供了营养；但那些来自后天的善，就应通过一定途径去限制或阻止或消除它。如加强理论修养，认识到真正有价值的追求是对上帝的追求，从表面似善实际虚妄的事物中解脱出来；顺应自身的天性，抵制逆性的追求。

（六）对信徒应顺应自然社会的原因解释不同

基督教设定了上帝的全能、全在、全善，认为他会俯瞰一切决定一切安排一切，上帝是一切事物的最后仲裁者，他不会不顾惜弱者也不会不惩罚作恶者，他会体察一切，报应一切。对信徒而言，痛苦应被看作是试验和磨练，仇恨怨憎是对上帝末日审判的不信任，也无助于使自身与非信徒相区别，不能增添上帝的荣耀。既有的日子是上帝安排好的，只要顺应就会得到回报，因而鼓励信徒只要认定是对的，就不要怕，只管坚持，无惧外来的疑惑和压力，告诫人们说："不要为生命忧虑吃什么，喝什么，为身体忧虑穿什么……你们需用的这一切东西，你们的天父是知道的。"[139] "你不要害怕，因为我与你同在；不要惊惶，因为我是你的神。我必坚固你，我必帮助你，我必用我公义的右手扶持你。"[140]也就是要信徒基于信仰率性自然地生活。

而佛教要信徒顺其自然，也是因为世间有恒在的规则存在并起作用（当然对于有些派别是法我两无，业和理皆空）。如果把生死轮回、因果报应看做是万千事物相互作用的产物和自然而然的后果的话，那么这种自然的随机应激性就会持续地对人的一生进行反应。当世人在世间随遇而安的时候，实际

---

139 圣经·马太福音[M]．6：17-18．简化字新标点和合本．2000 年 10 月．
140 圣经·以赛亚书[M]．41：10．简化字新标点和合本．2000 年 10 月．

也就是秉持认可这种应激性会作用于自身。也可以说，也寄希望于自然中的这种因缘聚合规律在自身身上起作用，要在日常生活中去证得解脱。"在大乘佛教看来，佛教所追求的涅槃和世间万物的本性是一致的，两者都是'空'，是不可言说的'妙有'，因而是完全统一的，是一会事，世间即涅槃，涅槃即世间。"[141] "涅槃不舍生死，菩提不弃烦恼，其关键点在于一心之转的觉悟，即转识成智，转染成净，转凡成圣，这即是即世而出世的修行，即是离苦得乐的涅槃。"[142] "人若一旦'顿悟'，现象世界就是佛的世界。"[143]

（七）从空中能够加以解脱的对象数目不同

佛教力图拯救所有人，基督教则认为并非所有人能进入理想境界。佛教认为从世界本有来看一切皆无、空，人与其他事物没有分别，人与人也没有分别，佛性每个人都具有，都有成佛的可能性，即使是那些好吃懒做的，只要个人静心修持就可以成佛。而已经觉悟者也力图追求所有信徒的解脱，大乘佛教区别于小乘佛教的地方就在于要普渡众生，自觉觉他，利己利人，不仅是个人的觉悟得道解脱，一些菩萨也发誓说不渡尽世人，永不超生。

而基督教则认为，人与人之间存在着智力体悟等方面的不同，因而不同的人在世间就有能力、地位等的不同，而这种不同也是有好处的，之所以有差异部分原因来源于上帝的先天预定。人是否能够进入天国并非取决于个人，而取决于上帝的恩典，取决于上帝的预定，并不是每一个人都能得到上帝的恩典。"在一个良好的世界，将会有各种等级的事物。世界整体的福利比任何部分的完善更重要。通过允许不完善的出现，世界整体的善将会被促进。"[144] 在缺憾对比中，上帝彰显了其的公义和完美。

（八）对可保留的精神执着范围界定不同

基督教和佛教虽然都力图向世人证明世间的物质、财富、名誉、地位等毫无意义，但这样定性说明的原因却有很大的差异。佛教通过向人说明世界的虚幻性，从而要求人们抛弃对现实世界的我执（无明），从而抛弃一切引起我执的情感，达到无欲无求的境界。基督教通过对世界现存事物的无意义的

141 张立文、向世陵. 空境——佛学与中国文化[M]. 北京：人民出版社，2005：27.

142 王路平. 大乘佛学与终极关怀[M]. 成都：巴蜀书社，2001：382.

143 冯友兰. 中国哲学简史[M]. 北京：商务印书馆，2009：367.

144 Philip Schaff, *History of the Christian Church, The Middle Ages.A.D.1049-1294,* Grand Rapids，ML Christian Classcics Ethereal Library，1882，p. 355.

论证，向人们证明人不应将最终的情感寄托在现世，而应把希望寄托在来世的天国。就如对于快乐，阿奎那说，"有节制的人并不戒避一切快乐，只戒避过多的，以及不合理的"[145]。或者说，佛教和基督教都希望人们破除对世界事物的迷恋，希望人们抛弃一切以现实事物为最高价值的追求，但佛教要求抛弃一切的情感，包括在现实生活中的任何我执，而基督教则要求人们抛弃一切对俗世事物的追求，而把情感集中于对上帝的追求。人应秉持和追求对上帝信、望、爱德性的无限完善，而不能有所终止。"人永远不能爱上帝爱到他应被爱的程度，信并寄望于他到应到的程度。因此更不可能有过分的情形。可见这种德性之善不在于执中——而是愈能接近终极点愈好"[146]。如果说，基督教是教人保留对神圣事物的追求而看淡一切的话，那么佛教则要人们抛弃一切的情感寄托，而一切随缘，无念无求的随遇而安自然而然的生活。

基督教教人看淡世间一切事，从追求永生的愿望出发，去努力追求上帝的国，或者讲转而去追求有价值的信仰。所以中世纪时有信徒分施财产，隐入山林，专心苦修，一心祈求上帝的赐福或相遇，阿奎那甚至论述说一些人单单为世人祈祷，不做其他的事情，就如社会中存在着不同分工一样具有合理性是可以接受的。而佛教在除了色即是空而外，又告诫说，空即是色，不应抛开了各种物质情感欲求之后，再单单去追求空。如果以一种所谓的空的境界来约束自己，无疑又被恋空这种枷锁所束缚实际上也是一种偏执，"色即是空，是认识论意义的上求，空即是色是实践论意义的下化"[147]，所以既讲色不异空，又讲空不异色，要在日常日用些微琐事中自然而然地通达无欲无求的境界。只要顺其自然，明白随性无所寄挂就是空的表现。"佛学否定的并不是主客体的存在这一事实，也不是否定在此基础上建立起来的知识与价值，而是否定人们将这一切执着为具有实体性存在的观念，从而解开它们对人类精神的捆绑。"[148]因而佛教要人了无牵挂，是彻底完全的无一物的牵挂。

---

145 （意）多玛斯·阿奎那. 神学大全（第4册）[M]. 刘俊余译. 高雄：中华道明会，台南：碧岳学社联合发行，2008：348.

146 （意）多玛斯·阿奎那. 神学大全（第5册）[M]. 刘俊余译. 高雄：中华道明会，台南：碧岳学社联合发行，2008：152.

147 王路平. 大乘佛学与终极关怀[M]. 成都：巴蜀书社，2001：128.

148 冯焕珍. 回归本觉:净影寺慧远的真识心缘起思想研究[M]. 北京：中国社会科学出版社，2006：268.

第六章　阿奎那至善伦理学说的影响

托马斯·阿奎那的学说对后世产生了重要的影响，这不仅因为阿奎那作为历史上的经院哲学的集大成者所具有的史学地位，对后世的基督教学说发展起着承前启后的重要作用，更在于他的学说被许多哲学学者所消化吸收，继承传承并发扬光大。"托马斯因惊人的著作和思想震动了同时代的人和整个基督教世界，影响至今。他的著作目的是为了将人的'理性和信仰'协调起来。把亚里斯多德的思想加以基督化，因此有人说奥斯定授洗了柏拉图；而多玛斯授洗了亚里士多德"[1]　更为重要的是，阿奎那的影响并非仅是故纸堆里翻出来被赋予新意的聊以娱乐的消遣之物，他的理论曾作为天主教会的官方学说而深入到信奉此学说的千家万户，指导着人们的日常生活的方方面面，近年来又以多种形式产生着与时代相结合的新的思想，对社会的政治、经济、文化的实践等产生了重要影响

第一节　阿奎那学说的理论影响

阿奎那的观点在不同时期不同学者的不断的辩驳诘难中逐步得到理解、认可和修正，在修会和教会的推广宣传中逐渐在学校教育、在官方布道、在对人的启迪等活动中居于主导地位，呈现出顽强的生命力和兼收并蓄的包容性。

1　第六章　士林学派和神秘主义[DB／CD]　西方教会史　天主教图书中心　http://www.chinacath .com/book/html/130/6779.html.

一、阿奎那的学说逐渐被认可和复兴

阿奎那的学说对世界范围内广泛的教师、作者都产生了重要影响，在近七百年里遍及受天主教影响的各个国家，很多人都研究过他的著作。即使仅就直接受其思想熏陶的多米尼克修会会士而言，就有许多杰出的人物如：迪戈·德·德萨（Diego de Deza）曾把教会学说传到葡萄牙西部，安东·德·蒙特西诺斯（Anton de Montesinos）和巴托洛梅·德·罗卡萨斯（Bartolome de Las Casas）在早期抗击西班牙的占领中起过积极作用。阿奎那的神学理论也曾鼓舞像锡耶那的卡特里娜的女性（Catherine of Siena）去推动教会的改革运动。一些读者像卡梅里特·萨拉曼卡（Carmelites at Salamanca）撰写了多篇的阿奎那学说的心得体会，其中部分涉及如何摹仿至善耶稣基督。美几拉兰杰（M. J. Lagrange）通过建立圣经研究的学派而深化了对《圣经》的研究，伊斯·孔加（Yves Congar）引领罗马天主教会接受普世教会运动等等，不可尽述[2]。

阿奎那的学说在后来的发展中，大致可以分为以下几个阶段[3]：

（一）逐步获得承认的时期

阿奎那以上帝为中心构建了一个较为完整的哲学体系，所涉及的内容思想丰富观点新颖，他综合柏拉图以来的奥古斯丁主义和亚里士多德传统，既引进新的思路分析方法，又坚守传统的基督教理论，既反对弗兰西斯学派所坚持的保守的奥古斯丁主义，也反对异端的阿威罗伊的亚里士多德主义，在坚持基督教信仰基础上，调和理性与信仰、感性与理性、经验与先验之间的关系，被称为温和实在论。

阿奎那的学术思想由于新颖超前，起初并不被认可。在阿奎那在世时，他的学说没有得到诸多学者拥护，在他死后随即受到了天主教会的谴责。教皇约翰二十一世让巴黎主教坦皮尔调查学者使用亚里士多德论据的学说。1270 年，巴黎主教坦皮尔谴责亚里士多德和阿威罗伊主义的一些命题，阿奎那的有些理论也被列入其中。在 1277 年 3 月 7 日，也就是阿奎那去世的第三

2　Thomas Franklin O'Meara , O. P, *Thomas Aquinas Theologian*, University of Notre Dame Presss, 1997, p. 155.

3　以下参见 Thomas Franklin O'Meara , O. P, *Thomas Aquinas Theologian*, University of Notre Dame Presss, 1997, p. 156.

个纪念日，坦皮尔谴责的 219 个命题中就包括 20 多条阿奎那的观点。几个月以后，牛津主教也给予了相似的谴责。大主教罗伯特·吉尔瓦德拜、多米尼克派也反对阿奎那的观点。在巴黎大学、牛津大学等地掀起大规模批判阿奎那学说的高潮。这一年的谴责"被描述为在巴黎大学历史上最剧烈、最重大的教义谴责，在中世纪的哲学和历史上也具有标志性意义"[4]，从历史发展来看，由于经历了这次责难，阿奎那的声誉又经历了好多年才得以恢复[5]。

　　这种批判越激烈，越能看出阿奎那学说在当时的开创性意义。不过，细究起来，他的学说之所以被人指责确有着多方面的原因。学术的分歧是一个重要原因。例如在如何看待理性问题上，阿奎那一反以前只有信仰的真理而没有理性真理的结论，认为两者都来自于上帝的赐予，因而是互不矛盾的，理性可以为信仰服务，理性也可以认识一些神的知识。在一贯信奉奥古斯丁学说的人看来，此种学说无疑推翻了奥古斯丁学说的所有基础。在如何对待亚里士多德的学说问题上，在激进的亚里士多德学派阿威罗伊主义看来：阿奎那把亚里士多德的学说引入基督教信仰，超出了亚里士多德的本意，属于对亚里士多德学说的歪曲。

　　另一方面，对阿奎那学说的指责还掺杂有不同修会对大学教育阐释权的权力之争。这种争夺有时虽属于对自己信奉学说的热情信仰，但很大程度上掺杂了对教授话语权的争夺。阿奎那所属的多米尼克修会把阿奎那的学说认定为无误的理论，是基督教神学研究的指针。法兰西斯学派则从多方面对阿奎那的学说进行了攻击，甚至不允许自己的会士阅读阿奎那的书籍。

　　但历史的发展证明了阿奎那学说的优越性：能更好的适应新形式的发展。同奥古斯丁学说相比，阿奎那的学说展现出"一种新方式、新理性、新神学观点、新的质疑规则以及新的光照"[6]，而更有吸引力、生机或活力，因而得到越来越多的人的支持。与阿奎那同时代的著名文学家但丁，认为阿奎那有着上帝的光照，因而才有如此的智慧，并将阿奎那写入《神曲》之中。在当代的麦金太尔看来，"《神曲》的想象世界中，下地狱者的恶，升天堂者的美

4　*Stanford Encyclopedia of Philosophy*，article "Condemnation of 1277"，转引自 *Thomas Aquinas*，Wikipedia.

5　Hans Kung, *Great Christian thinker*（NY： Continuum Books, 1994），p. 112 etc. 转引自 Thomas Aquinas，Wikipedia.

6　Jacques Maritain, *ST. Thomas Aquinas,* translated by Josph W. Evance and Peter O' Reilly，New York： Meridian Books, Inc, 1958, p. 43.

德，以及炼狱中洗涤灵魂的人的美德和恶，他们确实是《神学大全》第 Ia-Ⅱae 和 Ⅱa-Ⅱae 部分所描述的美德与恶的具体体现，我们可以把《神曲》视为《神学大全》的副本。"[7]

在 13 世纪 80 年代在巴黎大学、牛津大学，一些即使不是多米尼克修会的学员也对阿奎那的思想产生了浓厚的兴趣。1288 年多米尼克修会编写了《神学大全》第二部分的摘要，1323 年编写了全书的简要解释。在 1306 年和 1314 年，阿奎那的著作被巴黎和伦敦的大学修会推荐阅读，以至于"圣托马斯的诘问教导（catechetical instruction）在整个十三和十四世纪以手稿或书本的形式被教士和宗教教师所普遍使用。在斯皮拉高（Spirago）看来，原因在于这些著作因其深刻的理解和语言的简洁而著名，特别是诘问教导的不同部分之间存在着密切的联系以至于成为一个和谐的整体"[8]。罗马教廷经过多方权衡，于 1311 年肯定了阿奎那学说的价值，批驳了其他学派特别是顽固坚持奥古斯丁学说的保守主义观点。

从上诉的发展过程来看，阿奎那的学说有一个逐渐被人所熟悉、认可的过程。不过在其间仍有许多其他的学说存在和发展，其中像罗吉尔·培根等人，他们并不赞成阿奎那的学说。罗吉尔·培根是和阿奎那同时代的人，但却是其思想的激烈反对者[9]。他对阿奎那进行了多方面的指责：阿奎那不懂原著的最初书写文字，对数学重视程度不够，把太多的问题通过逻辑演绎来解决，过于迷信权威等[10]。同时还有各种"异端"、"异教"的思想相续出现。

（二）十四至十五世纪的阿奎那学说发展

在十四世纪，《神学大全》被翻译成多种文字，不仅在阿奎那所属的修会流传，也传播到其他修会。在大学中，通常把彼得·伦巴底的《箴言录》和《圣经》作为教学的主要内容，而多米尼克修会则把阿奎那的学说作为教学的中心内容。约翰·卡布来奥路斯（John Capreolus）运用阿奎那在伦巴底的箴言和《神学大全》中的观点评论伦巴底的《箴言录》，进而捍卫阿奎那的学说。

7 （美）A·麦金太尔. 三种对立的道德探究观[M]. 万俊人，唐文明，彭海燕等译，万俊人校. 北京：中国社会科学文献出版社，1999：145.

8 Rev. Rudolph G. Band, *The catechetical instruction of ST. Thomas Aquinas*, translated by Rev. Joseph B. Collins, catholic primer, 2004, p. 10.

9 张志伟. 西方哲学史[M]. 北京：中国人民大学出版社，2002：269.

10 张志伟. 西方哲学史[M]. 北京：中国人民大学出版社，2002：269.

在文艺复兴时期的佛罗伦萨有一个名叫安东尼的特别有名，他撰写了神学道德全集，以全新的形式探讨了道德中的有关事项。安东尼是佛城的总主教，他记载了两个阿奎那的追随者，其中一个叫杰劳买·撒沃那老拉（Jorome Savonarola），这个人对阿奎那的《反异教大全》颇有研究，宣扬要在佛罗伦萨建立一个由教会统治的共和国，但遭到了多人的反对。

但此时阿奎那的学说，即使在教会内部也面临着诸多的挑战。邓斯·司各特反对用理性来思考上帝，认为那样就会陷入无法解决的矛盾，上帝更应是信仰的主体；意志是灵魂的本质，是行动的唯一原因；上帝以外的事物都是由形式和质料构成，天使灵魂也不例外等。威廉·奥卡姆否认有共相的存在，认为共相只是一种概念或符号，上帝从无中创造世界是不可能的，理性不可能对神学进行论证，教权不应危及王权，如果教皇有误，也应受到世俗的审判。而同期的新教改革派也对阿奎那的学说颇有微词，称托马斯主义为老路径。

但阿奎那的思想还是逐渐地获得了教会更大程度的承认。1323 年，教皇约翰二十二世册封阿奎那为圣徒，称赞阿奎那的学说是无与伦比的，是"黎明前的星辰，照亮整个教会"，"著作中的每一字句都包含着无比的力量"[11]。1327 年，他命人编写阿奎那的著作。1424 年，巴黎主教波勒多斯蒂芬撤消前任坦皮尔的斯蒂芬对阿奎那的谴责。1450 年阿奎那被教会称为天使。1567 年，来自于多米尼克修会的教皇庇护五世册封阿奎那为天使博士、圣师，使之和安布洛斯、奥古斯丁、杰罗姆（Jerome）和大格雷高利（Gregory）并称四大拉丁教父。教皇庇护五世更致力于对阿奎那学说的编辑，推动着阿奎那学说的发展，不过教会仍把邓斯·斯各特作为捍卫天主教教会的重要来源。

（三）第二托马斯时期

后来的时间，阿奎那的《神学大全》和《反异教大全》在更多的学校被讲授，从十五世纪中叶开始在科隆形成撰写《神学大全》评论的传统，更多的阿奎那的著作被整理，最终在娄瓦因（Louvain）形成为单独讲授《神学大全》而开出七年的课程的教学传统。

在西班牙，国际法的创立者佛朗西斯科·维多利亚（Francisco Vitoria）运用阿奎那的理论捍卫美洲土著人的利益：针对殖民当局提出的土著人没有信

---

11 江作舟，靳凤山. 经院哲学的集大成者[M]. 合肥：安徽人民出版社，2001：197.

仰，也不可能有能力信仰因而有罪，而为掠夺屠杀找借口的论调，维多利亚强调上帝为每一个人都赋予了人所共有的特性，并不是人所选定的部分人注定要下地狱，人权和人性密不可分，对信仰的排斥并不是罪等。

（四）第三托马斯时期（1860-1960）

在启蒙运动的强烈影响下，理性主义的思想逐渐占据重要位置，牛顿等人的科学主义，洛克的宗教宽容学说以及笛卡尔的唯理主义哲学，不断地冲击着基督教神学的保守立场，天主教的影响影响逐渐势微[12]，从 1740 年至 1840 年在学院之外，很少人关心理解阿奎那的学说，像三位一体和圣子之类的话题很少被提及。虽然诸如自由、人性等在启蒙运动中被宣扬的主题在阿奎那的学说中也能看到，但由于对教会和信仰的敌对，使两者之间的对话变得相当困难。

二、对文艺复兴的影响

尽管后来的文艺复兴提倡人性反对神性，提倡人道反对神道，提倡科学反对信仰，主张过一种"人"的生活，似乎与轻视尘世幸福提倡天国幸福的阿奎那格格不入，实际上阿奎那学说中对人性的褒扬、人文精神的肯定对后世的文艺复兴也有着潜在的影响。

在阿奎那看来，上帝是全知、全善、全能的万物的创造者，上帝希望万物分享其美善，人由于是上帝的形象，因而就有别于被本能决定的非理性动物，有着辨别是非的理性和进行选择的意志。从某个意义上讲，就成为神意的参与者，每个人都是上帝的形象，都是对上帝的善的分有者，都含有某种程度的神性，都显现着一定的高贵。"人皆是按上帝的肖像受造，即按道而生，人性自含道，若人能愈益求道，便愈益肖似上帝，所谓道不远人"，"人是上帝持续不断的创造工程的赞助者，这就是士林哲学所持的真正的、完整的人文主义"[13]。而世界的其他受造物都是为人类服务的，人就处于是其他受造物之主宰和目的的地位，这对于树立人在宇宙的地位，确立人类自我应有价值的自信有着积极的意义。这和文艺复兴提倡的肯定人的价值、尊严和高贵，追求人人的自然平等的精神是一致的。

---

12 吴宗英. 现代西方新托马斯主义[M]. 福州：福建人民出版社，1988：2.

13 （法）吉尔松. 中世纪哲学精神[M]. 沈清松译. 台北：台湾商务印书馆，2001 年版. 译序，第 7 页.

阿奎那也认可人的自由意志。阿奎那认为人有欲望的本能，选择的自由。有时他主张，"选择的本质乃是意志的行为，而自由意志直接出自意志，或者，更好说自由意志就是意志本身"[14]，选择与否，如何选择都取决于意志，人有着相当的自由，但"意志若无理智之光，则将完全堕入动物性的欲望层次"[15]，人之区别于非理性生物的地方在于人能运用理性来指导自己的选择。"上帝按照每一样被他推动之物的方式去推动它，因此，他通过时间及空间推动有形体的受造物；他推动精神的受造物，则只经过时间，而不经过空间……可是，赋有理性的受造物的固有方式，是经由理性的探索，而被推动去进行一项行动；这样的探索，就是所谓的超见[16]（counsel）。为此，圣神就被认为利用超见的方式，来推动有理性的受造物。"[17]事实上，人也只有先经理性的判断：这选择何以值得选择之后，才会被人的意志加以选择，毕竟所选择的是自己可欲的事物，这样，先有理性的认识判断在前，人就不是愚昧、盲从、无意识的，才使一个个人的具体选择成为自由选择，因而，"就形式而言，自由意志是理性之事。"[18]

另外，人天生俱来的内在需求冲动等，对意志的发动、倾向也起着重要的作用，"若无感性认知，意志只是被必然性所决定的本性倾向而已"[19]，如果人的意志没有偶然的因素起作用，一切服从于必然的支配，人就如同木偶一样被外在力量所操控，个人没有任何选择的能力，也就谈不上任何意志的自由。这样，来自于个人的自发的、偶然的、独特的个体因素就在促成个人在选择的对象、方式、目的等方面就起着极大的作用，因而，"就质料而言，自由意志是意志之事"。而人文主义者在强调服从于自己本真的自然的爱好、欲求的同时，也承认理性指导下的欲求的重要性，与阿奎那的学说不谋而合。

人应正确处理欲望和理性的关系，阿奎那并不否定人欲望的作用。在阿奎那看来，"事物的天性，主要是这东西籍以取得类别之形式，人是因了具备

---

14 （法）吉尔松. 中世纪哲学精神[M]. 沈清松译. 台北：台湾商务印书馆，2001：284.

15 （法）吉尔松. 中世纪哲学精神[M]. 沈清松译. 台北：台湾商务印书馆，2001：282.

16 借用多玛斯·阿奎那. 神学大全[M]. 胡安德译. 一书作者的译法，有考虑的意思，同时也指上帝帮助人思考的恩赐，以及人在此助佑之下所形成的考虑的后果。

17 *Summa Theologica by Thomas Aquinas*，Thomas Aquinas，Fathers of the English Dominican Province，Benziger Bros. edition，1947，2-II：64，p. 1954.

18 （法）吉尔松. 中世纪哲学精神[M]. 沈清松译. 台北：台湾商务印书馆，200：284.

19 （法）吉尔松. 中世纪哲学精神[M]. 沈清松译. 台北：台湾商务印书馆，2001：282.

理性的灵魂而成为人。故此，违反理性者，就是违反人之所以为人之天性；合于理性者。也就是合于人之所以为人之天性者。"[20]阿奎那同意狄奥尼修斯的观点，"人之善在于合于理性……人之恶在于违反理性"[21]。由于合乎天性的行为并非都是合乎理性的行为，所以人应当使自己的行为尽可能服从自己的理性。"在人内有两层天性，即理性和感官性，由于人是通过感官之活动以达到理性之活动，所以随从感官天性之倾向的人，比随从理性的多，这正如开始行动的多，而完成行动的较少。而人之有恶习和罪过，正是由于他们随从感官天性之倾向，而不随从理性"[22]。

但当人一味地强调自己行为的一切服从于理性，而压抑自己的内在的或感官的天性，人的好奇心求知欲就都将失去。因而正确的方式应是通过理性对感官的天性欲求进行控制，使之不至于太高或太低。太高就会促使人的意志冲破理性的限制而偏离理性而犯罪，太低就会使人丧失所有的生命激情。一切要达到中道。阿奎那还说，"永恒之法律与人之理性的关系，就似技术与作品之关系……恶习和罪过相反人的理性，所以也违反永恒之法律。"奥古斯丁说，"天性皆由上帝得来的，由于与上帝之技术脱离而成为恶习"[23]。

虽然阿奎那认为尘世生活不过是通向天国的途径，具有工具、方式、手段的功能，但阿奎那也认为，世上的一切都被上帝所预定，"只要是存有者，便与上帝肖似；只要是存有者，便自有道"[24]，一切不过是上帝计划的展现，"宇宙社会与人生各得定其位[25]"。如果将上帝比做超级导演的话，那么万物能否按照上帝的计划进行运作就是导演技艺是否达到目的的一个标准，从这个意义上讲，处于展现上帝的计划的万物能否完成上帝的任务，实现上帝的

20 （意）多玛斯·阿奎那. 神学大全（第5册）[M]. 刘俊余译. 高雄：中华道明会，台南：碧岳学社联合发行，2008：233.

21 （意）多玛斯·阿奎那. 神学大全（第5册）[M]. 刘俊余译. 高雄：中华道明会，台南：碧岳学社联合发行，2008：233.

22 （意）多玛斯·阿奎那. 神学大全（第5册）[M]. 刘俊余译. 高雄：中华道明会，台南：碧岳学社联合发行，2008：234.

23 （意）多玛斯·阿奎那. 神学大全（第5册）[M]. 刘俊余译. 高雄：中华道明会，台南：碧岳学社联合发行，2008：234.

24 （法）吉尔松. 中世纪哲学精神[M]. 沈清松译. 台北：台湾商务印书馆，2001年版. 译序，第5页.

25 （法）吉尔松. 中世纪哲学精神[M]. 沈清松译. 台北：台湾商务印书馆，2001年版. 译序，第5页.

所赋予的内在要求就是事物本身的目的。就好比实现某一目的，需要依次的
多个步骤的完成，虽然中间的步骤本身不是目的，但要达到最后的目的，中
间的过程却是必不可少的，只有每一个具体目标实现了，最后目标的实现才
有可能，因而路途中的每一步都可以被作为目的来追求。既然尘世生活是一
个必不可少的环节，对于个人来说，过一种有意义的生活就是他的目的所在。
在阿奎那的学说里，并不排斥人过俗世的生活，相反却认可其存在的积极意义。

　　如果联系到文艺复兴的主题，就会发现阿奎那在信仰范围内强调的理性
和自然，"正是'文艺复兴'反对中世纪宗教哲学的突破口，也是弘扬人性反
对神性的突破口……托马斯体系以其合理内涵，已经给'文艺复兴'作了某
种铺垫。"26

　　阿奎那的学说对后世哲学的独立发展和理性从信仰中解放出来起着积极
的作用。在理性和信仰的关系上，阿奎那突破了自奥古斯丁以来的轻视人自
主的理性思考的传统，在强调信仰高于理性的前提下，认为两者有着同一的
来源即上帝，都可以为论证上帝的真理服务，两者可以互为补充，相得益彰，
只是一个来自于自然之光，一个来自于信仰之光，只是两者论证问题的方式
不同。"人的理性通过自然的受造物上升到认识上帝，信仰则相反，使人们通
过上帝的启示去认识上帝。前者是上升法，后者是下降法。就其认识上帝来
说，两者是相同的。其实，无论是由超越理性而获得的信仰，或者是通过理
性而获得对上帝的认识，不过是殊途同归。"27

　　由于阿奎那认为理性和人的经验能帮助人明辨是非，可以证明和理解宗
教的信条，"因此他允许自己可以参阅异教徒、犹太教徒或穆斯林学者的观点，
只要他们的观点按照他们自身的体系是合理的……他对人类使用理性的态度
是这样的：创造者给予所有的受造物以某种形式的效果因，其中的一些被给
予了理性运动的这种特殊形式的效果因。这种赋予就表明理性有使事物运动
的功能并且显明这种功能是可以被很好地实施。通过这种功能的运用来完善
自身就成为所有人的责任，哲学家就更应如此，而神学家的任务则在于划出
哲学所能达到目标的公正界限"28，理性对所有的人都是有用的，只是人们运

26　（意）托马斯·阿奎那. 基督教箴言隽语录[M]. 周丽萍，靳汉喜编译. 南昌：百
　　花洲文艺出版社，1995 年版，序言第 5 页.

27　转引自张志伟. 西方哲学史[M]. 北京：中国人民大学出版社，2002：249.

28　Julius R Weinberg, *A short history of medieval philosophy*, Princeton, New Jersey：
　　Princeton University Press, 1964, p. 183.

用时的着重点不同，哲学和神学可以是两门独立的学科，哲学诉诸理性，神学诉诸启示。这就为哲学和神学的分野，理性得以彰显打下了基础。

作为中世纪的三个学术中心，牛津大学的自然哲学传统，巴黎大学的论辩的辨析传统分别曾是近代英国经验论和法国唯理论的哲学来源，科隆大学追求综合统一的精神曾是莱布尼兹与德国古典哲学之源，三种传统或强调经验或强调理性，或者强调两者的综合，在阿奎那的认识论中都有论述[29]。阿奎那认为人的理性知识来自于感性经验知识，外在的感性经验是理性抽象的基础，而人的意志的决定首先来自于理性的判断，因为当人决定去做什么事情时，人必须首先判断这个事情是值得做的他才会去做。人的理性判断，结论是否正确，还需要通过外在的实践加以检验，因为上帝为每一种事物及事物之间的关系都规定有具体的限度，而这规定并没有注入人的自然本性里，需要人去通过外在的行为加以发现。也是说，经验与理性及两者的联合运用在阿奎那看来都是必要的。

三、新托马斯主义的产生

法国大革命及其影响，使天主教会在思想和政治上都失去了其在中世纪曾有的优势地位，引发了天主教会内部的强烈的怀旧感及回归传统的渴求。在思想领域最典型的反应就是"回到经院哲学传统、回到中世纪正统天主教思想体系"。到 19 世纪下半叶，"回到经院哲学"，"回到托马斯·阿奎那"，找回 13 世纪经院哲学的"黄金时代"已经成为天主教会的时尚话题[30]。

随着自然科学的迅速发展，一些新的发现和理论对原有的神学观念、体系产生了巨大的冲击，如达尔文的进化论提出人类是逐渐演化而非一成不变的，世界不是由神所创造的；而社会中各种阶层的对立和矛盾日益剧烈，使上帝创世的美善和人类是被上帝所引导，逐渐向上帝靠近的学说越来越受到人们的怀疑。教会内部也越来越面临着调整学说以正确应对世界发展变化所带来的压力。在此情况下，新托马斯主义应运而生：一些学者结合时代的发展特点和已有的理论高度，试图在继承托马斯原有学说基本核心、观点的基础上，吸收时代的先进成果，对社会出现的困惑进行回应。

---

29 （意）托马斯·阿奎那. 基督教箴言隽语录[M]. 周丽萍, 靳汉喜编译. 南昌：百花洲文艺出版社，1995 年版，序言第 4-5 页.

30 参见卓新平. 当代西方天主教神学[M]. 上海：上海三联书店，1998：18.

　　为传播阿奎那的学说，1879 年 8 月，教皇利奥十三世发布《永恒之父》的通谕，标志着新托马斯主义的诞生[31]，正式规定阿奎那的学说为罗马天主教的官方学说，并于次年宣布阿奎那为所有天主教学校的保护人。

　　新托马斯主义复兴过程中有一个重要的推手，他就是教皇利奥十三。利奥十三在登上教皇宝座之后，就发出《不可思议》的通谕，宣称阿奎那的学说对于解决当今出现的各种问题仍然有效，号召回到托马斯主义。在 1879 年的《永恒之父》的通谕中，教皇宣称托马斯主义是"唯一真正哲学"，针对当时出现的应加以面对的混乱情况，"必须按照托马斯·阿奎那的思想重建基督教哲学"[32]。

　　为此，利奥十三采取了一系列措施来推动阿奎那学说的研究复兴：1，兴办学校，创办研究的机构。在 1880 年，教皇在罗马成立托马斯学院，在比利时卢汶大学开设阿奎那学说的专题讲座；1882 年，推荐神父曼尔西哀去鲁汶大学主持讲座，1889 年，卢汶高等哲学研究所成立，研究使鲁汶大学成为国际性的托马斯主义研究中心。2，重新编修阿奎那的学术著作，重新整理和出版了 48 卷的《托马斯全集》，宣称托马斯为哲学界"最高权威"、"天使博士"，称托马斯为所有天主教学校的保护人。3，兴办各类研究刊物，扩大托马斯主义的影响。1894 年鲁汶哲学协会出版了阿奎那研究的最早专门期刊《新经院哲学评论》，其他有名的还有罗马的《罗马托马斯·阿奎那学院》，法国的《托马斯主义评论》等。

　　针对已经变化的形势，教皇利奥十三要求"推旧出新"，强调基督教对科学发展的重视，基督教和科学的一致性，尽可能利用当时先进的科学成果为神学进行论证。教皇利奥十三在位 25 年，对推广阿奎那的学说不遗余力，极大地促进了托马斯主义在世界的传播。教皇本人被看作现代经院哲学的第一个新托马斯主义者，而他的追随者曼尔西哀被认为是新托马斯主义的创始人之一[33]，托马斯主义又盛极一时。

　　在后来不同的托马斯主义发展时期出现了不同的理论侧重，如以施本格勒为代表的所谓历史神学，以瑞士卡尔·巴待为代表的"危机神学"和以布龙纳和哥加尔滕为代表的"辩证神学"。二战后，新托马斯主义极其活跃，一

---

31 江作舟，靳凤山. 经院哲学的集大成者[M]. 合肥：安徽人民出版社，2001：198.
32 江作舟，靳凤山. 经院哲学的集大成者[M]. 合肥：安徽人民出版社，2001：201.
33 参见吴宗英. 现代西方新托马斯主义[M]. 福州：福建人民出版社，1988：8.

些严格的托马斯主义者一方面从新的视角完善基督教的思想，另一方面以阿奎那的学说展开对马克思主义的批判。50 年代中期，各个学派纷纷借用其他的哲学学派的理论来充实、改造阿奎那的学说，力求把新托马期主义哲学推进到一个"世俗化"和"现代化"阶段[34]。

第二次梵蒂冈大公会议的召开，是宗教发展史上一件重大的事情。教皇保罗二世提倡不同宗教、不同学派之间的宽容和对话，号召彼此合作共同反对共产主义：提倡不同学派之间的交流，主张吸取存在主义、实证主义等的观点，充实发展托马期主义。有的学者主张建立以神为中心的人道主义代替以人为中心的人道主义，用对神的爱和对邻人的博爱代替武力，在承认人的非理性、理性及超理性的需求的同时，维护人的自由、平等、民主及和平。

1974 年是阿奎那逝世七百周年，1975 年是其诞生七百五十周年，西方学者举行两次大型集会予以纪念，重申应结合时代特征发展托马斯主义。1980 年约翰·保罗二世指出，天主教哲学所有的论证和理论都不应"以圣托马斯为根据"，托马斯的哲学原理，"不能满足时代的需要"，而且"在圣托马斯那里存在着许多空白，极需加以补充。新托马斯主义者必须结合新形式，使之"同现代科学文化相结合"，"唯有这样，教会才能够更有效地传播福音。"[35]

新托马斯主义在伦理思想方面对阿奎那的学说有以下方面的继承和发展：

1. 在至善的理解上

在亚里士多德看来，善是自身特性的实现，人区别于非理性动物的特性在于人具有理性，因而善对于人而言即在于理性的运用，至善则是运用理性完全实现人之为人的功能，在亚里士多德看来至善就是幸福，是人的自我实现。阿奎那也吸收了亚里士多德的这一观点，但阿奎那认为人由于是灵魂和肉体的混合物，人的理性不可能完全实现至善，原因在于人不可避免地会受到肉体欲望的影响，而这只有在肉体不再成为束缚障碍也即在来世中才能实现，因而，在阿奎那看来，至善就是一切善的根源即上帝。人对一切知识的理性思考，或可以说都是对上帝本质的理解。只有在对上帝的直观中，人的幸福才得以最后实现。新托马斯主义者完全继承了阿奎那的学说，认为人类的道德原则规范等，都是由上帝根据永恒法启示下来的，上帝应该成为一切

---

34 参见吴宗英. 现代西方新托马斯主义[M]. 福州：福建人民出版社，1988：10.

35 参见吴宗英. 现代西方新托马斯主义[M]. 福州：福建人民出版社，1988：11.

道德行为和人类行为的来源、判断标准和最终目的。神法和《圣经》等是人行为的标准和促使人向善，追求至善的重要力量[36]。由于世俗的生活不可能达到天国的幸福，它只是后者的准备，因而人在现世的生活态度应是"尘世的生活，天国的向度"，人生活在世界上，但眼光却投向天国。

2. 在对幸福的理解上

阿奎那认为真正的幸福即人的最后愿望的满足，它不是世界上的如财富、名利、感觉、回忆等一切事物，它是对上帝的默想和直观。个人能否获得这种幸福，并不取决于个人的现世的所作所为、事功大小，取决于上帝的预定。由于上帝并不明示谁是可获得幸福者，个人就应努力，通过自己的自我完善，造福社会以期获得上帝的赐福。新托马斯主义者也认为凭借人的理性，人可以获得与人的本性相配备的尘世幸福，但神通过恩赐照顾所给予的永恒幸福，是在人的理性之外的，真正的幸福在于对上帝的追求，同时伴随着个人的自我完善。当人分有了"无限的善"，个人也就拥有了"永恒幸福"。至于获得永恒幸福的途径，新托马斯主义者认为，首先个人应该主动地去追求上帝理解上帝，其次要通过爱上帝来超越内在的本性缺陷，跨越人神之间的障碍，由于人们的虔诚信仰而得到上帝的宽恕，"绝对的最终目的和主体的最终的目的之间的分离与裂缝，对人来说，就不存在了"[37]，人与神达到完美的契合。

3. 在对德性的理解上

新托马斯主义者基本上继承了阿奎那的学说，认为德性有着道德德性和神学德性的区分，前者属于人的一般美德，用以调节尘世的生活，追求世俗的幸福，主要包括谨慎、勇敢、节制、公正等，后者来源于神恩，它有助于提升人的本性，引导人去追求天国的幸福，主要有信、望、爱等，爱是诸美德的核心。对上帝的爱是最高级的爱。人人爱上帝，上帝爱大家。

4. 在对良心的理解上

新托马斯主义者基本上继承了阿奎那的学说，认为良心是自然法的表现，是来自于上帝的永恒法在人心里的刻画。"理性原则之颁布与从这些原则形成的特殊判断，两者之间，这就是良心。'良心'一词并不表示任何与意志和理

36 参见吴宗英. 现代西方新托马斯主义[M]. 福州：福建人民出版社，1988：54-57.
37 参见吴宗英. 现代西方新托马斯主义[M]. 福州：福建人民出版社，1988：58.

性有别的能力，而只是一种行动，或者好几个行动，把理性的判断加诸于我们的行为之上"，[38]具有超自然、超历史、超阶级的特性。

5. 在对政教关系的的理解上[39]

阿奎那从形式高于质料，精神高于肉体的角度，论证教会高于世俗政府，对精神统辖者自然握有对肉体管辖者在上的权柄。很多时候为了应对现实的矛盾，他才勉强说，只是为了不至于为社会树立了坏的榜样，基督教徒可以服从于世俗的政府及非基督教徒的管辖。面对政教分离的趋势，社会越来越世俗化的大背景，新托马斯主义主张政府和教会应当各司其职相互联合。政府处理社会方面的事务，但涉及思想心灵方面的问题则由教会处理。针对有弱化甚至贬损教会的做法，新托马斯主义提出，政府应支持教会开展牧灵的工作，不应干预教会自身的事务。尽管教会在等级上优异于世俗的政府，但过去直接由教会管控政府的做法已经不现实。

6. 上帝仍是解决世界各种矛盾的最终出发点

新托马斯主义者认为在新形势下，以人为中心的人道主义因脱离了上帝的轨道，实际上就变得毫无规则可言，因为人各以自己的利益为最高价值。特别是大规模杀伤武器的出现，使人一直处于死亡的威胁之中，人对世界的功利态度，使这种人道主义更不可能实现。人们生活在符号之中，个人没有了本体的存在，因而需要重新恢复人的自由和尊严。而人的自由和尊严，"只有在上帝身上才能找到"，"人只有与上帝联系在一起才能受到尊重。因为他的一切——包括他的尊严在内———都是从上帝那里得来的"[40]。

新托马斯主义有多种派系但基本上都认可的观点有以下几点：既承认世俗的东西，又认可精神的事物；既认可非理性因素的重要作用，又肯定超理性因素对人信仰形成的促进作用；促进人对尘世生活的理解；以爱为纽带联接个人与社会。

---

38 （法）吉尔松. 中世纪哲学精神[M]. 沈清松译. 台北：台湾商务印书馆，2001：319.

39 参见梁健. 托马斯·阿奎那与新托马斯主义[J]. 上海大学学报（社科版），1990（4）：21.

40 参见吴宗英. 现代西方新托马斯主义[M]. 福州：福建人民出版社，1988：64.

四、产生一些重要的理论代表人物

在当代对阿奎那学说的研究有许多人达到了很高的境界，其中主要代表人物如法国的吉尔松（E·Gilson ），马利坦（J·Maritain）等备受推崇，我们可以从他们对阿奎那的态度及学说的理解来感悟阿奎那的影响。

吉尔松推崇托马斯主义，称其为"永恒哲学"。早在 1913 年他就开设过关于《托马斯·阿奎那认识上帝的学说和上帝存在的证明》的讲座[41]，在认识论上赞同阿奎那对哲学和神学的相互补充的论述，认为神学命题直接或间接地来自于上帝的启示，而基督教哲学则根据经验或知性的思考而产生，它不与信仰相矛盾。后来出任著名的中世纪研究所所长，吉尔松也有意识地在信仰至上的前提下构建自己的体系，一生著作达 700 多种，曾受到教皇约翰·保罗二世的称赞[42]。

马利坦是当代最有影响、最为著名的新托马斯主义者[43]。马利坦认为阿奎那的"思想发韧于天堂"[44]，"独自完善地回答了天主教思想所涉及的一切世界问题"[45]，"使已有的哲学达到顶点……照亮着教会"[46]。马利坦强调宗教的权利的优越性，并在此基础上解决基督教和当前政治和文化的关系，他提出了"完整的人道主义"的设想即一种"道成肉身和十字架之人道主义"。马利坦认为阿奎那的哲学提供了灵性的精神来促进人类心灵的完善，恢复本有的秩序和最佳境界，进而引导世界回归真理之路[47]。教会和政府各有自己的职责，教会应以其良知来关心政治，它的职责在于培养能够推动社会进步的基督徒。马利坦认可超理性的知识，热衷个人灵性修养中的祈祷、冥想。马利坦认为，以人为中心的人道主义宣扬人的主体性和理性，但现代社会的危机和人的异化却宣告这种思想已走到历史的尽头，必须建立以神为中心的完整

---

41 参见吴宗英. 现代西方新托马斯主义[M]. 福州：福建人民出版社，1988：13.

42 卓新平. 当代西方天主教神学[M]. 上海：上海三联书店，1998：21.

43 卓新平. 当代西方天主教神学[M]. 上海：上海三联书店，1998：37.

44 Jacques Maritain, *ST. Thomas Aquinas,* translated by Josph W. Evance and Peter O' Reilly, New York： Meridian Books, Inc, 1958, p. 58.

45 Jacques Maritain, *ST. Thomas Aquinas,* translated by Josph W. Evance and Peter O' Reilly, New York： Meridian Books, Inc, 1958, p. 59.

46 Jacques Maritain, *ST. Thomas Aquinas,* translated by Josph W. Evance and Peter O' Reilly, New York： Meridian Books, Inc, 1958, p. 11.

47 卓新平. 当代西方天主教神学[M]. 上海：上海三联书店，1998：39.

的人道主义，这种人道主义"承认人的一切非理性的东西，以便向着理性的方向驯服他，承认人的一切超理性的东西，以便让理性为之所激发，让人向着那下降而进入自己之中的神圣的东西开放。它的主要工作，是使福音的酵母和灵感，深入于生活的世俗结构之中——这是一种使世俗的秩序圣洁化的工作"[48]。它以对上帝的信仰为基础，以信仰和理性的有机结合为特色，"趋向神人结合和自我完善"。

第二节 阿奎那学说的实践影响

阿奎那的学说不仅有着重要的理论意义，而且因其为宗教信徒所自觉信仰应用，而在实际的日常生活或是宗教生活中有着重要的指导意义。他的学说被后来的学者运用于具体的政治实践，而对世界的政治发展产生着重要影响，下面拟从两个方面来加以说明。

一、指导着宗教徒的日常生活实践

阿奎那虽然进行了诸多哲学的论述，但他的论述更多地是服务于神学的目的，如果说他是一个哲学家，那么他更是一个神学家，他研究哲学的目的是为神学服务的。"一个伟大的神学应该同时是神学的也应是实践的，既可以作为认识基督教的工具也可以作为生活的工具。因而健康的神学学说自然就会渗透进人们的灵性生活，反之也是这样。"[49]阿奎那的学说不仅具有重要的理论意义，而且对于指导人们的日常宗教生活也具有着重大意义，特别是它曾经被作为天主教会的官方哲学深入到信徒的内心信仰之中。

（一）在日常生活中追求上帝趋近上帝

对于一个基督徒基本的认知而言，人是为上帝所造被上帝赋予各种的能力天性的，只要人存在一刻他就一直获得上帝的支撑，上帝是人能够存在的终极因，上帝虽然对于人给予了各种的赐予：如各种能力、向善的天性以及使人作为被造物中等级最高的可以自由使用其他事物的特性，但上帝并不向人索取什么。由于上帝是一超越的存在，人自己无论做什么也不会对上帝有

---

48 卓新平. 当代西方天主教神学[M]. 上海：上海三联书店，1998：40-42.

49 Thomas Franklin O'Meara, O. P, *Thomas Aquinas Theologian*, University of Notre Dame Press，1997，p. 212.

所增益或减损，因而个体的人如何面对渺小的个人和崇高的上帝之间的关系，如何以自己的行动来实现向上帝的趋近就是一个需要解决的问题，或者说问题就在于，个人在日常生活中应当秉持何种态度来对待上帝？

而阿奎那的理论则给人以应有的在宗教体验中获取上帝的帮助、认可、赐福提供了自信。"阿奎那的灵性（spirituality）原则和他的神学原则是相同的：三位一体的呈现、人性的生活、行为的普遍性，在个人的信仰和爱中启示和恩典得以实现……他使对上帝的精神追求中有效事功的不足和怀有诚实和谦卑的内在取向所指导下的外在宗教实践的矛盾得到了平衡。"[50]对于如何才能获得上帝的恩典，有些人认为应该通过多做事功、盲目的顺服，或者是奉行不论是否有现实可能性的虔诚行为，或者通过自我禁欲苦修乃至于自我折磨等的方式来努力获取上帝的认可，但阿奎那却并不赞同这些观点，他认为人可以通过知识和信仰来寻求上帝。在阿奎那看来，因为上帝是一个灵，人只能在对上帝的思考之中才有可能直观上帝。人通过信仰对上帝理解得越深入，上帝和人的联系也越紧密。"基督徒的灵性生活并不是把神学从对耶稣、道德或者礼拜的思考区分开来。（其实）基督徒的观点和基督徒的生活是一个整体，对《圣经》的论述以及对圣事的神学解释都有助于滋润人的灵性的生活。"[51]因而对于一个真正的基督徒而言，神学就是灵性的生活，这种对上帝的思考的灵性生活应当体现于具体的日常生活之中，它好于禁欲的实践和一味的沉思冥想。实际上因为人虽然是上帝的形象，人在出生时就被上帝赋予了一些内在的天性，但这种天性并不能提供明确的有关外界和上帝的知识，因而人对上帝的了解，就需要在具体的环境中通过推理经验启示等获得，而这决不是仅凭冥想或自我折磨就可以获得的，实际上人是在具体的实际生活中逐步加深对上帝的认识的。

阿奎那还认为，"自我折磨是一种恶：因为耶稣基督生活的高潮并不是被钉在十字架而是他的讲道和复活。一个健康的人对恩典的反应不应是依据虔诚的观点或机械式的禁欲来控制或回避人的个性"[52]。"人并不是由灵魂和肉体两者松散结合起来的。基督徒的生活不仅与人的灵魂天堂的生活有关，更与人的整

50 Thomas Franklin O'Meara, O. P, *Thomas Aquinas Theologian*, University of Notre Dame Press，1997，p. 212.

51 Thomas Franklin O'Meara, O. P, *Thomas Aquinas Theologian*, University of Notre Dame Press，1997，p. 212.

52 Thomas Franklin O'Meara, O. P, *Thomas Aquinas Theologian*, University of Notre Dame Press，1997，p. 213.

体存在密切相关，包括人的性欲欲望和情感都是经由上帝恩典烙印的人性的组成部分。上帝并不忽略人的生活相反却不仅将人的精神和信仰，而且还把人的情感以及整个的肉体和灵魂都囊括其中"[53]。如果每一个人都能认识自己独特的个性，上帝的恩典也启迪人的本性的话，那么通过人的个性就可以趋向上帝。

人是否只有抛弃肉体进入纯粹的精神修炼中才可以与无质料的上帝相通呢，阿奎那认为并非如此，因为耶稣基督自身已经提供了范例，耶稣虽然有着肉体的软弱但却可以和上帝相连接。我们就可以通过耶稣基督来与上帝沟通。《圣经》上说："我们既因信称义，就藉着我们的主耶稣基督得与神相和。我们藉着他，因信得进入现在所站的这恩典中"[54]。人在生活中只要凭借着信仰就可以思考上帝追求上帝趋向上帝。

（二）祈祷是心灵向上帝的提升

在日常生活中，对上帝的祈祷在阿奎那看来无疑有助于灵性的提升。对基督徒而言，当个人遇到问题时会进行祈祷，参加宗教礼仪会祈祷，可以为自己祈祷也可以为他人祈祷。问题是既然上帝是全知的，那么人们还没有张嘴上帝已经知道所要祈祷的内容，再进行祈祷是否还有必要？既然上帝是全能的，为什么有的祈祷并没有得到应验？如果祈祷不是一种可以与上帝沟通的方式，进行祈祷还有什么意义？

不过在阿奎那看来，"神圣的预定并不仅仅安排将要发生事情的结果，而且也安排引起这些后果的原因和发生的方式。在影响人类生活的许多原因中，人类自身的行为是一些事情出现的原因。因而人去做某些事情是恰当的，并不是因为通过做这些事情能够改变神圣的安排，而是通过这些行为实现上帝计划所应有的效果。我们祈祷并不是为了改变上帝的计划，而是为了通过祈祷获得那些按照上帝的计划通过祈祷才可以获得的东西"[55]。为什么要通过祈祷才可以获得某些东西呢，阿奎那认为"上帝出于他的慷慨已经赠予我们许多东西，甚至有时我们并不向他提出要求时也是这样，但是他也希望我们为了自己的善而向他请求，然后再给予一些特定的东西，也就是说通过对上帝

---

53 Thomas Franklin O'Meara, O. P, *Thomas Aquinas Theologian*, University of Notre Dame Press, 1997, p. 213.

54 圣经·罗马书[M]. 5：1-2. 简化字新标点和合本. 2000 年 10 月.

55 Thomas Aquinas, *Summa Theologica by Thomas Aquinas*, Fathers of the English Dominican Province, Benziger Bros. edition, 1947, 2-Ⅱ：83, p. 2054

的依赖我们获得上帝的信任，承认他是我们善的提供者"[56]。也就是说祈祷是一种纪念，是一种谦卑的认可，是承认自己的不足，认识到个人对上帝的依赖，从而更加坚定对上帝的信靠。祈祷是人的行为，而祈祷的效果却在于上帝的安排，既可以是人愿望的满足，也可以是继续的等待。因而上帝的安排就包括人现在所已经有的现状和即将会发生的因由祈祷等因素发生的改变两个方面，从而为个人立足于现实，又可能超越于现实打下了基础。

实际上根据阿奎那的思想，人们可以从两个层面来理解人的自由选择和上帝的安排，也就是对于人的自由选择的条件、过程、结果，上帝是预先知道的，或者说当人进行选择时上帝就知道事情发展的轨迹，这就是上帝的预知。虽然上帝知道人们行为的结果，但上帝通常并不去直接加以干预，因为人必须要为其行为负责，那么就必须具备对行为负责的必要条件：行为是自己自愿选择的。但另一方面，人的选择必然具有上帝已有的安排，如人的天赋、本性、理性等，但这些对人的行为的选择只能起基础性作用，并不能导致人具体行为选择的出现，不然就不能解释：为什么同一个家庭的孩子为什么在后天的成长中为什么会有那么大的差异。人的行为更多的还是自我的因素在起作用。但是并不能否认在人做决定时个人会得到上帝的特别照顾，上帝给人以力量给人以引导，如果上帝创设条件使人顺利达到目标，那么这样的照顾就可以被认为是"自然而然的"，在常人通常的逻辑看来是理应发生的，就像一个特别聪明的孩子成绩一直好，大家都觉得是理所当然的，但并不知道孩子背后有上帝的特别眷顾。有时上帝的干预明显超越于通常的情况，在人看来就是"神迹"，像从没出过远门的加利利人突然说起了多处的方言[57]。这里两种情况，不论是间接地引导水到渠成后的赐予，或是上帝直接超常的赐予都体现着上帝的预定，预定可以看作是在上帝已经赐于世人共有的本性之外的另外又添加的恩典。因而可以说所有的人都进入上帝的预知的视界，但只有特定的一些人才会进入上帝预定的范围[58]。

56 Thomas Aquinas，*Summa Theologica by Thomas Aquinas*，Fathers of the English Dominican Province，Benziger Bros. edition，1947，2-Ⅱ：83，p. 2054

57 圣经·使徒行传[M]. 2：2-11. 简化字新标点和合本. 2000 年 10 月.

58 这里出现两种意义上的预定，一种是广义的预定，那就是一切事物的出现发展和消亡等都依据上帝的创世理念而来都在全能的上帝的掌控之中，包括上帝为每一事物所设定的本性限度等。还一种是狭义的预定，就是预先确定哪些人可以获得上帝额外赐予的恩典。

　　既然人无从知晓个人是否属于上帝给予额外恩典的预定的范围，那么通过日常生活虔诚地行善趋善思善就是向上帝靠近的重要途径，因为在阿奎那看来，上帝的有些赐予是需要通过祈祷才能够获得。祈祷在确认自己身份，拉近人神之间的距离方面具有重要的作用。祈祷在阿奎那看来可以有两种方式，人可以直接向上帝祈祷，因为"祈祷是为了获得恩典和荣耀，而这些只有上帝才能够给予"[59]，人也可以对着天使或圣人祈祷，"并不是上帝通过他们知道我们的愿望，而是通过圣人的祈祷和优势而使我们的祈祷更有效果……圣人的祈祷会在上帝面前显现……我们可以请求圣人为我们祈祷"[60]。人们为他人祈祷是出于仁爱，圣人之所以可以为我们代求，就在于圣人有着更大的仁爱，圣人越与上帝靠近，他们为人所代求的事项越有可能被上帝所接受，因为"神圣秩序是如此安排的：较低级的存在获得较高完善性的流溢，就像空气获得太阳的光线一样"[61]。圣人比普通人更完善，圣人为普通人的代求更容易被上帝所接受，也更有效果。

　　阿奎那的人有了愿望可以通过圣人等向上帝代求的观点，深深地影响着信奉天主教的人，对耶稣之母、使徒以及其他被教会封圣的人的崇拜，甚至其遗骸乃至于遗物等都具有神圣的力量，构成了天主教的一大特色，这在意大利、法国、德国、西班牙及拉丁美洲等信奉天主教的地区非常普遍，不能不说阿奎那的学说又为这种行为的合法性提供了新的论证，但也为基督教有些教派所反对。

二、解放神学理论和实践

　　拉丁美洲被发现之后，迅速被以西班牙和葡萄牙为主的西方国家所占据、控制。18 世纪以后，拉丁美洲的状况是：经济被西方列强所控制，国内政权往往为军事独裁者所把持，人民生活在极端的压迫困苦之中。一些教会人士为改变现状，维护穷人利益，解救弱势群体的悲惨命运，主张借用马克思主义学说的分析方法，在坚持对上帝信仰的基础上，发展起来一种新的政治实

59 Thomas Aquinas, *Summa Theologica by Thomas Aquinas*, Fathers of the English Dominican Province, Benziger Bros. edition, 1947, 2-II: 83, p. 2055.

60 Thomas Aquinas, *Summa Theologica by Thomas Aquinas*, Fathers of the English Dominican Province, Benziger Bros. edition, 1947, 2-II: 83, p. 2055.

61 Thomas Aquinas, *Summa Theologica by Thomas Aquinas*, Fathers of the English Dominican Province, Benziger Bros. edition, 1947, 2-II: 83, p. 2056.

践哲学即解放神学。其基本精神是想把拉丁美洲国家的社会改造作为神学的直接关注点，要求改变不公正的现行社会结构，实现民族独立，解放被压迫的人民[62]。

杜塞尔（Enrique Duessel）是最早一代的拉丁美洲解放神学家[63]。他出生于阿根廷，曾去以色列进行宗教研修。一次在翻阅《圣经》时看到这样的文字："主的灵在我身上，因为他用膏膏我，叫我传福音给贫穷的人，差遣我报告：被掳的得解放，瞎眼的得看见，叫那受压制的得自由"[64]，杜塞尔认为获得了上帝的启示，要求他去关怀贫穷的人。杜塞尔提醒人们不应仅仅关注贫穷，更应关注经历贫穷的穷人本身。针对当时的社会现实，杜塞尔认为人们所面临的"逻辑、语言哲学、人类学和形而上学的论题都需要新的洞见和新的意义"，因而，那些被压迫者需要新的获得解放的武器，即"解放哲学"，就是要将哲学作为使被压迫者获得解放的武器[65]。

后来杜塞尔对马克思主义进行了深入的研究，他认为马克思对社会出现不平等根源的原因提出了很好的解释，但由于在理论中没有给上帝预留位置，这种学说就缺乏对尘世反思和批判的超越的纬度而显得有诸多不足。因此，他"坚持神学应顾及物质和精神，现实和超然这两个层面，以一种精神之纬来审时度势"[66]。杜塞尔认为个人应在对《圣经》的日常阅读中，在个人特有的灵性体验中，在具体的穷人追求解放的过程中，去探寻信仰、拯救的意义。

另一位阿根廷著名解放神学的代表人物博尼诺（Jose Migue Bonino）认为，人们的生活是在与上帝的行动中相遇，上帝以其爱的行动而使历史转变为上帝之国，而人要对上帝之国有所了解，必须参与政治、社会的各种活动。政治伦理的基本标准乃是"为穷人承担义务，作出站在穷人一边的选择"[67]。为此，就需要对传统的神学加以调整，使之和关注贫困和压迫的社会科学相联系，而马克思主义哲学对社会的分析在博尼诺看来可以服务于这一种目的。博尼诺认为，不能将解放神学歪曲为纯粹政治行为或暴力革命，解放神学既是政治的、行动的，又是灵性的、沉思的，它所主张的斗争是深深植根于信

---

62 吕大吉主编. 宗教学纲要[M]. 北京：高等教育出版社，2003：374.

63 参见卓新平. 当代亚非拉美神学[M]. 上海：上海三联书店，2007：527.

64 圣经·路加福音[M]. 4：18. 简化字新标点和合本. 2000 年 10 月.

65 参见卓新平. 当代亚非拉美神学[M]. 上海：上海三联书店，2007：529.

66 参见卓新平. 当代亚非拉美神学[M]. 上海：上海三联书店，2007：530.

67 参见卓新平. 当代亚非拉美神学[M]. 上海：上海三联书店，2007：529.

仰，与神学的基本原理紧密相连，不仅追求经济和社会的正义，而且倡导以新的方式进行"爱的斗争"。

解放神学的另一重要代表人物是秘鲁的古铁雷斯（Gustavo Gutierrez）。他出生于混血家庭，这使他从小就生活在歧视之中，幼时家贫，年轻时对社会问题投入了相当大的关注。古铁雷斯曾到多个宗教研究机构求学，1971 年他发表《解放神学》，提出被压迫者应该获得在政治、历史和灵性上的三重解放，而教会应该优先挑选穷人。古铁雷斯认为在这理论中有两个因素居于根本的地位：第一，"解放"涵盖个人和社会生活的整个过程。第二，"解放"是以历史中的拯救者上帝为中心。"解放乃涵括一切的过程，不会漏掉任何人生之维，这是因为，其所说的和所做的一切，都表达了上帝在历史中的救赎行为"[68]，人所努力的一切只是自觉或不自觉地摆脱奴役、压迫的过程，首先是从社会经济结构中解放出来，"要为不再有奴役、压迫、异化劳动的世界而斗争。这就是预告和意味着救世主的来临……消除贫穷和压迫，就是上帝王国来临的标志"[69]。其次是个人的转化，能够摆脱各种外在事物的干扰，"在面临各类奴役时仍能以深广的内在自由来生活"[70]。第三是通过对上帝的信仰和获得他的恩典，从罪中彻底解放，获得与人类同伴以及上帝的和解。

古铁雷斯认为，可以使用马克思主义的分析方法对社会进行分析，了解社会底层民众的疾苦，但却反对把解放神学看作政治运动，他强调应当将其视为：解放神学在个人层面应是"解放的灵修学"，是以爱和承担、坚韧为核心的个体灵性解放；解放神学在社会层面则是涉及到社会的方方面面，需要同过去进行深刻地决裂，需要如"出埃及"那样进行一次全民族的再造，经历磨难、苦难考验和自我的反省抉择，重新获得上帝的眷顾和赐福。古铁雷斯更提出了要在争取政治、经济和社会解放的同时，还应从根本上获得灵性的解放。

解放神学主张借用马克思主义的社会分析方法，但又认为马克思主义理论过度强调了物质的重要意义，而主张马克思主义应和基督教强调精神的至上追求相互补，坚持在信仰至上的基础上，通过爱等去改造社会。这与阿奎那学说中在信仰的前提下认可社会生活的意义有着相同之处。针对借用马克

---

68 参见卓新平. 当代亚非拉美神学[M]. 上海：上海三联书店，2007：500.

69 转引自吕大吉主编. 宗教学纲要[M]. 北京：高等教育出版社，2003：374.

70 参见卓新平. 当代亚非拉美神学[M]. 上海：上海三联书店，2007：501.

思主义的指责，有学者甚至引用阿奎那借用亚里士多德的学说，而和基督教相和谐的事例来说明并没有什么不妥之处。

当然最重要的在于，解放神学对社会中特定个体，即穷人或被压迫者"政治表述意义上的穷人（个人、阶级、民族），大男子主义性别制度下的妇女，以及在文化垄断之教育中的孩子，青年这类民众"[71]的关注和论述是与阿奎那的观点类似的。由于受制于社会中诸多因素的限制，现实生活中个人众多的天性潜能不能得以发挥，天赋不能彰显，而他们在社会的诸多磨难的挟裹中，好奇心及创造力被逐渐地挤压消失，原有的天赐良善因为被动适应社会而被侧放、悬置、遮蔽，在融入社会的洪流中不得不使身心、理性和信仰、意志和理性相分离。解放神学对社会的看法则是通过对上帝的爱，基于对上帝的信，盼望上帝能够赐予智慧，引导人们以坚韧的毅力，去承担社会需要长期变革所带来的巨大震荡，以"出埃及"那样实现与过去一切不良恶习、恶行、恶俗的平静地决裂，以求达到最高境界至善也即纯洁无罪的状态，与上帝完全地契合。

而他们的这种思想，在阿奎那学说中也有深刻的论述。在阿奎那看来，上帝创造世界有一个完美的计划，上帝希望受造物分享其美善，上帝会逐渐引导人最终归向他，而对人类而言，千年盛世就是人最后的期盼。上帝为每一个受造物都规定了相应本性也就是个体用之可以达到的限度。但从现实生活来看，人的天赋并没有得到充分发挥，原因何在？总体而言，有外在的非能改变的原因，如上帝的照顾安排，有的人因为没有得到特殊的关怀，自然人生际遇就会显得较为坎坷一些。但这种照顾虽然是上帝在创造之初就已经预备好的，但却是隐而不发的，对于人而言则是无从知晓的，相反上帝却借助生活中许多人的特例来说明赏罚在他，伸冤在他。因为虔诚，上帝可以使一个人由低贱者升为高贵者，如大卫由牧羊人成为国王，也可使居高位者沦落为卑微者如许多被废弃的国王。在一个人身上，随着个人对上帝的态度转变，也会发生赏罚的巨大变化，如以色列的开国之君扫罗前后的巨大落差，其意在警醒人们要虔诚信奉上帝，惟有得到上帝的悦纳，就会获得他的赐福。

人因分有上帝的善而是善的，又由于上帝的引导而使人在倾向上向往上帝。但现实是，人在社会中逐渐淡忘了自己内在向善的本性，逐渐随从外在的、社会的定式习俗，与上帝赐予的本真天性要求渐行渐远，在俗世的生活

---

71 参见卓新平. 当代亚非拉美神学[M]. 上海：上海三联书店，2007：529.

中逐渐沉沦迷失，而人要想改变这种现状就必须重新反思自我，通过对上帝的爱、信和对未来的盼望，找回上帝在心中应有的崇高尊贵的地位，把上帝作为判断一切的标准。以上帝的要求、喜悦来作为自己行为的努力方向，这样工作、做事都有一种内在的神圣意识，所作所为都是为了实现上帝的安排并以自己的善行荣耀天上的上帝，这样的思想就决定了个人就不可能只追求自己的目标，也应将服务他人纳入自己的考虑范围，而爱邻人的思想就要求一个人应主动地去关注他人的利益，共同促进上帝之国的早日实现。就阿奎那的对存在的论述，除了上帝而外其他事物都是不完善的，而不完善则意谓着缺陷或欠缺，世人都有所不足，只是存在着形式、类别和程度的差异，可以讲世人都是"穷人"，所以才有完善自我、促进社会转变的必要。人类的群居社会性决定了，只有社会的整体在心理文化观念、政治机构的构成等方面发生改变，才会确保有易与上帝契合、接近的良好社会环境的不断持续和深化。同时，阿奎那认为除非国王明显违背公共福利，否则不可以反抗其残酷统治。解放神学虽然主张对社会进行革命，但也主张在信仰基督的前提下，进行和平的抗争，而非马克思主义的暴力革命、阶级斗争。

结　语

　　现实中存在着多种的生活方式、多种的追求可能，哪一种是最好的、是应当的、可能的和人有能力追求得到的，这一问题不仅困惑着已经有所选择，或无暇进行另外选择的普通人，也使对此进行了深入研究的学者费尽心思。在如何给出令人信服的建议问题上，许多基督教学者提出了他们的观点，而这其中有一位中世纪学者所提出的观点的影响顺延至今，他的学说在今天的信仰天主教地区仍被尊奉和实践，他就是经院哲学的集大成者——托马斯·阿奎那。

　　阿奎那作为中世纪重要的哲学家，他对哲学的研究从根本上是服从于他的神学观点以及基本的基督教教义的。阿奎那所关心的问题的核心在于，当人既已存在就会遇到当如何更好生存的问题时，是追求以满足于质料的肉体为目的的世俗生活，还是追求更高尚的精神生活并把它和至善的上帝联系起来。个人如何选择，在阿奎那看来关系重大：因为人的来源是上帝，人也必定最终应皈依到上帝那里，只有从上帝那里人才能获得生存的意义，因为人在末日审判时会得到什么样的待遇，而这些完全取决于个人是否遵循上帝的意旨以及施行的程度。既然上帝对人是如此的重要，所以阿奎那所做的一切似乎都可以归结为：为人们澄清对上帝的认识、指点正当生活的迷津、引导人们行善趋善，最终皈依趋近上帝。

　　日常生活的人们总是追逐心目中的完满生活并把它称为至善。在阿奎那的语境中，至善和上帝等同，按照阿奎那的观点，上帝安排了万物都向上帝靠近并把上帝作为最终的归宿。超越的上帝是如何被有形体的人所认知呢，在阿奎那看来就有一个善的观念逐渐开展的过程。在本文第一章就考察了至善观念的演变过程，力图说明随着时代社会的发展，上帝所展现给人的图景越来越全面，人对上帝的特征与万物的关系的理解越来越深刻。古希腊的学者探讨了善的涵义，最初把能直接满足于自己肉体需要的事物都看作是好的善的，再后来将能带来利益的抽象的品质德性等看作是善的，毕达哥拉斯和赫拉克利特把善归结为更高实体所展现的特征。但从苏格拉底开始更强调要在现象背后寻找不变者，提出有超越的至善的存在，而柏拉图则更通过理念论推导出善的理念是万物的来源，其他事物是分有或模仿善而存在，但抽象不变的善如何解释世界的丰富多样的问题就显得有些困难。而亚里士多德提出的形式质料学说就较好地解决了这一问题，尽管在亚里士多德那里，最后也还是需要一个不变的第一推动者来说明世界的运动的问题。形式的不同与事物的完善程度密切相关，等级之间存在着过渡的可能，这样事物的完善就需要一个最后的至善。亚里士多德认可"可欲为之善"的经典定义，认为人所追求的在个人来看都是善的，但不同的人的欲求都是同等善的话，也就不能分辨什么是不应当的了，由此亚里士多德认为，还是应当有相对超越的标准，至善就是幸福，幸福有着三个方面的要素，为了追求幸福人应参与社会，受社会规范所制约，以德性来引领自己，以消解善的相对性理解所带来的负面影响。

如果说在阿奎那看来，亚里士多德所说的幸福只是尘世的幸福是低级的、应加以限制的话，那么阿奎那所主张的天国的幸福就是高级的、应加以提倡和使人向往的。阿奎那吸收了亚里士多德的论证分析方法和部分学说，并将它和奥古斯丁的神学观点结合起来，或者可以说亚里士多德给了阿奎那哲学的分析方法，而奥古斯丁则为阿奎那提供了神学的框架和结论。阿奎那认同亚里士多德对善的定义、事物由形式和质料构成、有纯粹的形式存在，但阿奎那认为这纯形式就是上帝，就是一切善的来源的上帝。为了使上帝成为人们追求的目标，阿奎那认为上帝是世界的创造者，自然而然人应回归到上帝那里，上帝是全知、全能、全在的，上帝有能力察看一切引导一切。上帝是全善的，上帝愿意让人自愿地向往他追求他，因而给人以自由让人可以选择回归的时间和方式，但是上帝也根据人的选择预定下对人可能选择的后果，这种根据人的行为来对人进行的或奖或惩的机制，对人就是一种内在的心理导向和制约机制。上帝的全善、上帝的超越就使人只要凭借着个人的善行、凭借着个人对上帝的切慕思考就可获得上帝的恩典，获得来自于上帝所赐予的神学德性，去追求超越于世俗的生活，去追求上帝趋近上帝。

　　基督教的伦理以人类始祖亚当和夏娃的犯罪堕落和耶稣基督的拯救为基础，阿奎那也是从思考人如何从原罪中走出来，如何与上帝和好开始的。不同于奥古斯丁的是：阿奎那认为虽然人由于原罪失去了人本应有的上帝所赐给的完善状态，但人仍然可以通过自然理性来探究周围事物，通过对上帝造物效果的考察来了解上帝，通过个人体验以及上帝的启示等加深对上帝的认识。理性在确定什么是善的过程中具有重要的作用，因为只有人们通过理性的判断某种事物是值得欲求的之后，人们才会去欲求它。阿奎那还对理性和信仰的关系进行了详细的区分，突破了自奥古斯丁以来居于主导地位的看法即对宗教教义只能信仰而不可进行论证，为理性的相对独立进行了合理性论证，对后世个人理性以及哲学思辨的发展奠定了基础。在此基础上，阿奎那通过一定形式的论证，对人在婚姻、财产、宗教、信仰、圣事和法律的特性、应用、缺陷等方面都进行了有益的探讨，对他个人所提的有关观点进行了论证说明。这种不以强迫接受为特征的论证说教未尝不是一种善：与质料相适应的形式，形式才会更加完善，人的精神只有发展到了相应的地步，更高的形式才会与之相匹配。

　　阿奎那希望人自觉自愿地去追求上帝趋向上帝，他在理论体系中提到了人追求的动力和可能，其中人的内在本性是一个重要的基础，现实生活又给人提供了深化良知、良习的具体环境和追求上帝的切真体验和内在需求。人自身的局限性使人在探求真理、满足一切愿望、获得最终幸福等方面需要进行一定的超越，而这只能是来自于超越的上帝的恩典和加持。在阿奎那看来，物质的人是为精神的人所预备的，因而精神上的幸福就比物质上的幸福更加优越，因而个人对世俗的幸福就不能太过在意，但尘世生活又是天国生活的必经的环节，因而尘世生活就有着一定的合理性。但是人应当明白，尘世生活主要还是为了进入天国生活而选择的中途换乘，因而个人应使尘世生活的目的服从于追求天国生活的要求，所以内在的德性培养、外在法律的约束还是必要的，它们的最终目的也应以服从于上帝永恒法的要求，促使人追求真正的幸福生活。

　　通过与同时代的中国的儒家重要人物朱熹的宇宙生成论的比较，能够发现阿奎那更强调世界的形成的非自然性，它是由人格化的上帝所决定、所推动、所创造、所牵引的；通过两人不同认识论所导致的差异，更能彰显由上帝、天国的超越性、至上性所导致的社会的自治和人与人的平等，为保持社会的和谐宽容提供了前提；通过与佛教进行尘世生活是否为无意义是否为空无进行对比，凸显了阿奎那所开创深化拓展的基督教文化传统的基调：尘世事物、生活虽然意义有限，但人也应立足于世俗，以中介的态度来对待它，甚至在一定的阶段要把其作为目的来加以追求。

阿奎那的伦理思想几百年来越来越受到人们的重视，特别是新托马斯主义兴起以后，更是获得了天主教会官方哲学的地位。阿奎那的学说对信徒的日常生活实践起着十分重要的指导作用，阿奎那的理论对于那些从中世纪汲取营养的后来的学者直接或间接的影响更是深刻而广泛的。当然阿奎那的一些看法如理性与信仰的层级功能划分、婚姻的目的和构成要素，对不同于正统思想的异端思想的处置原则，对商业谋利行为的态度设定等在今天看来都有些偏颇和缺陷，应予批判修正。但是我们不能拿今天的标准来苛求古人，而是要通过仔细地研究，考察潜藏在理论背后的深层底蕴到底是什么，才会对我们的研究、借鉴、评价有所帮助。

如果说阿奎那提供了至善就是幸福，但是只有在上帝那里才可以获得真正的幸福，指明了人应当超越当下的物质层面的追求，而去追求精神属性的天国幸福，从而为人们揭示了超越的追求有着更大的意义的话，那么在当今现实社会中，沉迷于肉欲物质俗世追求的人们，是否可以换一个视角来看待自己的荣辱得失呢，是否可以从一种更超越的境界来思考个人的目标方向和实现方式呢？如果人们的心态有所触动或改变，也就达到了阿奎那设计伦理的初衷：人更应去追求至善趋向至善。

参考文献

一、原始资料

1、Thomas Aquinas, *Summa of the theology*, translator：L. Shapcote, New York：Random House，1945.

2、Thomas Aquinas，*Summa Theologica by Thomas Aquinas*，Fathers of the English Dominican Province，Benziger Bros. edition，1947.

3、Thomas Aquinas，*Summa contra gentiles*，translated by Vernon J Bourke，New York：Hanover House，1955-57.

4、Thomas Aquinas, *Basic writings of Saint Thomas Aquinas,* editor：Anton C. Pegis，Beijing：China Social Sciences Publishing House，1999.

5、Thomas Aquinas, *Aquinas ethicus,* translator: Joseph Rickaby, S. J. London Burn and Oates，Ltd，1892.

6、Thomas Aquinas，*Of god and his creatures*，translator：Joseph Rickaby，London Burn and Oates，Ltd，1905.

7、Thomas Aquinas，*Commentary on Aristotle's physics*，translated by Richard J. Blackwell and W. Edmund Thirlkel，Routledge and Kegan Paul Limited Broadway House，1963.

8、Thomas Aquinas，*St. Thomas Aquinas on politics and ethics*，editor：Paul E. Sigmund，New York：Norton，1988.

二、研究资料

（一）外文部分

1、Etienne Gilson，*Thomism the philosophy of Thomas Aquinas*，translator：Laurance k Shook and Armand Maurer，pontifical institute of mediaeval studies，2002।

2、Ralph McInerny，*a first glance of St Thomas Aquinas: a handbook for Peeing Thomas*，London university of Notre Dame Press，1990.

3、Fr. Sebastain Walshe，O，Praem，The primacy of the common good as the root of personal dignity in the doctrine of Saint Thomas Aquinas，potificia studiorum universtas，A S Thomas AQ in Urbe，Roma，2006.

4、Rik Van Nieuwenhove，Joseph Wawrykow，*the theology of Thomas Aquinas*，university of Notre Dame Press，Notre Dame Indiana，2005.

5、Placid J Podipara C. M. I，Darton，*the Thomas Christians*，Longman & Todd London St. Paul Publications Bombay，1970.

6、N Benedictus Joseph，*the virtue of observance of St. Thomas Aquinas*，O. P. Dissertatio ad Lauream in Facultate S. Theologia apud Pontificium Institutum Angelicum de Urbe，Roma，1954.

7、Thomas Aquinas，*The political ideal of St. Thomas Aquinas*，editor：Dino Bigongiari，New York：Hafner Pub. Co. 1953.

8、Norman Kretzmann and Eleonore Stump，*The Cambridge companion to Aquinas*，Cambridge：New York，NY，USA；Cambridge University Press，1993.

9、Ralph Mclnerny，*Aquions on human action：a theory of practice*，Washington，D. C：Catholic University of America Press，1993.

10、Philip Schaff，*History of the Christian Church grand rapids*，MI：Christian Classics Ethereal Library，1882.

11、David a. Gallager，*Thomas Aquinas and his legacy*，Washington，D. C：Catholic University of America Press，1994.

12、John I. Jekins，*Knowledge and faith in Thomas Aquinas*，Cambridge，U. K. New York，NY，USA：Cambridge University Press，1997.

13、Vieron J Bourke，*The pocket Aquinas, Thomas Aquinas writer*，Washington Square Press，1960.

15、Joseph P Wawrykow，*A-Z of Thomas Aquinas*. The SCM press，2005.

16、Jim Fordor, *Aquinas in dialogue-Thomas for twenty-one century*, Frederick Christian Bauerschmidt, Blackwell Polishing LTD, 2004.

17、Jacques Maritain, *ST. Thomas Aquinas,* translated by Josph W. Evance and Peter O'Reilly, New York Meridian Books, Inc, 1958.

18、Robert Pasanau, *Thomas Aquinas on human nature, a philosophy study of Summa Theologica, Ia. 75-78*, university of Colorado at boulder. Cambridge University Press, 2002

19、George sabra, Thomas Aquinas' vision of the church: fundamental of an ecumenical ecclesiology, mainz: Mattias_—Grunewald —Verlag, 1987.

20、James McEvoy and Michale Dunne, *Thomas Aquinas: approaches to the truth, the Aquinas lectures at Maynooth 1996-2001*, Four Courts Press, 2002.

21、Brian Davis, Thomas Aquinas contemporary philosophical perspectives, Oxford University Press, 2002.

22、Fernand Van Steenberghen, *Thomas Aquinas and radical Arisyotelianism,* Washington D. C: the Catholic University of America Press, 1980.

23、John Finnis, *Aquinas moral political and legal theory*, Oxford University Press, 1998

24、Mary M Keys, *Aquinas, Aristotle, and the promise of the common good,* Cambridge University Press, 2006.

25、Armand Maurer, *Being and knowing: studies in Thomas Aquinas and later Medieval Philosophers*, Pontifical Institute of Mediaeval Studies, 1990.

26、Franklin I Gamwell, *The divine good modern moral theory and the necessity of God*, Harper Collins Publishers, 1990.

27、R C Lodge , *Plato's theory of ethics: the moral criterion and the highest good*, Routledge and Kegan Paul Ltd, 1928.

28、Rosemary Desjardians, *Plato and Good*, Brill Leiden Boston, 2004.

29、Paul Kkais, *punishment and the common good according to Saint Thomas Aquinas,* pontificia universitas sanctae crucis eacutas phllosophiae, Roma, 2002.

30、M. S. Kempshall, *the common good in late medieval political though*, Oxford Clarendon Press, 1999.

31、Bill Fordan, *the common good, citizenship, morality and self-interest,* Basil Blackwell Ltd，1989.

32、Arthur E Murphy, *reason and the common good,* prentice-hall，Inc，Englewood Cliffs，New Jersey，1963.

33、Friedrich Nietzsche, *Beyond good and evil,* from（www.planetpdf.com）.

34、Paul D. Janz, *God, the mind's desire：reference, reason and Christian thinking,* Cambridge University Press，2004.

35、Richard Swinburne, *The existence of God,* Claeendon Press, Oxford, 2004.

36、John McIntyre, *on the love of God,* Collins ST James place，London，1962.

37、Edward LeRoy Long, *a survey of Christian ethics,* Jr，New York：Oxford University Press，1967.

38、Hans J Hillerbrand, *The protestant reformation,* Harper & Row, publishers, 1968.

39、Mark Philp, *Founders of modern political and social thought,* New York：Oxford University Press，2002.

40、Richard Swinburne, *The evolution of the soul,* Clarendon press，Oxford，1997.

41、Julius R Weinberg, *A short history of medieval philosophy,* Princeton，New Jersey： Princeton University Press，1964.

42、Gerald R，McDermott, *God's rivals,* InterVarsity Press，2007.

43、Leroy S. Rouner, *Is there a human nature,* Notre Dame Indiana：University of Notre Dame Press，1997.

44、Ernst Bloch, *Natural law and human dignity,* translator：Dennis J. Schmidt，the MIT Press，1986.

45、Reinhold Niebuhr, *Moral man and immoral society：a study in ethics and politics,* Charles Scribner's Sons，New York.

46、Thomas Franklin O'Meara, O P *Thomas Aquinas theologian,* Notre Dame and London： University of Notre Dame Press，1997.

47、Aristotle, *on the soul,* Translated by J. A. Smith，http：//classics. mit. edu／Aristotle／athenian-const。html.

48、Aristotle, *On Generation and Corruption,* Translated by H. H. Joachim，http：//classics. mit. edu/Aristotle/athenian_const. html.

49、Aristotle, *Nicomachean Ethics*, Translated by W. D. Ross. http: //classics. mit. edu/Aristotle/athenian_const. html.

50、Aristotle, *Politics*, Translated by Benjamin Jowett, http: //classics. mit. edu/Aristotle/athenian_const. html.

51、A. C. McGrade , *The Cambridge companion to medieval philosophy*, Cambridge: New York, NY, USA; Cambridge University Press, 2003.

（二）中文部分

1、（意）多玛斯·阿奎那. 神学大全[M]. 周克勤等译. 高雄：中华道明会，台南：碧岳学社联合发行，2008 年 8 月第 1 版.

2、（意）阿奎那. 阿奎那政治著作选[M]. 马清槐译. 北京：商务印书馆，1963 年 4 月第 1 版

3、江作舟，靳凤山. 经院哲学的集大成者[M]. 合肥：安徽人民出版社. 2001 年 2 月第 1 版.

4、傅乐安. 托马斯·阿奎那传[M]. 石家庄：河北人民出版社. 1997 年 1 月第 1 版.

5、傅乐安. 托马斯·阿奎那的基督教哲学[M]. 上海：上海人民出版社. 1990 年 12 月第 1 版.

6、（意）托马斯·阿奎那. 基督教箴言隽语录[M]. 周丽萍，靳汉喜编译. 南昌：百花洲文艺出版社. 1995 年 11 月第 1 版.

7、董尚文. 阿奎那存在论研究—对波埃修《七公里论》的超越[M]. 北京：人民出版社，2008 年 9 月第 1 版.

8、翟志宏. 阿奎那自然神学思想研究[M]. 北京：人民出版社. 2007 年 11 月第 1 版.

9、（美）约翰·英格利斯. 阿奎那[M]. 刘中民译. 北京：中华书局. 2002 年 7 月第 1 版.

10、刘素民. 托马斯·阿奎那的自然法思想研究[M]. 北京：人民出版社. 2007 年 5 月第 1 版.

11、刘素民. 托马斯·阿奎那伦理思想研究[M]. 北京：中国社会科学出版社. 2014 年 4 月第 1 版.

12、白虹. 阿奎那人学思想研究[M]. 北京：人民出版社. 2010 年 3 月第 1 版.

13、徐弢. 托马斯·阿奎那的灵魂学说探究——从基督教哲学角度的一种解释[M]. 上海：上海人民出版社. 2007 年 12 月第 1 版.

14、丁福宁. 多玛斯行上学[M]. 台北：台湾商务印书馆股份有限公司. 2007年12月第1版.

15、全增嘏. 西方哲学史[M]. 上海：上海人民出版社. 1983年10月第1版.

16、黄颂杰主编. 西方哲学名著提要[M]. 南昌：江西人民出版社. 2002年10月第1版.

17、黄颂杰，徐卫翔，朱晓红. 马利坦的新托马斯主义和现当代天主教哲学[R]. 2008年6月（国家社科基金项目）.

18、黄颂杰，章雪富. 古希腊哲学[M]. 北京：人民出版社. 2009年1月第1版.

19、（英）戴维·罗斯. 正当与善[M]. 菲利普·斯特拉顿莱克编，林南译. 上海：上海译文出版社。2008年4月第1版

20、倪愫襄. 善恶论[M]. 武汉：武汉大学出版社. 2001年3月第1版.

21、龚群编. 善恶十二讲[C]. 天津：天津人民出版社. 2008年1月第1版.

22、杨国荣. 善的历程—儒家价值体系的历史衍化及其现代转换[M]. 上海：上海人民出版社. 1994年3月第1版

23、王国银. 德性伦理研究[M]. 长春：吉林人民出版社. 2006年11月第1版.

24、陈根法. 德性论[M]. 上海：上海人民出版社. 2004年11月第1版.

25、石敏敏. 希腊人文主义：论德性教育与人的福祉[M]. 上海：上海人民出版社. 2003年12月第1版.

26、（英）乔治·爱德华·摩尔. 伦理学原理[M]. 长河译. 上海：上海人民出版社. 2003年11月第1版.

27、杨国荣. 伦理与存在——道德哲学研究[M]. 上海：上海人民出版社. 2002年1月第1版.

28、戴茂堂. 西方伦理学[M]. 武汉：湖北教育出版社. 2002年3月第1版.

29、宋希仁主编. 西方伦理思想史[M]. 长沙：人民出版社. 2003年10月第1版.

30、罗国杰，宋希仁. 西方伦理思想史（上卷）[M]. 北京：中国人民大学出版社. 1985年4月第1版.

31、汪子嵩，范明生，陈村富，姚介厚. 希腊哲学史（第三卷）亚里士多德[M]. 北京：人民出版社. 2003年5月第1版.

32、车铭洲. 西欧中世纪哲学概论[M]. 天津：天津人民出版社. 1982 年 4 月第 1 版

33、叶秀山，傅乐安编. 西方著名哲学家评传（第二卷）[C]. 济南：山东人民出版社. 1984 年 4 月第 1 版.

34、赵敦华. 基督教哲学 1500 年[M]. 北京：北京人民出版社. 1994 年 8 月第 1 版.

35、时光，王岚编写. 宗教学引论[M]. 北京：中央人民出版社. 1994 年 5 月第 1 版.

36、王晓朝. 宗教学导论[M]. 李磊编著. 北京：首都经济贸易大学出版社. 2006 年 1 月第 1 版.

37、米寿江. 宗教概论[M]. 北京：人民出版社. 2003 年 10 月第 1 版.

38、高长江. 宗教学的阐释[M]. 北京：中国社会科学出版社. 2002 年 11 月第 1 版.

39、吕大吉主编. 宗教学纲要[M]. 北京：高等教育出版社. 2003 年 12 月第 1 版.

40、（美）迈尔威利·斯图沃德编. 当代西方宗教哲学[M]. 周伟弛等译，赵敦华审定. 北京：北京大学出版社. 2001 年 8 月第 1 版.

41、张庆熊. 基督教神学范畴—历史的和文化的考察[M]. 上海：上海人民出版社. 2003 年 2 月第 1 版.

42、西方哲学原著选读（上，下卷）[C]. 北京大学哲学系外国哲学史教研室编译. 北京：商务印书馆. 1981 年 6 月第 1 版.

43、（法）吉尔松. 中世纪哲学精神[M]. 沈清松译. 台北：台湾商务印书馆. 2001 年 3 月第 1 版.

44、卓新平. 当代亚非拉美神学[M]. 上海：三联书店. 2007 年 1 月第 1 版.

45、（美）梯利，伍德. 西方哲学史增补修订版[M]. 葛力译. 北京商务印书馆. 1995 年 7 月第 1 版.

46、张志伟. 西方哲学史[M]. 北京：中国人民大学出版社. 2002 年 6 月第 1 版.

47、（英）罗素著. 西方哲学史[M]. 何兆武，李约瑟译. 北京：商务印书馆. 1963 年 8 月第 1 版.

48、（德）艾尔弗雷德·韦伯. 西洋哲学史[M]. 詹文浒译. 上海：华东师范大学出版社. 2007 年 9 月第 1 版.

49、圣经[M]. 简化字新标点和合本. 2000 年 10 月.

50、唐逸. 理性与信仰——西方中世纪哲学思想[M]. 桂林：广西师范大学出版社. 2005 年 11 月第 1 版.

51、田薇. 信仰与理性：中世纪基督教文化的兴衰[M]. 保定：河北大学出版社. 2001 年 11 月第 1 版.

52、张宪. 启示的理性—欧洲哲学与基督教思想[M]. 成都：巴蜀书社. 2006 年 3 月第 1 版.

53、陈俊伟. 灵魂面面观：基督教文化研究（一）[C]. 北京：中国社会科学出版社. 2006 年 3 月第 1 版.

54、张志刚. 猫头鹰与上帝的对话. 基督教哲学问题举要[M]. 北京：东方出版社. 199 年 11 月第 1 版.

55、（古希腊）色诺芬. 回忆苏格拉底[M]. 吴永泉译. 北京： 商务印书馆. 1984 年 9 月第 1 版.

56、叶秀山. 苏格拉底及其哲学思想[M]. 北京：人民出版社. 1986 年 2 月第 1 版.

57、（荷）伊拉斯谟. 论基督教君主的教育[M]. 李康译. 上海：上海人民出版社. 2003 年 11 月第 1 版.

58、周伟弛. 记忆与光照—奥古斯丁神哲学思想研究[M]. 北京：中国社会科学文献出版社. 2001 年 4 月第 1 版.

59、黄裕生. 宗教与哲学的相遇—奥古斯丁与托马斯·阿奎那的基督教哲学研究[M]. 南京：江苏人民出版社. 2007 年 8 月第 1 版.

60、（芬）罗明嘉. 奥古斯丁《上帝之城》中的社会社会神学[M]. 张晓梅译. 万俊人校. 北京：中国社会科学文献出版社. 2008 年 11 月第 1 版.

61、张传有. 幸福就要珍惜生命：论宗教与人生[M]. 武汉：湖北人民出版社. 2001 年 4 月第 1 版.

62、高兆明. 幸福论[M]. 北京：北京青年出版社. 2001 年 5 月第 1 版.

63、范明生. 晚期希腊哲学和基督教神学—东西方文化的汇合[M]. 上海：上海人民出版社. 1993 年 7 月第 1 版.

64、休谟. 人类理解研究[M]. 关文运译. 1957 年 10 月第 1 版.

65、吴宗英. 现代西方新托马斯主义[M]. 福州：福建人民出版社. 1988 年 2 月第 1 版.

66、（古希腊）亚里士多德. 形而上学[M]. 苗力田译. 北京：中国人民大学出版社. 2003 年 12 月第 1 版.

67、（德）策勒尔. 古希腊哲学史纲[M]. 翁绍军译. 上海：上海人民出版社. 2007年10月第1版.

68、（古希腊）亚里士多德. 政治学[M]. 颜一，秦典华译. 北京：中国人民大学出版社. 2003年12月第1版.

69、（古希腊）亚里士多德. 物理学[M]. 张竹明译. 北京：商务印书馆. 1982年6月第1版.

70、（古希腊）亚里士多德. 范畴篇，解释篇[M]. 方书春译. 北京：商务印书馆. 1959年9月第1版.

71、（法）卢梭. 社会契约论[M]. 何兆武译. 北京：商务印书馆. 1980年2月第2版.

72、（德）康德. 康德著作全集[M]. 李秋零主编. 北京：人民出版社. 2006年6月第1版.

73、（阿拉伯）伊本·西那（阿维森那）. 论灵魂[M]. 王太庆译. 北京：商务印书馆. 1963年3月第1版.

74、（美）A·麦金太尔. 三种对立的道德探究观[M]. 万俊人，唐文明，彭海燕等译，万俊人校. 北京：中国社会科学文献出版社. 1999年3月第1版.

75、（美）A·麦金太尔. 追寻美德：伦理理论研究[M]. 宋继杰译. 南京：译林出版社. 2003年12月第1版.

76、（美）欧文·辛格. 超越的爱[M]. 沈彬等译. 北京：中国社会科学文献出版社. 1992年2月第1版.

77、（俄）洛斯基. 意志自由[M]. 董友翻译. 北京：三联书店. 1992年3月第1版.

78、（美）安德鲁·J. 德洛里奥. 道德自我性的基础：阿奎那论神圣的善及诸美德之间的联系[M]. 刘玮译. 北京：中国社会科学文献出版社. 2008年11月第1版.

79、（古罗马）西塞罗. 论至善和至恶[M]. 石敏敏译. 北京：中国社会科学出版社. 2005年5月第1版.

80、（古希腊）柏拉图. 柏拉图全集[M]. 王晓朝译. 北京：人民出版社. 2006年6月第1版.

81、（古希腊）柏拉图. 理想国[M]. 郭斌和 张竹明译. 北京：商务印书馆. 1986年8月第1版.

82、章雪富. 基督教的柏拉图主义：亚历山大里亚派的逻各基督论[M]. 上海：上海人民出版社. 2001 年 3 月第 1 版.

83、（英）洛克. 人类理解论[M]. 谭善明，徐文秀译. 西安：陕西人民出版社. 2007 年 5 月第 1 版.

84、谢文郁. 自由与生存：西方思想史上的自由观追踪[M]. 张秀华，王天民译. 上海：上海人民出版社. 2007 年 11 月第 1 版.

85、韩潮. 海德格尔与伦理学问题[M]. 上海：同济大学出版社. 2007 年 4 月第 1 版.

86、方立天. 中国佛教哲学要义[M]. 北京：中国人民大学出版社. 2012 年 7 月第 1 版.

87、王路平. 大乘佛学与终极关怀[M]. 成都：巴蜀书社. 2001 年 3 月第 1 版.

88、田薇. 信念与道德——宗教伦理的视域[M]. 北京：线装书局. 2011 年 6 月第 1 版.

89、（德）马克斯·韦伯著. 新教伦理与资本主义精神[M]. 马奇炎，陈婧译. 北京：北京大学出版社. 2012 年 8 月第 1 版.

90、（英）哈玛拉瓦·萨达提沙著. 佛教伦理学[M]. 姚治华、王晓红译. 上海：上海译文出版社. 2007 年 4 月第 1 版.

91、俞宣孟，何锡荣. 探根寻源：新一轮中西哲学比较研究论集[C]. 上海：上海译文出版社. 2005 年 5 月第 1 版.

92、万俊人. 需求普世伦理[M]. 北京：北京大学出版社. 2009 年 6 月第 1 版.

93、吴震主编. 宋代新儒学的精神世界——以朱子为中心[C]. 上海：华东师范大学出版社. 2009 年 6 月第 1 版.

94、曾亦，郭晓东. 宋明理学[M]. 南京：南京大学出版社. 2009 年 7 月第 1 版.

95、吴然. 道德论[M]. 北京：人民出版社. 2007 年 6 月第 1 版.

96、金木苏. 道德赏罚论[M]. 长沙：湖南大学出版社. 2007 年 12 月第 1 版.

97、（德）朋霍费尔. 伦理学[M]. 胡其鼎译，魏育青，徐卫翔校. 上海：上海人民出版社. 2007 年 4 月第 1 版.

98、胡道静主编. 十家论庄[C]. 上海：上海人民出版社. 2004 年 4 月第 1 版.

99、刘笑敢. 庄子哲学及其演变[M]. 北京：人民大学出版社. 2010 年 12 月第 1 版.

100、王博. 庄子哲学[M]. 北京：北京大学出版社. 2013 年 3 月第 1 版.

后 记

　　论著是在原有博士学位论文基础上修改完善而成。博士毕业后参加工作，对本科生和研究生分别开设了《伦理学》、《中国伦理思想史》、《西方哲学》等课程，期间在教学和自己研读中个人对某些问题有些新的想法，有的思考已经有所拓展和深化。但自感一些思考学理尚浅，格局偏隘，故不避浅陋，将一些观点公布于众，以求各位方家批评指正。

　　在复旦大学攻读博士学位期间得到了我的导师黄颂杰教授的大力支持和热情指导。黄老师不仅关心我的学习，给以正确的指点慎密的分析，而且在生活上给以细致周到的关心和呵护，帮助解决遇到的各种难题。在论文的撰写过程中，从论文的选题、提纲的拟订到写作的思路、注意的事项等方面，黄老师都一一亲自把关审核，在论文后期的修改过程中，黄老师既从宏观上提出批评和修改意见，又在微观层面对诸多细节问题加以纠正，他这种和善敬业负责的态度令人非常敬佩和感动。

　　感谢复旦大学给我提供了深造的机会和良好求学环境，多位优秀的教师如刘放桐、张庆熊等教授在学习及论文写作的各个阶段给予了多种的启迪和教导，在此深表谢意。自己的论文能够成形与资料的收集和整理有很大的关系。在意大利期间有众多的教授如 Mauro Mantovani，Gianfranco Coffele 等不论是在生活或是学习方面都给予了热情的关心和帮助，他们使我对西方人尤其是西方投身于理想的人有了更深的理解。同是黄老师学生的朱晓红老师在最新资料的收集和整理方面给我提供了热情的帮助，在此一并感谢。

　　毕业后来到南通大学工作，得到学院领导和同事的热情关心和帮助，才有机会细心梳理论文并对之加以修改完善。

能够在学术的道路上坚持下来，与父母兄弟妻子女儿亲朋等支持和帮助是分不开的，我会继续带着他们的期盼祝福而奋力前行。

心中虽怀有更高的期待也愿意把文章尽可能再上新台阶，但有时甚感惶恐，担心智质不佳才疏学浅，纵有凌云志也难以上青天，因而虽自知论文有诸多需待完善之处，也只能将论文先予写出，以请各位方家指点，以利于自己的下一步修改完善。一些内容已在一些期刊刊出，这次有些方面又做了一些修正。

此次得到黄老师鼎力推荐，蒙台湾花木兰文化出版社不弃提供出版机会，在论文出版过程中得到其北京联络处的杨嘉乐先生大力支持，甚是感激，在此一并致谢。

刘光顺

2015 年 9 月 30 日